Oldenbourg Interpretation
Band 102

Oldenbourg Interpretationen
Herausgegeben von
Klaus-Michael Bogdal und Clemens Kammler

begründet von
Rupert Hirschenauer (†) und Albrecht Weber

Band 102

Gabriel García Márquez

Chronik eines angekündigten Todes/ Zwölf Geschichten aus der Fremde

Interpretation von
Helmut Nobis

Oldenbourg

Zitate sind halbfett gekennzeichnet.

Die Seitenzahlen in Klammern beziehen sich auf folgende Ausgaben:
Gabriel García Márquez, Chronik eines angekündigten Todes. Frankfurt/M.: Fischer 2004 (Fischer Taschenbuch 16253)
Gabriel García Márquez, Zwölf Geschichten aus der Fremde. Frankfurt/M.: Fischer 2004 (Fischer Taschenbuch 16262)

Bibliografische Information der Deutschen Bibliothek:
Die Deutsche Bibliothek verzeichnet diese Publikation in der Deutschen Nationalbibliografie; detaillierte bibliografische Daten sind im Internet über <http://dnb.ddb.de> abrufbar.

Das Papier ist aus chlorfrei gebleichtem Zellstoff hergestellt, ist säurefrei und recyclingfähig.

Bei den Zitaten, Literaturangaben und Materialien im Anhang ist die neue Rechtschreibung noch nicht berücksichtigt.

1. Auflage 2005
Druck 09 08 07 06 05
Die letzte Zahl bezeichnet das Jahr des Drucks.

Umschlagkonzept: Mendell & Oberer, München
Typografisches Gesamtkonzept: Gorbach GmbH, Buchendorf
Lektorat: Ruth Bornefeld, Birgit Kaltenegger
Herstellung: Verlagsservice Dr. Helmut Neuberger
& Karl Schaumann GmbH, Heimstetten
Satz: jürgen ullrich typosatz, Nördlingen
Druck und Bindung: Appl Druck, Wemding

ISBN: 3-486-00102-7

Inhalt

1 Zur Aktualität lateinamerikanischer sowie südländisch-mediterraner Literatur und zum methodischen Vorgehen

Spätestens seit der Verleihung des Nobelpreises für Literatur an den kolumbianischen Schriftsteller Gabriel García Márquez im Jahre 1982 richtete sich der Blick der internationalen literarischen Öffentlichkeit auf Lateinamerika. Mit seinen beiden bis dahin bekanntesten Romanen *Hundert Jahre Einsamkeit* (1967) und der ein Jahr vor der Ehrung erschienenen *Chronik eines angekündigten Todes* (1981) wurde der in Süd- und Mittelamerika gefeierte Autor nicht zuletzt dank einer beispiellosen Verlagskampagne[1] nun auch in den nicht-romanischen Ländern Europas zum Inbegriff einer herausfordernden lateinamerikanischen Erzähltradition. Gemeinsam mit Isabel Allende (*Das Geisterhaus*), Mario Vargas Llosa (*Tod in den Anden*), Paulo Coelho (*Der Alchimist, Elf Minuten*) und Carlos Fuentes *(Die Jahre mit Laura Diaz)* auf dem südamerikanischen Kontinent sowie den Romanen Umberto Ecos (*Der Name der Rose, Das Foucaultsche Pendel, Die Insel des vorigen Tages, Baudolino*), Gesualdo Bufalinos (*Die Lügen der Nacht, Klare Verhältnisse*), Javier Marias' (*Mein Herz so weiss, Morgen in der Schlacht denk an mich*), Lobo Antunes' (*Das Handbuch der Inquisitoren*), José Saramagos (*Das Todesjahr von Ricardo Reis, Die Stadt der Blinden*) und Antonio Tabucchis (*Seide*) in den mediterranen Ländern Europas – um nur einige der wichtigsten Autoren und deren Neuerscheinungen der letzten zwanzig Jahre zu nennen – wurde eine spezifische Art des Erzählens erkennbar, die die Brisanz gesellschaftlich-politischer Themen mit hochartifiziellen Mitteln der Darstellung verband und in den westlichen Literaturen mit Spannung und Bewunderung zur Kenntnis genommen wurde.

Im Ensemble dieser bedeutenden Neuerscheinungen war es aber immer wieder Márquez, dessen Romane und Erzählungen in den 80er- und 90er-Jahren des letzten Jahrhunderts die herausragende Stellung lateinamerikanischer Literatur begründeten. Die artistische Leichtigkeit, mit der er nicht nur den Einbruch vorgeblicher Irrationalität oder des Wunderbaren in die vermeintlich bekannte Welt des Abendlandes oder des lateinamerikanischen Kulturkreises mit seiner vordergründig folkloristischen oder exotischen Motivik, sondern auch die gesellschaftliche und politische Problematik künstlerisch gestaltete, führte zu außergewöhnlichen literarischen Werken. Und die künstlerische Umsetzung der dichterischen Einbildungskraft in ausladende Romane oder kompakte Erzählungen ließ eine neue Kunst des Erzählens, eine nahezu existenzielle Lust am Fabulieren mit hoch brisanten gesellschaftskritischen Absichten entstehen, wie auch der 2003 erschienene erste Band seiner Memoiren mit dem programmatischen Titel *Leben, um davon zu erzählen* bestätigt. Es verwundert darum nicht, wenn der hohe Grad literarisch-ästhetischer Qualität seiner Werke zu einer Herausforderung vor allem für die westeuropäische und hier im Besonderen für die deutsche Literatur wurde, die solchen Werken nur wenig Überzeugendes entgegenzusetzen hatte.

Angesichts dieses Sachverhalts konzentrierte sich das Interesse einer breiten literarischen Öffentlichkeit auf die erzählenden Werke dieses Autors. Der ständig wachsende Anteil durchgängig positiver Rezensionen oft enthusiasmierter Kritiker in den Feuilletons der internationalen Presse, die Resonanz seiner Werke in den Bestsellerlisten und sogar in den der zeitgenössisch-avantgardistischen Literatur gewidmeten Fernsehsendungen wie dem ›Literarischen Quartett‹ führten zu einer Entwicklung, der sich selbst Lehrplankommissionen für den Deutschunterricht nicht entziehen konnten. Und so gehört die Lektüre wenigstens *eines* fremdsprachigen Werkes – freilich in Übersetzung – in nahezu fast allen Bundesländern zum obligatorischen Bereich des Deutschunterrichtes der Sekundarstufe II. Die lateinamerikanische Literatur bietet auf diesem Sektor einen hoch einzuschätzenden, bislang nicht aufgearbeiteten und genutzten Fundus an exzellenten Texten.

In der vorliegenden Untersuchung wird der bekannteste und herausragendste Vertreter lateinamerikanischer Literatur mit einem Roman und drei Erzählungen in den Mittelpunkt des interpretatorischen Interesses gerückt. Sie verfolgt ein dreifaches Ziel, um der suggestiven Erzählkraft in der spannungsreichen Verbindung zwischen dem Außergewöhnlichen und der vermeintlich bekannten Realität in Werken Gabriel García Márquez' nachzugehen:

- In notwendig den Einzelinterpretationen vorausgehenden methodischen Reflexionen wird das Analyse-Instrumentarium der Untersuchung in pragmatischer Absicht vorgestellt und sukzessiv entwickelt, um so ein Regel geleitetes Vorgehen sicherzustellen, was angesichts des so genannten Methodenpluralismus' in Wissenschaft und Didaktik und der oft unreflektierten oder intuitiven Vorgehensweise vor allem in der Schule angeraten scheint.
- Anhand des 1981 erschienenen Romans *Chronik eines angekündigten Todes* sowie dreier exemplarisch ausgewählter Erzählungen (*›Ich bin nur zum Telefonieren gekommen‹*, *Die Spur deines Blutes im Schnee*, *Der glückliche Sommer der Frau Forbes*) aus dem 1994 herausgegebenen Erzählband *Zwölf Geschichten aus der Fremde* sollen in Einzelinterpretationen fundamentale Einsichten in die jewei-

ligen Struktur bildenden Prinzipien, in die Spezifik dieser Werke auf gestalterischer und thematischer Ebene gewonnen werden.

- Auf dieser Grundlage werden für Márquez typische Erzählstrategien oder -muster in systematischer Absicht herausgearbeitet, die als repräsentativ für textinterne und Text übergreifende Zusammenhänge seines erzählerischen Werkes im spezifisch lateinamerikanischen Kulturkreis gelten können und so eine vertiefende Arbeit mit anderen Werken des Autors oder anderer Dichter ermöglichen, wofür im didaktischen Teil konkrete Vorschläge (vgl. Kap. Unterrichtshilfen) unterbreitet werden.

Um diesen Ansprüchen gerecht werden zu können, bedarf es eines angemessenen Analyse- und Interpretations-Instrumentariums. Im Rahmen der internationalen Erzählforschung[2] sind es vor allem struktural-semiotische Konzepte, die sowohl unter methodologischen, aber nachweislich auch unter pragmatischen Aspekten als Erfolg versprechend für eine Analyse erzählender Texte generell und damit auch der ausgewählten Márquez-Werke herangezogen werden sollen. Besonders die in der Tradition des russischen, tschechischen und französischen Strukturalismus' stehenden Arbeiten sowie die immer bedeutsamer werdende semantische Erzählforschung zeitigen wichtige, in der konkreten Anwendung erzielte Ergebnisse, wie sie beispielhaft der Sammelband zu Kleists *Erdbeben in Chili* vereint.[3]

Wenn für die vorliegende Untersuchung besonders die von Tzvetan Todorov vorgelegten Ergebnisse in kategorialer Hinsicht berücksichtigt und angewendet werden, so trägt dies seinen Forschungsergebnissen in zweierlei Hinsicht Rechnung: Zum einen erweisen sich die von ihm hervorgebrachten Kategorien von so fundamentaler Allgemeinheit, dass sie den Anforderungen an eine generelle Methode für die Erschließung erzählender Texte gerecht werden, zum anderen wurden sie von einigen Márquez-Interpreten hinsichtlich ihrer Funktionalität und Effizienz in überzeugender, wenn auch modifizierter Weise angewendet[4], sodass auch in der vorliegenden Untersuchung differenzierte Ergebnisse erwartet werden können.

Als grundlegend für die wissenschaftliche Arbeit Todorovs[5] erweist sich seine Bestimmung des Gegenstandes der Literaturwissenschaft im Geiste der russischen Formalisten: Nicht das literarische Werk, sondern die Erforschung seiner Literarizität bestimmt das Erkenntnis leitende Interesse. Im Zentrum seiner Forschung steht also das, was die Literatur zur Literatur, was das jeweilige Werk zu einem literarischen Werk macht. Dieser wissenschafts- und systemtheoretischen Auffassung folgt in der praktischen Anwendung keineswegs – wie oft kritisch eingewendet worden ist – eine ausschließlich werkimmanente Betrachtung, sondern eine Funktionsbestimmung der einzelnen Elemente eines Werkes innerhalb und außerhalb des literarischen Systems, sodass sowohl textinterne als auch textexterne Strukturen berücksichtigt werden.

Für die Analyse- oder Beschreibungsebene der Erzählung arbeitet Todorov die beiden Fundamentalkategorien *Geschichte* und *Diskurs* als konstituierend für narrative Texte heraus, die auch hinsichtlich der nachfolgend zu untersuchenden Werke MÁRQUEZ' angewendet werden. Während die *Geschichte* als eine Konstruktion der Literaturwissenschaft zu verstehen ist, mit der versucht wird, **die ideale chronologische Abfolge** eines fiktionalen Geschehens zu rekonstruieren, das in dieser Form **nicht auf der Ebene der Geschehnisse selbst**[6] zu finden ist, verweist die zweite Kategorie auf die Erzählung **in ihrer Eigenschaft als Diskurs, als reale Rede, die vom Erzähler an den Leser gerichtet**[7] ist. Beide Kategorien beziehen sich auf die konsubstanziell zusammengehörenden Ebenen narrativer Texte, nämlich zum einen auf das *Was*, die *Fabel* der Erzählung, zum anderen auf das *Wie*, die *kompositorische Fügung* der Erzählung mit künstlerischen Verfahren auf unterschiedlichen Ebenen, die aus heuristischen Gründen getrennt zu untersuchen sind. Dieser fundamentalen Unterscheidung wird im Folgenden praktisch-methodisch dadurch Rechnung getragen, dass die *CHRONIK* zunächst unter dem Aspekt der Erzählung als *Geschichte* (Kap. 2.1 ff.) und dann unter dem Gesichtspunkt der Erzählung als *Diskurs* (Kap. 2.5 ff.) untersucht wird.

Neben diesen beiden Fundamentalkategorien sind selbstverständlich die nachgeordneten Unterkategorien von großer Bedeutung, wie Todorov sie in seinem wegweisenden Aufsatz über die *KATEGORIEN DER LITERARISCHEN ERZÄHLUNG* (vgl. Material 1 und Skizzen im Kapitel Unterrichtshilfen) dargelegt und erläutert hat. Sie werden in dieser Untersuchung am jeweils systematischen Ort vorgestellt und exemplarisch eingeführt.

2 »Chronik eines angekündigten Todes«

Irritation scheint die allgemein vorherrschende Reaktion während und nach der Lektüre dieses wohl bekanntesten Werkes des Literaturnobelpreisträgers zu sein. Aber auch Langeweile, Enttäuschung, ja Ärgernis könnten abwechseln mit Euphorie, Begeisterung oder gar literarästhetischem Hochgenuss.

Warum – so ließe sich fragen – habe ich diesen Roman gelesen, der nicht einmal die alles entscheidende Frage beantwortet, wer der Verführer Angela Vicarios gewesen ist? Kann das Werk überhaupt als Kriminal- oder Detektivroman bezeichnet werden, wenn schon zu Beginn Täter, Opfer und Tatmotiv enthüllt werden? Ist der zentrale Konflikt, das Thema der *Chronik*, etwa auf einer ganz anderen Ebene als der der Kriminalhandlung aufzuspüren? Darf der Roman überhaupt als Chronik bezeichnet werden, wenn die dargestellten Begebenheiten – wie in Márquez' frühem Roman *Die böse Stunde* – derart extrem fragmentiert erzählt werden, dass kaum Handlungsstränge benannt werden können? Und wieso ist das dargestellte Geschehen in einem nicht benannten Dorf Kolumbiens von so großem Interesse, dass der Roman mittlerweile in über dreißig Sprachen übersetzt worden ist, eine zweistellige Millionenauflage erreicht hat und verfilmt wurde?

Von solchen oder ähnlichen kritischen Fragen könnte die Rezeption des Werkes begleitet sein, aber auch von Stimmen, die herausragende Eigenschaften des Romans in ein helles Licht rücken: die schon artistisch zu nennende Komposition des Werkes, seine extreme Konzentration auf nur wenige entscheidende Ereignisse, die Fülle der auftretenden Personen als das redliche Bemühen um höchst mögliche Objektivität in der Darstellung des Geschehens oder die unübersehbaren Verweise innerhalb des Textes sowie Parallelen zwischen ihm und anderen literarischen Werken.

Wenn derart unterschiedliche Haltungen gegenüber dem Werk eines der renommiertesten Schriftsteller der Karibik eingenommen, nicht nur konträre, sondern gar einander ausschließende Urteile über ein und denselben Roman gefällt werden können und teilweise auch gefällt worden sind, dann liegt der eigentlich wenig spektakuläre Befund einer kontroversen Diskussion vor. Um Klarheit über die Berechtigung solcher Urteile zu gewinnen, die grundsätzlich die literarische Qualität betreffen, ist es unabdingbar, das Werk selbst in Augenschein zu nehmen und einer differenzierten Analyse zu unterziehen.

2.1 Handlungsstränge

Ein größeres Missverhältnis zwischen dem Stoff einer Erzählung hinsichtlich seines Umfangs und seiner sprachlich-künstlerischen Gestaltung ist kaum denkbar. Damit ist schon auf das grundsätzliche Spannungsverhältnis zwischen *Geschichte* und *Diskurs* einer Erzählung hingewiesen, wie es Todorov herausgearbeitet hat (vgl. Kap. 1). Das zugrunde liegende Geschehen könnte gleichsam als kurze Nachricht in einer Tageszeitung Raum finden: In einem kolumbianischen Dorf wird die nicht mehr unberührte Braut Angela Vicario noch in der Hochzeitsnacht von ihrem Bräutigam Bayardo San Román in ihr Elternhaus zurückgebracht und der vermeintliche Verführer Santiago Nasar von ihren Zwillingsbrüdern Pedro und Pablo bestialisch ermordet, um die verletzte Ehre der Braut und der Familie wiederherzustellen. Diese dürren Worte sagen nur wenig über die erzählerische Ausgestaltung des dramatischen Geschehens aus, das MÁRQUEZ in fünf überschriftslosen Kapiteln entfaltet.

2.1.1 Handlungsstränge auf der Ebene der Geschichte

Nach eigenen Aussagen verfolgte MÁRQUEZ mit seiner *CHRONIK* das Ziel, der in seinem Freundeskreis oft erzählten Geschichte **nur noch die erzählerische Strategie für die schriftliche Fassung**[8] zu geben. Bevor diese jedoch an ihrem systematischen Ort untersucht wird (vgl. Kap. 2.5), muss zunächst die ihr zugrunde liegende Handlung aufgewiesen werden. Hinsichtlich der Erzählung als *Geschichte* wird vor allem den handelnden Personen, ihren distinktiven Merkmalen (Prädikaten), ihren Beziehungen zu- und untereinander sowie den daraus resultierenden Konflikten, aus denen die Logik der Erzählhandlung rekonstruiert werden kann, besondere Aufmerksamkeit zu schenken sein.

Unter der Annahme, dass sich die *CHRONIK* in wesentlichen Zügen dem Genre des Kriminalromans zuordnen lässt, kann eine erste Unterscheidung in die einer Verbrechens- und einer Detektionsgeschichte vorgenommen werden.[9] Da jedoch die Identität von Opfer und Täter schon im ersten Kapitel enthüllt wird und der Erzähler in Personalunion sowohl als handelnde Person am Geschehen – wenn auch nur indirekt – beteiligt ist als auch 27 Jahre später die penible Aufarbeitung der Ereignisse als Reporter vornimmt, fallen Verbrechens- und Detektionsgeschichte zu einer einzigen *Rekonstruktionsgeschichte* zusammen. Diese verläuft jedoch nicht gradlinig und chronologisch, wie die Kapiteleinteilung vermuten lässt, sondern muss abstrahierend erschlossen, gleichsam wie ein Puzzle zusammengesetzt werden, verteilen sich doch die einzelnen Teile der Rekonstruktion in temporaler *Diskontinuität* auf den gesamten Romantext.

Zusammengehalten werden die beiden Teile des Haupthandlungsstranges[10] durch den Ich-Erzähler:

> **Der erste Teil der Haupthandlung umfasst die Handlungen des Erzählers als Zeuge des Verbrechens. Er beginnt im August. Der Erzähler ist im Internat und erhält von seiner Mutter mehrere Briefe, in denen sie ihm von Bayardo San Román erzählt. Erst in den Weihnachtsferien lernt der Erzähler den Neuankömmling persönlich kennen. Als Bayardo San Román seine Cousine im Februar heiratet, nimmt der Erzähler an der Hochzeitsfeier teil. Zusammen mit seinem Bruder Luis Enrique, Cristo Bedoya und dem späteren Opfer, Santiago Nasar, verbringt er den Abend und auch die Nacht zum Montag. In den frühen Morgenstunden verabschiedet er sich von seinen Freunden und seinem Bruder und geht zu María Alejandrina Cervantes. Bei ihr schläft er und wird erst von den Glocken geweckt, die der Padre Amador läuten lässt, nachdem die Vicario-Brüder Santiago Nasar niedergestochen haben. Der Erzähler arrangiert die Beerdigung Santiago Nasars.**[11]

Auch wenn viele der genannten Einzelheiten des Gesamtgeschehens dem ersten Kapitel des Romans zugeordnet sind, so werden doch wesentliche Einzelheiten erst im weiteren Erzählfortgang hinzugefügt, die aus der Rekonstruktionsarbeit des Ich-Erzählers resultieren. Damit ist auf den zweiten Teil des Haupthandlungsstranges verwiesen, der die Rekonstruktion des Verbrechens, die Aufdeckung seiner Motive und die Darlegung der Folgen umfasst. Dazu ist es notwendig, dass der Ich-Erzähler seine Arbeit, zu der er sich nach einem Gespräch mit seiner Mutter Luisa Santiago entschlossen hat, nicht nur auf den Zeitraum nach der Ermordung und Beisetzung Santiago Nasars beschränkt, sondern auch die unmittelbar vor dessen Tötung stattfindenden Aktivitäten unterschiedlicher Figuren rekonstruiert. Hierzu werden wichtige Tatzeugen unter den Dorfbewohnern befragt, Gespräche mit den Tätern selbst geführt, die unterschiedlichen Eindrücke Angela Vicarios zu verschiedenen Zeitpunkten (23 und 27,5 Jahre nach der Tat) und die des ›betrogenen‹ Bräutigams wiedergegeben. Außerdem werden die unvollständig erhaltenen Gerichtsakten in Riohacha gesichtet sowie entscheidende Passagen aus dem Autopsiebericht des Padre Amador zitiert bzw. montiert. Und nicht zuletzt gehört zur Rekonstruktions- und Erinnerungsarbeit auch der Heiratsantrag des Ich-Erzählers, den er Mercedes Barcha, die 14 Jahre nach der Tat seine Frau wurde, gemacht und die er im Dorf des Verbrechens kennen gelernt hat.

Die enorme zeitliche Differenz von 27 oder 27,5 Jahren, die zwischen der Verbrechens- und der Rekonstruktionsgeschichte liegt, vermag nicht zu kaschieren, dass die beiden Teile des vom Ich-Erzähler getragenen Haupthandlungsstranges nicht streng voneinander separiert sind. Vielmehr ist die Verbrechenshandlung teilweise integraler Bestandteil der Rekonstruktionshandlung, die das Verbrechen überlappt, sodass wichtige Bestandteile des

Verbrechens und hier besonders die Vorbereitungen zur Tat seit 3.30 Uhr sowie deren unmittelbare Ausführung an jenem Montag, der auf die Hochzeit folgt, aus der Retrospektive ergänzt werden.

Dem Haupthandlungsstrang nach- oder untergeordnet sind zwei Nebenhandlungsstränge[12], die sich zum einen um die Täter Pablo und Pedro Vicario, zum anderen um den ›Auslöser‹ des Verbrechens, Bayardo San Román, und das Opfer Santiago Nasar gruppieren. Hier werden Motive, Absichten, Hoffnungen und Befürchtungen der unmittelbar am Verbrechen Beteiligten wiedergegeben.[13] Ferner sind so genannte Handlungsfäden[14] zu erkennen, deren gemeinsames Merkmal darin besteht, dass **mindestens eines ihrer Segmente […] in unmittelbarem Zusammenhang mit dem Handlungshöhepunkt: der Tötung Santiago Nasars**[15], steht. Zu ergänzen wären noch gleichsam singuläre Handlungssegmente, die als Handlungssplitter bezeichnet werden könnten. Diese sind Personen wie dem Schlächter Faustino Santos (53), dem Polizisten Leandro Pornoy (57) oder Prudencia Cotes (64), der Verlobten Pablo Vicarios, zuzuordnen, die lediglich ein- oder zweimal durch Ahnungen, Befürchtungen, Bekenntnisse oder als Zeugen des Verbrechens genannt werden. Sie verdichten und facettieren insgesamt die Handlung, nehmen nur einen geringen Zeitraum in Anspruch, blähen die Anzahl der Personen allerdings erheblich auf.

Weil also Verbrechens- und Rekonstruktionsgeschichte im Roman nicht strikt voneinander getrennt sind, sondern immer wieder durch den recherchierenden Ich-Erzähler miteinander verbunden und von ihm auf Diskursebene zur Darstellung gebracht werden, lässt sich das Verhältnis zwischen ihnen grafisch wie folgt darstellen:

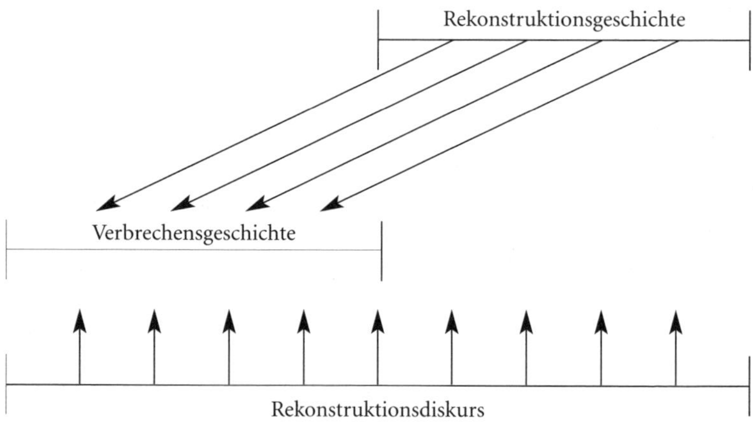

2.1.2 Logik und System der Handlungsstränge

Das hierarchisch gegliederte Verhältnis zwischen dem Haupthandlungsstrang, den Nebenhandlungssträngen, Handlungsfäden und -splittern folgt weder dem Prinzip der Wiederholung noch dem des Parallelismus. Weil nämlich Verbrechens- und Rekonstruktionsgeschichte einander überlappen, durch vielfältige Handlungssegmente aus den Nebenhandlungen sowie kleineren und kleinsten Handlungseinheiten ergänzt werden, entsteht eine *spiralförmige Gradation*, die daran zu erkennen ist, dass in jedem Kapitel das Geschehen aus einer anderen Perspektive geschildert und mit der lapidaren Feststellung beendet wird, dass der vermeintliche Verführer bereits ermordet worden sei, und die ihren Höhepunkt auf den letzten Seiten des Abschlusskapitels (116 bis 120) erfährt, auf denen die grausame Tötung detailliert dargestellt wird.

2.2 Das Personal

Angesichts der Tatsache, dass sich die einzelnen Handlungsstränge jeweils um eine oder mehrere Personen gruppieren, deren Auftreten sich auf bestimmte Kapitel konzentriert und die in ihrer Doppelfunktion als Handlungsträger *und* als Figuren mit distinktiven Merkmalen agieren, kann und muss parallel zur Klassifikation der Handlungsebenen eine solche des Personals vorgenommen werden. Und dies umso mehr, als mit mehr als 60 (sic!) auftretenden Personen die Übersichtlichkeit schnell verloren gehen kann. Diesem Sachverhalt trägt auch die CHRONIK Rechnung, indem bestimmten Figuren größere Aufmerksamkeit geschenkt wird als anderen. Dies manifestiert sich einerseits in der unterschiedlichen Fülle distinktiver Merkmale auf natürlicher wie sozialer Ebene, die ihnen zugewiesen werden, andererseits hinsichtlich ihres Handlungsanteils am dargestellten Geschehen, dessen tragendes oder ausführendes Zentrum sie sind.

Es ist darum sinnvoll, Personen aufgrund ihrer differenten Bedeutung unterschiedlichen Gruppen oder Klassen zuzuweisen. Stephen Hart[16] unterscheidet zunächst zwischen zwei Personengruppen: zwischen der einen, die aktiv am Geschehen teilnimmt, es trägt und ausführt, und der anderen, die lediglich zuschaut und beobachtet, was geschieht. Seine Einteilung, die hier zugrunde gelegt werden soll, umfasst drei Gruppen, denen die Personen nach ihrer Bedeutung für und ihrem Anteil an dem Geschehen zugeordnet werden.

- Zur ersten, wichtigsten Gruppe gehören die Hauptprotagonisten Santiago Nasar, die Zwillingsbrüder Pablo und Pedro Vicario und ihre Schwester Angela, Bayardo San Román sowie der omnipräsente Ich-Erzähler, der alle Fäden der Geschehensdarbietung in der Hand hält und in seiner

Doppelfunktion als handelnde Person im Verbrechenskontext und zugleich als Rekonstrukteur der Geschichte auftritt und eine besondere Stellung einnimmt (vgl. Kap. 2.2.5).

- Bedeutende Tatzeugen konstituieren die zweite Gruppe. Zu ihr zählen Clotilde Armenta, die Besitzerin des Kolonialwarenladens am Marktplatz des Dorfes, in dem die Brüder Vicario auf ihr Opfer warten, Victoria Guzmán, die Köchin im Hause Nasar, und ihre Tochter Divina Flor, Santiagos karibische Mutter Plácida Linero, die das Hauptportal ihres Hauses wenige Sekunden vor der Tötung ihres Sohnes verriegelt und damit seine Ermordung möglich macht, außerdem dessen arabischen Freunde, der angehende Arzt Cristo Bedoya und der Santiago Nasars Rettung ernsthaft betreibende Yamil Shaium. Auch die von allen respektierte Hure des Dorfbordells, María Alejandrina Cervantes, gehört in diese Gruppe, der Witwer Xius, von dem Bayardo San Román sein zukünftiges Domizil erwirbt, und nicht zuletzt der Bürgermeister des Dorfes, Lázaro Aponte, sowie Padre Carmen Amador, der die dilettantische Autopsie an der Leiche des Opfers vornimmt.
- Die Menge der weniger wichtigen, eher zufälligen Tatzeugen, die weder in die Haupt- noch in die Nebenhandlungen involviert ist, bildet die dritte Gruppe. Beispielhaft genannt seien hier Wenefrida Márquez, die Mutter des Ich-Erzählers, Luisa Santiago, Fausta López, Sara Noriega oder Doktor Dionisio Iguarán nebst ungezählten anderen Personen.

Es versteht sich beinahe von selbst, dass diese Klassifizierung unmittelbar mit der Differenzierung der Handlungsstränge parallelisiert werden kann und in einem systematischen Zusammenhang mit ihnen steht. Agieren die Hauptprotagonisten auf der Ebene der beiden Teile des Haupthandlungsstranges – also in der Verbrechens- wie in der Rekonstruktionshandlung –, so lassen sich die Figuren der zweiten Gruppe den verschiedenen Nebenhandlungssträngen und die der dritten Gruppe den Handlungsfäden und -splittern zuordnen. Damit ist zugleich eine wesentliche Aussage über die Dominanz und Wichtigkeit von Personen und Handlungssegmenten getroffen.

2.2.1 Santiago Nasar – das unbekümmerte Opfer

Nichts scheint in einem Aufweis figurenkonstitutiver und damit distinktiver Merkmale selbstverständlicher zu sein als den Reigen der zu untersuchenden Hauptfiguren mit der im Romantitel angesprochenen Figur zu beginnen: Santiago Nasar. Das Opfer des Verbrechens wird bereits im Erzähleingang vorgestellt:

> **Ich sah ihn in ihrer [Plácida Lineros] Erinnerung. In der letzten Januarwoche war er einundzwanzig Jahre alt geworden, er war schlank und blaß und hatte die arabischen Augenlider und das Kraushaar seines Vaters. Er**

war der einzige Sohn einer Vernunftehe, die keinen Augenblick des Glücks gekannt hatte, doch schien er mit seinem Vater glücklich gewesen zu sein, bis dieser plötzlich, drei Jahre zuvor, gestorben war, und er schien auch mit der einsamen Mutter weiterhin glücklich gewesen zu sein, bis zum Montag seines Todes. Von ihr hatte er den Instinkt ererbt. Von seinem Vater hatte er schon als Kind den Umgang mit Feuerwaffen, die Liebe zu den Pferden und das Abrichten hochfliegender Raubvögel erlernt, aber auch die schönen Künste der Tapferkeit und die Klugheit hatte er von ihm erlernt. Untereinander sprachen sie Arabisch, doch nicht vor Plácida Linero, damit sie sich nicht ausgeschlossen fühlte. Man sah die beiden im Dorf nie bewaffnet, und nur ein einziges Mal hatten sie ihre abgerichteten Falken bei sich, um bei einem Wohltätigkeitsbazar eine Beizjagdvorführung zu geben. Der Tod seines Vaters hatte Santiago Nasar gezwungen, seine Ausbildung mit Abschluß der Oberschule abzubrechen, um die Leitung der Familien-Hazienda zu übernehmen. Santiago Nasar war durch eigene Verdienste fröhlich und friedlich und hatte ein unbeschwertes Herz. (10 f.)

Kompakter und differenzierter lässt sich die Einführung einer Figur in die Erzählhandlung kaum gestalten. Der Ich-Erzähler wählt dazu das Verfahren der *Fremdspiegelung*, um die Authentizität der vorgenommenen Figurenzeichnung zu unterstreichen und zu erhöhen, die aus seiner Übernahme der Perspektive seiner Mutter resultiert. Die Zuordnung der distinktiven Merkmale erfolgt klar nach einem systematischen Prinzip: Zuerst werden die natürlichen, dann die sozialen Eigenschaften angeführt. Physiognomisch ist Santiago Nasar eine interessante Erscheinung: ein junger, gut aussehender, schlanker, aber blasser junger Mann, den allerdings einige besondere ethnische Merkmale ausweisen. Kraushaar und arabische Augenlider, die er vom Vater geerbt hat, verraten ihn als Einwanderer in die Karibik. Als einziger Sohn aus einer kulturell-ethnischen Mischehe (seine Mutter Plácida Linero ist eine Einheimische) gehört er sowohl zum karibischen als auch zum arabischen Kulturkreis. Er verfügt gleichermaßen über die Kardinaltugenden der **Tapferkeit** und **Klugheit** sowie über innere Ausgeglichenheit, die ihn **fröhlich und friedlich** (11) erscheinen lässt.

Santiago Nasars ethnische Zugehörigkeit zu arabischen Völkern zeitigt in der Karibik unabsehbare Folgen. Als Einwanderer ist er gemeinsam mit seinen Eltern ein Fremder im kolumbianischen Dorf und befindet sich damit in einer gesellschaftlichen Sonderstellung. Eingedenk dieser Außenseiterposition wird ausschließlich zwischen Vater und Sohn sowie unter Landsleuten (etwa zwischen Santiago und seinen Freunden Cristo Bedoya und Yamil Shaium) arabisch gesprochen, in der Familie Nasar und im Dorf hingegen spanisch. Um ihre soziale Sonderstellung unter den Dorfbewohnern zu kaschieren, frönen die Nasars ihren Leidenschaften nur im Geheimen. Den **Umgang mit Feuerwaffen, die Liebe zu Pferden und das Abrich-**

ten hochfliegender Raubvögel (11) weisen Santiago nicht nur als Träger einer fremdländischen Mentalität unter Süd- und Mittelamerikanern aus, sondern auch als Mitglied einer hohen sozialen Schicht in seiner arabischen Heimat. Solche Betätigungen gehören zum sozialen Status und können eindeutig als seine Symbole identifiziert werden. Vor allem die Jagd mit abgerichteten Falken, aber auch die anderen Vergnügungen dokumentieren adlige, ja aristokratische Freizeitbeschäftigungen, wie sie seit dem Hochmittelalter[17] in Europa und im arabischen Kulturkreis schon bekannt sind. Im karibischen Kulturkreis dagegen werden solche Aktivitäten lediglich als folkloristische Darbietungen fremdländischen Ursprungs toleriert. Nur im Rahmen solcher Veranstaltungen kann diesen als exotisch eingestuften Leidenschaften öffentlich gefrönt werden. Takt und Respekt vor der Andersartigkeit der Einheimischen gebieten diese Zurückhaltung, die jede Provokation verhindern will.

Der Besitz der **Familien-Hazienda** (11) mit dem Namen ›Göttliches Antlitz‹ (8) weist die Nasars überdies als wohlhabend aus. Sie sind schon vor einem geplanten, aber nicht mehr ausgeübten Importhandel zu Reichtum gelangt, was ihnen eine herausgehobene Stellung im Dorf mit Domizil am Dorfplatz sichert. Der jähe Tod des Vaters Ibrahim Nasar führt den Sohn unabänderlich in das Geschäftsleben, nachdem er aus diesem Grund die Oberschule verlassen hat. Seither gilt der das Anwesen **sehr kundig, aber ohne viel Glück** (8) verwaltende Sohn aus gutem Hause als reich, was auch Margot, eine Schwester des Ich-Erzählers, neidvoll gesteht: ›**Mit einemmal wurde mir bewußt, daß es keine bessere Partie gab als ihn**‹, **sagte sie zu mir.** ›**Stell dir vor: schön, guterzogen und mit einundzwanzig Jahren ein eigenes Vermögen.**‹ (22)

Wie ausgeprägt sein wirtschaftliches Denken ist, wird auch nach den Hochzeitsfeierlichkeiten deutlich, an denen er teilgenommen hat. Gemeinsam mit seinem Freund Cristo Bedoya rechnet er die Kosten für das immense Festessen aus (21), die er auf 9.000 Pesos schätzt (45), und steigert sich in die Vision der Ausrichtung seiner anstehenden Vermählung mit Flora Miguel hinein: ›**So wird mein Hochzeitsfest sein**‹, **sagte er.** ›**Das Leben der Leute wird nicht lang genug sein, um davon zu erzählen.**‹ (21)

Gebrochen werden diese – oberflächlich gesehen – positiv zu bewertenden Eigenschaften durch Handlungen Santiago Nasars, sodass die zu seiner Beschreibung herangezogenen Merkmale sich als *überdeterminiert* oder *mehrfach kodiert* erweisen. Mit diesen Begriffen wird der Verweisungscharakter von Eigenschaften, Handlungen oder Situationen bezeichnet, die über sich selbst auf anderes hinausweisen, als Anspielungen dekuvriert werden müssen und verschiedene *tiefenstrukturelle Ebenen* in den *Oberflächentext* einziehen, die von interpretatorischer Relevanz sind.[18]

Eine wesentliche Überdeterminierung lässt sich hinsichtlich seiner Vorliebe für die Falkenjagd nachweisen. Schon im Motto des Romans[19] wird auf die Beizjagd und die Jagd nach Liebe gleichermaßen hingewiesen. Auch Santiagos erste Handlung an seinem Todestag, nachdem er aufgestanden und in die Küche gegangen ist, besteht in einer Anzüglichkeit gegenüber Divina Flor, der Tochter der Köchin Victoria Guzmán.

> **Santiago Nasar kaute ein zweites Aspirin und setzte sich, um gemächlich seine Tasse Kaffee zu schlürfen, dabei dachte er nach, ohne den Blick von den beiden Frauen zu wenden, welche die Kaninchen über dem Herdloch ausnahmen. Trotz ihres Alters war Victoria Guzmán noch rüstig. Die noch ein wenig ungebändigte Kleine schien am Drang ihrer Drüsen zu ersticken. Santiago Nasar packte sie am Handgelenk, als sie ihm die leere Tasse abnahm.**
> **›Bist schon alt genug, um zugeritten zu werden‹, sagte er.**
> **Victoria Guzmán zeigte ihm das blutige Messer.**
> **›Laß sie los, Weißer‹, befahl sie ohne Scherz. ›Von diesem Wasser trinkst du nicht, solange ich lebe.‹** (12 f.)

In dieser Situation wird Santiago Nasar klar als Weiberheld, Draufgänger, **Erotomane** und **Dorf-Don-Juan**[20], kurz: als Macho entlarvt. Offenbar nutzt er seine soziale Superiorität gegenüber dem Dienstpersonal sowie dessen Abhängigkeit aus, um sich zügellose Freiheiten[21] herauszunehmen, die schon seinen Vater kennzeichneten, der die Köchin verführte und zu seiner Geliebten nahm. Die Wiederholung eines Schicksals, wie Victoria Guzmán es erlitten hat, will sie ihrer Tochter ersparen, die sie eindringlich **vor den Krallen des Bojaren**[22] (70) warnt.

Dieser Dekuvrierung entspricht auch die gesprochene Sprache. In seiner ungezügelten und zweideutigen Bemerkung gegenüber Divina Flor benutzt er Begriffe aus der Reitersprache, sodass hier sprachlich seine Vorlieben für den Reitsport und die Jagd mit Falken in den Bereich der zwischenmenschlichen Beziehungen, hier: der sexuellen Absichten, projiziert werden. Santiago betrachtet in seiner **Mädchenjagd** die Frauen als **Lustobjekte** und **hat die ›Hand eines Habichts‹, der mit ›Klauen‹ nach den Mädchen greift.**[23] Die im Ausdruck sichtbar werdende soziale Schranke zwischen dem fremden Reichen und dem einheimischen Dienstpersonal kommt auch in Victoria Guzmáns Replik zum Ausdruck, in der sie Nasar lapidar, aber in aller Schärfe als **Weißen** anspricht und damit die soziale wie persönliche Distanz zum Hausherrn deutlich macht. Zwischen der die Figur Santiago Nasar einführenden Fremdspiegelung und der ersten daraus gleichsam ein Beispiel gebenden Handlung des Protagonisten, zwischen seinem öffentlich sichtbaren Oberflächenbild und der privaten Tiefendimension klafft also eine Lücke. Diese Lücke weist nicht nur auf Spannungen zwischen den hier handelnden Figuren hin, sondern auch auf

Spannungen zwischen den Dorfbewohnern und dem Hause Nasar, denen in Kap. 2.3 nachgegangen wird.

Ein letztes überdeterminiertes Epitheton in der Deskription bedarf ebenfalls der Analyse. An mehreren Stellen der Eingangsepisode werden die von ihm getragenen weißen Kleider erwähnt (8, 10, 11), die er angezogen hat, um den erwarteten Bischof begrüßen zu können: Er erklärt seiner Mutter, **er habe sich päpstlich weiß gekleidet, für den Fall, daß er Gelegenheit haben sollte, den Ring des Bischofs zu küssen.** (11) Der in dieser Haltung erkennbare Hochmut korreliert auf einer anderen Ebene[24] mit seiner Überheblichkeit gegenüber dem Küchenpersonal und konterkariert zugleich die mit der Farbe Weiß konnotierte Unschuld. Darüber hinaus lassen sich Verweisungen auf seine Blässe herstellen, die auch von anderen Dorfbewohnern konstatiert wird. Clotilde Armenta vergleicht ihn mit einem **Gespenst** in einem **Anzug aus Aluminium** (18), und Luisa Santiago, die Mutter des Ich-Erzählers, lüftet in ihrer unnachahmlichen Hellsicht das Geheimnis: ›**Man muß immer auf der Seite des Toten sein.**‹ (26) Offenbar liegt schon unmittelbar vor seiner Ermordung eine Leichenblässe auf seinem Antlitz.

Nicht zuletzt sein Name gibt zu Spekulationen Anlass[25]. Über die textexterne Referenz hinaus, die den Nachnamen als identisch mit dem der Freundin des wirklichen Mordopfers in Sucre, Lydia Nasar, ausweist[26], sind evidente Parallelen zu Jesus, dem Nazarener, erkennbar, auf dessen Schicksal ebenfalls angespielt wird.[27] Und sein Vorname Santiago geht zurück auf den heiligen Jakobus, der während seiner Missionsreisen in Spanien von den Mauren erschlagen wurde und seitdem in Santiago de Compostela verehrt wird.

Das Ensemble der Santiago Nasar kennzeichnenden Merkmale fällt also keineswegs homogen aus. Im Gegenteil: Die Diskrepanz zwischen seinen natürlichen und seinen sozialen Merkmalen, die spannungsreiche Distanz zwischen ihm zugeschriebenen Eigenschaften und zu diesen im Widerspruch stehenden Handlungen evozieren ein Konfliktpotenzial, dessen Grundlegung sinnvollerweise im Erzähleingang vorgenommen wird.

2.2.2 Pablo und Pedro Vicario – die Täter

Der Anwalt plädierte auf Totschlag in legitimer Verteidigung der Ehre, zugelassen als Gewissensentscheidung, und die Zwillinge erklärten am Schluß der Gerichtsverhandlung, sie würden es aus den gleichen Gründen tausendmal wieder tun. […]
›Wir haben ihn mit Absicht getötet‹, sagte Pedro Vicario, ›aber wir sind unschuldig.‹
›Vielleicht vor Gott‹, sagte Pater Amador.
›Vor Gott und vor den Menschen‹, sagte Pablo Vicario. ›Es war Ehrensache.‹
(51)

Es ist sicher nicht zufällig, dass die beiden Täter, die Zwillingsbrüder Pedro und Pablo Vicario, erst mit ihrer Apologie vor Gericht ausführlicher in die Handlung eingeführt werden. Denn nicht die Tat weckt das Interesse der Dorfbewohner und auch des Lesers, sondern die Motive, die zu ihr führten. Die Brüder reklamieren gleichsam einen übergesetzlichen Notstand, der im kodifizierten Recht nicht niedergelegt ist, dafür aber umso mehr im moralischen Sittenkodex. Offenbar gilt die Verteidigung und Wiederherstellung der Familienehre selbst vor Gericht mehr als das positive Recht, sodass der Freispruch nach drei Jahren Untersuchungshaft, die die Mörder im Gefängnis von Riohacha verbringen müssen, weil sie die vom Gericht festgesetzte Kaution nicht bezahlen können, als legitime Sühne ausreicht.

Schwerer als dieses merkwürdige Urteil jedoch wiegt die Tatsache, dass die Täter nichts unversucht gelassen haben um an dem Mord an Santiago Nasar gehindert zu werden. Sie hatten **mehr als alles Erdenkliche getan, damit jemand sie von ihrer Tat abhielt, und waren gescheitert.** (52) Von solch nachgerade zwanghaftem Verhalten[28] befreit zu werden, erweist sich als stärkstes Motiv für ihre öffentlichen Ankündigungen, den vermeintlichen Verführer ihrer Schwester zu töten. Wie ein roter Faden ziehen sich ihre demonstrativen Vorbereitungen für den Mord und seine Ankündigung durch die Handlung, sodass der Erzähler völlig zu Recht behaupten kann: **Es hat nie einen öfter angekündigten Tod gegeben.** (53)

Die Stationen dieser Ankündigungen reihen sich auf wie Perlen an einer Schnur: Zuerst erfährt von den Absichten der Brüder der mit ihnen befreundete Schlachter Faustino Santos, als sie bei ihm ihre Messer schleifen (53 f.), der seinerseits den Polizisten Leandro Pornoy (55) informiert. Der Milchladenbesitzerin Clotilde Armenta gestehen sie freimütig ihr Vorhaben, während sie mit den in Papier eingewickelten Messern in ihrem Geschäft auf das Opfer warten (56 f.). Der Bürgermeister des Dorfes, Oberst Lázaro Aponte, wird vom Polizisten Pornoy über die bedrohliche Situation unterrichtet, begibt sich in Clotilde Armentas Geschäft und entwaffnet die Brüder (58), die, nachdem sie sich neue Messer geholt haben, neben dem Bruder des Erzählers, Luis Enrique (70), weiteren **zwölf Personen, die zum Milchkauf gekommen waren, von ihrer Absicht erzählt [hatten], und diese hatten sie vor sechs Uhr überall weiterverbreitet.** (60) Und um jeglichen Zweifel an dieser Tatsache auszuräumen, stellt der Erzähler in seiner Rekonstruktionsarbeit fest, dass nicht weniger als 22 Personen im drei Jahre später stattfindenden Prozess in ihrem Eindruck übereinstimmten, dass die Brüder **es allein in der Absicht gesagt hätten, gehört zu werden.** (53)

Wenn derart die Absichten der Figuren deren natürliche Merkmale dominieren, dann verwundert es nicht, dass sie nur wenig persönliches Profil gewinnen. Geschickt nutzt der Erzähler den Zeitraum, in dem sie sich neu bewaffnen (61 f.), dazu, wenige distinktive Merkmale den Brüdern zuzuordnen. Pablo, der Ältere der 21-jährigen Zwillinge, gilt als entschlossen und fantasiebegabt, ist jedoch vom autoritären Pedro abhängig, der sich im Militärdienst eine **Sergeantenblennorrhöe** (61) zugezogen hat. Dieser trifft auch die Entscheidung für den Mord, die von Pablo im zweiten Anlauf noch forcierter durchgesetzt wird als von seinem jüngeren Bruder. Als Schlachter beherrschen sie das Handwerk des Tötens professionell, sodass am Erfolg ihrer beabsichtigten Handlung keine Zweifel aufkommen. Auch wenn sie **seit dem Vorabend des Gelages nicht aufgehört hatten zu trinken, waren sie nach drei Tagen nicht mehr betrunken und wirkten nur wie übernächtigte Schlafwandler.** (19) Von ihrer Absicht zu töten wollen sie jedoch vor allem abgehalten werden, weil sie am Sinn ihrer Tat zweifeln, aber dem dörflichen Sittenkodex folgen und ihn nicht aufgrund eigener Einsicht für obsolet halten. Sie bringen nicht den Mut auf, sich öffentlich und verantwortungsbewusst gegen die in sie gesetzten Erwartungen vor allem von weiblicher Seite zu stellen, hat doch Pablo Vicarios Verlobte Prudentia Cotes kurz vor der Ausführung der Tat erklärt, dass sie nie Pablos Frau werden würde, **wenn er nicht seine Mannespflicht erfüllt hätte.** (64) Insofern sind sie willfährige Handlanger, die die Ehre ihrer Schwester und der Familie wiederherzustellen versuchen, aber auch Stellvertreter[29], geeignete Vollstrecker einer überständigen Moral der Dorfgemeinschaft, die auf der Tötung des vermeintlichen Verführers Santiago Nasar besteht.

2.2.3 Bayardo San Román – der mysteriöse Bräutigam

Die Absichten dieses geheimnisvollen Fremden mit den Unheil verkündenden **goldene[n] Augen** (28) bleiben letztlich im Unklaren. Diesem Umstand trägt der Ich-Erzähler Rechnung, indem er in konsequent polyperspektivistischer Manier Fremdspiegelungen aneinander reiht, um ein facettenreiches, aber auch widersprüchliches Bild des Bräutigams zu zeichnen. Sohn des berühmt-berüchtigten Generals Petronio San Román, der in den kolumbianischen Bürgerkriegen den revolutionären Oberst Aurelia Buendía[30] von hinten erschossen hat, und einer **mächtige[n] Mulattin aus Curaçao** (36), sah er mit seinen dreißig Jahren jünger aus. Mit der schmalen **Taille eines jungen Stierkämpfers** (28) wirkt er auf die einen **wie ein Schwuler** (28), auf andere sehr geheimnisvoll, und wieder andere halten den angeblichen Eisenbahningenieur für bezaubernd und charmant.

Hervorstechendstes Merkmal scheint jedoch sein Reichtum zu sein, dessen Quellen nie versiegen. Drei Ereignisse lassen sich aufzählen, die seinen Ruf als karibischer Nabob unter den Dorfbewohnern festigen. Zum einen die von verschiedenen Personen genannten ungeheuren Kosten für die Ausrichtung seiner prunkvollen Hochzeit. Zunächst auf 9.000 Pesos von

Santiago Nasar geschätzt, verdoppeln sie sich schließlich.[31] Zum anderen kauft er sämtliche Lose auf einem Wohltätigkeitsfest, um Angela Vicario ein Trichtergrammophon mit Perlmuttintarsien schenken zu können (32). Damit unterstreicht Bayardo San Román zugleich seinen schnell erworbenen Ruf eines zielstrebigen und rücksichtslosen Geschäftmannes, der gar nicht auf die Tombola wartet, sondern gleich den ausgelobten Preis kauft: **›Um so besser‹, sagte er. ›So wird es leichter und außerdem billiger zu haben sein.‹** (32)

Einen eigenen Handlungsfaden bildet – zum Dritten – die Episode, in der er für sich und seine zukünftige Frau das **hübscheste Haus des Dorfes** (38) erwirbt. Mit ausgeklügelter, kalter Taktik handelt er es dem Witwer Xius ab, dessen Frau das Hausinventar in einem **langen entsagungsvollen Leben gekauft** (38) hat. Haus und Inventar sind für ihn eine sentimentale Erinnerungsstätte gemeinsamen Glücks. Der völlig unangemessenen Summe von 10.000 Pesos für das Objekt kann der Witwer jedoch nicht widerstehen und stirbt zwei Monate nach dem Verkauf an gebrochenem Herzen: **›Er starb daran‹, sagte Doktor Dionisio Iguarán. ›Er war gesünder als wir, aber wenn man ihn abhorchte, hörte man die Tränen in seinem Herzen tropfen.‹** (40)

Undurchdringlich sind ferner Bayardo San Románs Absichten, die er mit seiner Ankunft im Dorf im August des Jahres vor seiner Heirat verbindet. Gegenüber einem neugierigen Frager antwortet er vor seiner Hochzeit: **›Ich zog von Dorf zu Dorf auf der Suche nach einer zum Heiraten.‹** (29) Sein Auge fällt wie zufällig auf Angela Vicario, als er sie und ihre Mutter vom Schaukelstuhl seines Wohnzimmers aus sieht. Auf die Frage nach der Identität der Jüngeren antwortet die Besitzerin des Hauses,

> **sie sei die jüngste Tochter der Frau, die sie begleitete, und heiße Angela Vicario. […] ›Der Name steht ihr‹, sagte er. Und schon lehnte er den Kopf im Schaukelstuhl zurück und schloß von neuem die Augen. ›Wenn ich aufwache‹, sagte er, ›erinnern Sie mich daran, daß ich sie heiraten werde.‹** (31)

Diese rätselhafte Begebenheit wird von einigen bestätigt, von anderen dementiert, und auch Angela Vicario selbst vermag dieses Geheimnis nicht zu lüften. So kann der Ich-Erzähler resümieren, dass er eine Art zu reden hatte, **die ihm eher dazu diente, etwas zu verschleiern als es auszusprechen** (29), und dass **Bayardo San Román kein Mann war, den man auf den ersten Blick einschätzen konnte.** (28)

Während Bayardo San Románs Besitz ergreifendes Wesen, seine durch und durch geheimnisvolle Aura, mit der er sich umgibt, und seine gut kaschierten autoritären Eigenschaften in markanten Situationen gezeigt werden, ist der Figur seiner Verlobten kein eigenes Kapitel zur Einführung vorbehalten.

2.2.4 Angela Vicario – die bereits deflorierte Braut

Die Einführung der Figur Angela Vicario erfolgt weder in einer eigenen Szene noch in einem separaten Erzählabschnitt. Situationsabhängig werden nach und nach ihre natürlichen und sozialen Eigenschaften preisgegeben. Unselbstständig, in der matriarchalischen Familientradition fest eingebunden, gilt der eigene Wille der jüngsten Tochter einer überaus strengen Mutter und eines kranken Vaters nichts. Allerdings wird ihr Aussehen eigens hervorgehoben:

> **Angela Vicario war die schönste der vier [Töchter], und meine Mutter sagte, sie sei wie die großen Königinnen der Geschichte geboren worden: mit der Nabelschnur um den Hals. Und doch wirkte sie hilflos und geistig arm, und das verhieß eine ungewisse Zukunft. [...] Ihre geistige Armut hatte sich mit den Jahren vertieft. Als man erfuhr, Bayardo San Román wolle sie heiraten, dachten daher viele, das sei die Niedertracht eines Fremden.** (34 f.)

In den Augen ihrer Mutter käme es einem Sakrileg gleich, sich der Heiratsabsicht eines solch mächtigen und reichen Mannes wie Bayardo San Román zu widersetzen. Der mit einer Eheschließung verbundene soziale Aufstieg, die finanzielle Sicherheit und der Wink des Schicksals, einen solchen Mann heiraten zu dürfen, lassen für Angela Vicario jeden Widerstand gegen die Ehe zwecklos erscheinen. Und ihre öfter betonte geistige Armut stellt einen weiteren Grund für die geplante Heirat dar. Als Angela gar Bedenken gegen eine solche Absicht vorbringt, da sie Bayardo San Román nicht liebe, wird ihr Einwand mit einem einzigen Satz ihrer Mutter vernichtet: ›**Auch Liebe erlernt sich.**‹ (37) Auch die Mutter des Ich-Erzählers, Luisa Santiago, ist ähnlicher Meinung, wenn sie über alle Vicario-Töchter feststellt, dass sie **perfekt** seien: ›**Jeder Mann wird mit ihnen glücklich werden, denn sie sind dazu erzogen worden, zu leiden.**‹ (34)

Schwerer als diese hoffnungslose Einsicht, sich in das Unabwendbare fügen zu müssen, wiegt für die Braut die Tatsache, dass sie nicht mehr jungfräulich in die Ehe gehen kann. Auch wenn keine früheren Freunde, Geliebten oder Affären Angelas bekannt sind[32] und sie darüber selbst keine Angaben macht, ist sie sich über die weit reichenden Folgen ihrer bereits erfolgten Defloration völlig im Klaren. Entweder wird sie in ihrem Leben nie einen scheinbar selbstverständlich auf Ehre pochenden Mann heiraten können oder sie muss das Risiko auf sich nehmen, ihn in der Hochzeitsnacht zu betrügen. Dazu ist sie jedoch trotz der wohl gemeinten Ratschläge ihrer Freundinnen nicht bereit. Im Gegenteil, sie wagt es sogar, sich mit Schleier und Orangenblüten – den Reinheitssymbolen – bräutlich schmücken zu lassen. Nachdem sie selbst in der Hochzeitsnacht nichts unternimmt um ihren Makel zu kaschieren, nimmt das Unvermeidbare seinen

Lauf: Gegen zwei Uhr in der Nacht auf Montag wird sie von ihrem Bräutigam zu ihrer Mutter zurückgebracht, die sie grün und blau schlägt.

Dieses merkwürdige, interpretationsbedürftige Verhalten Angela Vicarios korrespondiert mit den undurchdringlichen Absichten Bayardo San Románs, die – im Gegensatz zu denen der Mutter Angela Vicarios – nie aufgedeckt werden. Das vermeintliche **Dummerchen** (35, 90) zeigt mehr Verantwortungsbewusstsein, Zivilcourage und Moral als alle anderen Figuren, worauf noch in Kap. 2.3.2 ausführlicher einzugehen sein wird. Sie ist die Einzige, die im Roman eine Entwicklung nach der Hochzeitskatastrophe durchmacht.

Weil die meisten Merkmale Angela Vicarios nicht durch einen auktorialen Erzähler präsentiert, sondern in berichteten Handlungen und in Gesprächen mit dem Ich-Erzähler deutlich werden, kommt gerade ihm eine besondere Funktion im Roman zu.

2.2.5 Der multifunktionale Ich-Erzähler

Gleichermaßen auf der Handlungs- wie auf der Rekonstruktionsebene agierend, fungiert er als Erzähler und als Figur, über die erzählt wird.[33] Er ist zugleich Zuhörer und Arrangeur des Gehörten, investigativer Reporter und Literat. Diese polyfunktionale Figur erfüllt mehrere Aufgaben, die sorgfältig differenziert werden müssen.

- Auf der Handlungsebene wird über ihn als Gast der Hochzeitsfeierlichkeiten berichtet. Nach deren offiziellem Ende begibt er sich mit seinen Brüdern und Santiago Nasar in das Dorfbordell zu María Alejandrina Cervantes, zu der er zurückkehrt, nachdem er mit anderen dem frisch vermählten Paar vor dem Haus des übertölpelten Witwers Xius ein Ständchen dargebracht hat. Darüber hinaus ist er der Cousin Angela Vicarios, seine Mutter ihre Patentante. Nach dem Mord an Santiago Nasar kümmert er sich am folgenden Dienstag um dessen Beerdigung und reist danach aus dem Dorf ab. In welchem Verhältnis der Ich-Erzähler genau zu Angela Vicario gestanden hat, ist Gegenstand kontroverser Diskussionen.[34]
- Um Ereignisse, bei denen er nicht zugegen war, überhaupt schildern und Hintergrundinformationen zusammentragen zu können, wird der Ich-Erzähler als nachforschender Journalist auf der Ebene der Recherche-Arbeit tätig, der Tatzeugen befragt, Beobachtungen anstellt, Gerichtsakten sichtet und über Jahre hinweg wiederholt verschiedene Personen der Romanhandlung aufsucht und mit ihnen spricht.
- Das vom ihm zusammengetragene Material arrangiert er schließlich als fiktiver Literat, der es sich zur Aufgabe gemacht hat, 27 Jahre nach den Ereignissen mit Unterstützung seiner Mutter Luisa Santiago die Tat und

ihre Umstände sowie die Motive der Tatbeteiligten zu rekonstruieren. Insofern ist er textintern der allgewaltige *Herr der Rekonstruktionsgeschichte*, der die einzelnen Handlungs- und Erzählfragmente auswählt und zu einer eigenwilligen Chronik zusammenfügt.

- Von diesen textinternen Funktionen des Erzählers sind die textexternen zu unterscheiden. Auf außerliterarisch *referenzieller* Ebene beglaubigt er selbst seine Gegenwart auf der Hochzeit zwischen Gentile und Nasar[35] in der Stadt Sucre. Auch ohne diesen verbürgten autobiografischen Bezug würde mit der Berufung auf eine außerliterarische Quelle das künstlerische Verfahren der *Quellenfiktion* bemüht, das der Autor im 1994 erschienenen Roman *VON DER LIEBE UND ANDEREN DÄMONEN* genauso eingesetzt hat wie Eco in seinem Roman *DER NAME DER ROSE* im Jahre 1982.
- Und letztlich muss MÁRQUEZ selbst als Autor des vorliegenden Werkes vom Arrangeur des erzählten Geschehens unterschieden werden.

Zwischen dem textinternen Erzähler als Journalisten sowie fiktiven Literaten und dem textexternen Autor oder Romancier MÁRQUEZ ist also zu differenzieren, sodass es sich bei der *CHRONIK* nicht um die Arbeit eines Reporters handelt[36], sondern dieser Gegenstand eines Romans wird.[37] Lapidar lässt sich also festhalten: **Márquez' Text ist literarisch, erzählerisch, nicht journalistisch, berichtend.**[38] Dass mit dieser Aussage implizit ein fundamentales Kriterium für die zu erhellende Literarizität der *CHRONIK* genannt ist, muss hinsichtlich der Betrachtung des Romans als *Diskurs* (vgl. Kap. 2.5) eingehend gewürdigt werden.

Mit dem Aufweis der distinktiven Merkmale für die Hauptpersonen des Romans sowie den vorgenommenen Prädikationen sind die grundlegenden Figurenkonstitutionen im Roman geleistet. Zugleich ist damit der Handlungsrahmen abgesteckt. Der multifunktionale Ich-Erzähler rekonstruiert das Verbrechen, das an Santiago Nasar am frühen Morgen nach der Hochzeit des Brautpaares Bayardo San Román und Angela Vicario durch deren Brüder Pablo und Pedro verübt wird. Dabei wird nicht nur die zentrale Mordtat dargestellt, sondern es sollen gleichermaßen Motive, Befürchtungen und Ängste der an der Tötung direkt und indirekt Beteiligten offen gelegt werden. Tragende Nebenfiguren dieses Dekuvrierungsprozesses werden nicht so differenziert gezeichnet wie die Hauptfiguren, ergibt sich deren Bedeutung doch nahezu ausschließlich aus ihrer Funktion für die Rekonstruktionsgeschichte. Darum sollen sie auch in diesem systematischen Zusammenhang untersucht werden (vgl. Kap. 2.3.2).

2.3 Figurenkonstellation

Da die Figuren in ihrer Doppelfunktion als Handlungsträger und Personen mit klar definierten, voneinander abgegrenzten distinktiven Merkmalen ausgestattet sind, ergeben sich zwangsläufig zwischen ihnen vielfältige Beziehungen. Sie interagieren auf fundamentaler Ebene im Rahmen des grundlegenden Konflikts. Dieser wird durch eine eigenwillige Dreierkonstellation geprägt: durch das frisch vermählte Paar Bayardo San Román und Angela Vicario, den der Defloration der Braut beschuldigten Santiago Nasar, der von den Zwillingen Pablo und Pedro Vicario zur Wiederherstellung der Familienehre, insbesondere der ihrer Schwester, getötet wird.

Abstrahiert man von der Fülle distinktiver Merkmale, erhält man Basis-Eigenschaften, die jeder Hauptfigur zu- oder abgesprochen werden können. Differenziert man des Weiteren – wie in Kap. 2.2 geschehen – in natürliche und soziale Eigenschaften, ergeben sich zwei Merkmalklassen. Elemente dieser beiden Klassen bilden in hierarchischer Anordnung diejenigen Eigenschaften, die aus der Analyse der Figurenkonstitutionen gewonnen wurden. Ein jedes dieser Elemente ist den Figuren inhärent oder nicht, sodass diese qua Merkmalzuweisungen oder -absenz in einem kontradiktorischen Verhältnis zueinander stehen. Jedes Merkmalpaar kann deshalb als semantische Opposition in den beiden Klassen der natürlichen oder sozialen Eigenschaften bezeichnet werden.

Für die Klasse der natürlichen Eigenschaften bedeutet dies konkret, dass alle Hauptfiguren entweder als friedvoll oder gewalttätig bezeichnet werden können. Darüber hinaus erweist sich ihr jeweiliges Handeln als verantwortungsvoll bzw. verantwortungslos, das entweder professionell oder aber dilettantisch ausgeführt wird. Die Klasse der sozialen Merkmale wird bestimmt durch den Fundamentalgegensatz arm oder reich, der offensichtlich dadurch nachhaltig beeinflusst wird, dass Träger dieser Eigenschaften Fremde oder aber Einheimische, Autochthone sind. Dies wiederum führt dazu, dass sie in ihren Handlungen dem herrschenden Moralkodex folgen oder nicht, sie also in ihren jeweiligen Taten sittlich-moralisch abhängig oder unabhängig von Traditionen, Sitten und Gebräuchen ihres Umfeldes sind.

2.3.1 Matrizierung

Um eine systematische Erfassung der Haupt- und der wesentlichen Nebenfiguren in einer Synopse zu erreichen, wird ein Strukturmodell der *CHRONIK* entworfen, das als nicht-mathematische Matrix zu bezeichnen ist. Hierbei handelt es sich um ein zweidimensionales, einem Koordinatenkreuz vergleichbares System, in dem auf der Horizontalen die natürlichen und auf der Vertikalen die sozialen Merkmale aller relevanten Figuren in Form semantischer Binär-Oppositionen abgetragen werden. In die durch diese Operation entstehenden Felder können nicht nur potenziell alle Figuren des Romans eingetragen, sondern auch vielfältige Beziehungen zwischen ihnen hergestellt werden, sodass wesentliche Figurenrelationen in den Blick kommen.

Der Vorzug in der Anwendung eines solchen analytischen Verfahrens liegt in der Adäquatheit zwischen modellierender Praxis und zu modellierendem Text. Weil nämlich der Roman eindeutig dualistisch, als zweidimensional strukturierter Text konzipiert ist, der individuelles Handeln in einem sozialen Kontext thematisiert, entspricht die vorzunehmende textanalytische Operation dem Genretypus des Romans. Darüber hinaus erlaubt die Klasse der sozialen Eigenschaften die Untersuchung der gesellschaftlichen Rahmenbedingungen, unter denen die Figuren handeln, sodass im Text verankerte Probleme textinterner wie -externer Dimension interpretativ erhellt werden können. Mehrfachkodierungen und Überdeterminierungen bekommt man so systematisch differenziert in den Griff. Insofern vermag die Matrix nicht nur schon aufgeworfene Probleme in Zusammenhang mit der Figurenkonstellation zu lösen, sondern auch allererst Fragen an den Text im Hinblick auf weiterführende Problemstellungen zu entwickeln. Als bloßes Hilfsmittel kann die Matrix darum nicht verstanden werden. Vielmehr kommen ihr die Eigenschaften eines Strukturmodells zu, das die ›Arbeitsweise‹, die Regelhaftigkeit eines Systems in wesentlichen Strukturen aufdecken und erklären helfen soll. In diesem Sinne ist die Konfigurations-Matrix selbst der Interpretation bedürftig und bildet die Grundlage für weitere Analyseschritte.

Betrachtet man die Zuordnung wesentlicher Handlungsfiguren in der Matrix, so ergeben sich einige erstaunliche und damit interpretationsbedürftige Auffälligkeiten. In ihrer Distribution unterschiedlichen Zonen von A bis D zugewiesen, sticht zunächst die singuläre Stellung Bayardo San Románs in Zone B hervor. Er handelt in doppelter Weise verantwortungslos: Zum einen gibt er völlig unmotiviert in der Öffentlichkeit seine Absicht preis, Angela Vicario zu heiraten, nachdem er sie einmal gesehen, aber nicht gesprochen, geschweige denn ihr Einverständnis eingeholt hat. Zum anderen handelt er in höchst zynischer, aber auch professioneller Form dem Witwer Xius das Haus ab, obwohl er genau weiß, dass dieser das zur ›Gedenkstätte‹ für seine Frau Yolanda gewordene Anwesen gar nicht veräußern will. Es bedarf keiner weiteren Erklärung, dass er hier aufgrund seines unermesslichen Reichtums mit einem Höchstmaß subtiler Gewalt seinen Willen ohne Rücksicht auf Konsequenzen durchsetzt.

Haupt- und Nebenfiguren in der »Chronik«

natürliche Eigenschaften
- verantwortungsvoll vs. verantwortungslos
- gewalttätig vs. friedvoll
- professionell vs. dilettantisch

soziale Eigenschaften
- arm vs. reich
- autochthon vs. fremd
- soz. abhängig vs. soz. unabhängig

soziale Eigenschaften / natürliche Eigenschaften			verantwortungsvoll				verantwortungslos			
			gewalttätig		friedvoll		gewalttätig		friedvoll	
			profess.	dilett.	profess.	dilett.	profess.	dilett.	profess.	dilett.
reich	fremd	unabhängig				Santiago Nasar/Yamil Shaium	Bayardo San Román	(Santiago Nasar)		
		abhängig		A				B		
	autochthon	unabhängig			Cristo Bedoya					
		abhängig				Plácida Linero				
arm	fremd	unabhängig								
		abhängig		C				D		
	autochthon	unabhängig			Maria Cervantes	Clotilde Armenta		Pater Carmen Amador		
		abhängig	Pedro u. Pablo Vicario		Angela Vicario	Oberst Aponte	Victoria/Pura Guzmán/Vic.			Angela Vicario

Von ähnlicher Bedeutsamkeit ist die Zone A, finden sich doch hier neben Santiago Nasar seine Mutter Plácida Linero, Yamil Shaium sowie sein enger Freund Cristo Bedoya, der die letzte Stunde in dessen Leben mit ihm teilt (Kap. V) und nach dessen Ermordung als Medizinstudent an der Autopsie der Leiche durch Pater Amador beteiligt ist (Kap. IV). Durch verwandtschaftliche und freundschaftliche Beziehungen einander zugeordnet, bilden sie die Gruppe der ahnungslosen oder beinahe uninformierten Opfer, die nichts von dem unmittelbar bevorstehenden Mord wissen. Problematisch scheint die Zuordnung Santiago Nasars zur Gruppe der verantwortungsvoll Friedfertigen zu sein. Diese Bestimmung bezieht sich ausschließlich auf seine Handlungsfunktion im Kontext der ihm angelasteten, aber nicht bewiesenen Defloration Angela Vicarios, nicht aber auf sein machohaftes Verhalten gegenüber den Mädchen und Frauen des Dorfes, das eindeutig von Gewalt und Verantwortungslosigkeit geprägt ist. Für seine verdeckt ausgeführten Zudringlichkeiten gilt die in der Zone B vorgenommene Positionierung in Klammern, nicht aber für den Haupthandlungsstrang der Verbrechensgeschichte (vgl. auch Kap. 2.2.1).

Auffällig im Hinblick auf die Zonen C und D erscheint das Phänomen, dass hier ausschließlich die Einheimischen des Dorfes als verantwortungsvoll oder verantwortungslos Handelnde für die Tötung Santiago Nasars versammelt sind. Weil keine Fremden diesen beiden Zonen zugeordnet werden können, bleibt auch auf der Ebene der sozialen Eigenschaften die Position der armen Fremden leer. Offensichtlich haben es nur die Einwanderer dank andersartiger Bildung und Berufserfahrung, aber auch aufgrund einer anderen Mentalität zu Wohlstand gebracht. Dass dies für den Zusammenhalt der Dorfgemeinschaft und ihre Identität weit reichende Folgen zeitigt, wurde schon aufgrund der arabischen Herkunft Santiago Nasars, Cristo Bedoyas, Yamil Shaiums und anderer in der Figurenkonstitution dargelegt (Kap. 2.2). Sie bilden **eine Gruppe friedlicher Einwanderer** (81), denen man nicht zutraut, dass sie ihre Haltung geändert hätten, **um einen Tod zu rächen, an dem […] alle schuld sein konnten**. (82) Davon kann sich nach der Tat auch der Bürgermeister Lázaro Aponte überzeugen, der die von ihm besuchten arabischen Familien **ratlos und traurig** (82) vorfindet und sich davon überzeugt, dass **keiner von ihnen […] Rachegelüste** (82) nährte.

Gleichwohl trauen einige Einheimische, allen voran die Brüder Vicario, den arabischen Einwohnern nach der Tat Repressalien ihnen gegenüber zu, sprechen sie doch von möglichen **Scheißmachenschaften der Türken** (81) und geben damit die **Seelenverfassung der Straße** (81) wieder. Dieser eher unterschwellige Konflikt zwischen zwei ethnisch verschiedenen Bevölkerungsgruppen darf jedoch nicht Anlass zu der Vermutung geben, dass etwa primär tatsächlich vorhandene xenophobische Ressentiments den Tod Santiago Nasars herbeigeführt hätten. Vielmehr wird er ursächlich durch die verantwortungslose Anschuldigung Angela Vicarios, die seinen Namen als den des Täters nennt, hervorgerufen, während die Gründe für seinen Tod – wie noch zu zeigen sein wird – vielfältiger Natur sind. Darüber hinaus führt die Annahme, dass die Tötung Santiago Nasars nahezu ausschließlich auf fremdenfeindliche Motive zurückzuführen sei, zur Kennzeichnung der Figurenkonstellation als tektonisch, d. h., dass sich annähernd zwei gleich starke Figurengruppen gegenüberstünden.[39] Dies erweist sich jedoch aufgrund der äußerst unterschiedlichen Beziehungen, in denen die Figuren zueinander stehen (vgl. Kap. 2.3.2), als unhaltbar.

Wie divergent die den Zonen C und D zugewiesenen Figuren trotz gemeinsamer Merkmale gesehen werden müssen, ergibt sich schon aus der Positionierung der Brüder Vicario in der Gruppe der verantwortungsvollen Einheimischen. Während Clotilde Armenta nahezu jeden, der ihr Geschäft am Dorfplatz in den frühen Morgenstunden des verhängnisvollen Montags betritt, über die Absichten der beiden Vicarios informiert, gezielte Warnungen an andere weitergibt und sich damit individuell verantwortungsbewusst verhält, indem sie ihren Milchladen gleichsam zur Nachrichtenbörse über den angekündigten Tod Santiago Nasars macht, handeln die Mörder im Sinne des gesellschaftlichen Sittenkodexes – und nur in diesem Sinne – kollektiv ebenfalls verantwortungsvoll. Sie wollen jedoch unter allen Umständen von diesem Zwang, von dieser Tod bringenden Verpflichtung entbunden werden um keine persönliche Schuld auf sich zu laden. In der Diskrepanz zwischen der Verpflichtung zum Töten, die sich aus dem Sittenkodex des Dorfes ergibt, und der unreflektierten, eher emotional empfundenen Unangemessenheit dieser Konsequenz für Santiago Nasar gründen für die Vicario-Brüder erst der Konflikt und die Motivation, etwas tun zu müssen – weil es ihnen auferlegt ist –, was sie eigentlich nicht wollen. Aus diesem Grund halten sie sich auch für unschuldig, wie sie unmittelbar nach der Tat gegenüber Pater Amador bekennen. Sie fassen die ganze Angelegenheit als **Ehrensache** (51) auf, für deren Konsequenzen sie nicht zur Rechenschaft gezogen werden können.

Auch Oberst Aponte will Gewalttätigkeiten im Keim ersticken. Darum nimmt er die Messer der zum Mord entschlossenen Brüder an sich, ohne daran zu denken, dass sie sich neu bewaffnen könnten. An die Notwendigkeit, die beiden in Gewahrsam zu nehmen, denkt er nicht, da er sich über die Ernsthaftigkeit ihrer Absicht nicht im Klaren ist und somit zu einer Fehleinschätzung der Situation kommt, wie er selbst später, allerdings zu spät, sein leichtfertiges Handeln beurteilt.[40] Nach der Tat erkennt er offenbar seinen verhängnisvollen Fehler, der ihm auch noch 23 Jahre später Gewissensbisse bereitet, als er mit dem Ich-Erzähler **mit einer gewissen Aggressivität** über diese Begebenheit spricht und sich weigert, **auch nur die geringfügigste Einzelheit beizutragen, um seinen Anteil an dem Drama ein wenig aufzuklären.** (88) María Cervantes dagegen greift in die drohende Auseinandersetzung nicht ein. Sie verlässt ihr Dorfbordell nicht, geht ihrer Profession nach und verhält sich passiv um den Hausfrieden zu wahren, gehören doch sowohl Santiago Nasar, der Ich-Erzähler als auch die Vicarios zu ihren Kunden, die sie nicht verlieren möchte.

Ähnlich unterschiedlich strukturiert ist die Gruppe der in Zone D versammelten Figuren. Hier fällt vor allem auf, dass mit Angela Vicario, ihrer Mutter Pura und der Köchin Santiago Nasars, Victoria Guzmán, drei Frauen zu einer Gruppe zusammengeführt werden, die genau die Konsequenzen kennen, die aus dem Makel resultieren, die eine Braut besitzt, wenn sie nicht mehr jungfräulich in den Ehestand treten will. Victoria Guzmán warnt Santiago vor der über ihm schwebenden Todesgefahr nicht etwa deshalb nicht, weil sie die von einer Bettlerin übermittelte Nachricht **für Geschwätz von Besoffenen hielt** (16), sondern **weil sie im Grunde ihres Herzens wünschte, sie würden ihn töten** (16). Über eine solch gewalttätige Gesinnung geht Pura Vicario noch hinaus. Sie dekretiert nicht nur, dass Angela Bayardo San Román zu heiraten habe (37), verantwortet nicht nur eine Erziehung, die Heirat und Leiden als Synonyma betrachtet[41], sondern wendet körperliche Gewalt an, als Bayardo seine junge Frau in der Hochzeitsnacht in ihr Elternhaus zurückbringt: ›**Das einzige, woran ich mich erinnere, ist, daß sie mich mit einer Hand festhielt und mit der anderen so wütend zuschlug, daß ich glaubte, sie werde mich umbringen.**‹ (49) Es ist darum auch nicht verwunderlich, wenn Unterordnung und bedingungsloser Gehorsam die Ziele einer solchen Erziehung ausmachen.

Aus diesem Grund akzeptiert Angela Vicario ihr scheinbar unabwendbares Schicksal. Sie weiß um ihr Problem, gibt sich – entgegen den Ratschlägen ihrer Freundinnen – keine Mühe, es in der Hochzeitsnacht zu verbergen[42] und empfindet darum die Schläge der Mutter als eine Art Erlösung aus ihrer unerträglichen Situation, sodass sie 23 Jahre später offen dem Ich-Erzähler gesteht: ›**Ich hatte keine Angst mehr [...]. Im Gegenteil: ich hatte das Gefühl, als hätte ich endlich den Alptraum des Todes abgeschüttelt, und ich wünschte nur, alles möge rasch zu Ende gehen, damit ich mich ins Bett werfen und schlafen konnte.**‹ (50) Sie nimmt die Verantwortung für ihr Handeln auf sich und setzt sich damit zum ersten Mal in ihrem Leben gegen ihre Mutter durch. Sie zeigt **Anständigkeit,** die sie bisher **hinter der von ihrer Mutter aufgezwungenen Dummheit** (91) verborgen hat.

Mehr noch: Ihre Bestrafung wird zu einem kathartischen Ereignis, das vom Erzähler als **plötzliche Gnade** (92) bezeichnet wird. Aus der Katastrophe der Hochzeitsnacht erwächst für sie das **andere Unglück [...], daß Bayardo San Román für immer in ihr Leben getreten war.** (92) Derart entwickelt sie sich von einer unselbstständigen, durch die Strenge der Mutter gefügig gemachten Tochter zu einer selbstbewussten jungen Frau, die ihr Schicksal in die eigene Hand nimmt und sich den Absichten ihrer Mutter, **sie bei lebendigem Leib zu begraben** (88), widersetzt. Hat sie schon in der verhängnisvollen Nacht ihr Unrecht eingesehen, das sie gegenüber ihrem Bräutigam begangen hat[43], so wandelt sich ihre Passivität unmittelbar nach ihrer Bestrafung in die Erkenntnis, von einer leidenschaftlichen Liebe zu Bayardo San Román erfasst worden zu sein. In dieser nachgezeichneten Entwicklung liegt die Berechtigung, von einer fundamentalen Veränderung in Angela Vicarios Leben zu sprechen, die es erlaubt, sie zwei unterschiedlichen Feldern in der Matrix zuzuordnen.

Pater Carmen Amador agiert in einem völlig anderen Sinn als die übrigen der Zone D zugeordneten Figuren verantwortungslos. Er ist verantwortlich für die barbarische Autopsie der Leiche Santiago Nasars, die er auf Anordnung des Bürgermeisters Aponte durchführen muss. Die als **Gemetzel** (75) bezeichnete Leichenöffnung führt zu seinem Eingeständnis, dass es so schien, **als hätten wir ihn nach seinem Tode noch einmal getötet.** (73) Diese Form verantwortungsloser Gewalttätigkeit wiederholt gleichsam die grausame Art, auf die Santiago Nasar sterben musste – einmal im Leben, das andere Mal im Tode.

2.3.2 Figurenrelationen

Über die Konstellation der Figuren in Gruppen hinaus, die die Matrix durch die Anordnung in verschiedene Zonen freilegt, lässt sich noch ein anderer Aspekt mit ihrer Hilfe in den Blick nehmen. Es ist der der Relationen zwischen einzelnen Figuren, die gleichermaßen als handlungsausführende Aktanten wie Träger semantischer Eigenschaften definiert sind. Setzt man nämlich wesentliche Figuren zwischen den einzelnen Zonen zueinander in Beziehung, ergeben sich auf der Bedeutungsebene strukturelle Isomorphien, die durchaus ein weiteres Struktur bildendes Prinzip in der Figurenkonstellation erkennen lassen.

So führt die völlig isolierte Position Bayardo San Románs im Verhältnis zu allen anderen Dorfbewohnern zu seiner Außenseiterrolle. Als reicher und mächtiger Fremdling übernimmt er – wie im naturalistischen Drama eines Hauptmann, Holz, Ibsen oder Strindberg – die Rolle des Eindringlings, des Katalysators, der erst die handlungsbestimmenden Konflikte auslöst. Mit seiner völlig unmotivierten, nicht erkenn- und erklärbaren Heiratsabsicht stürzt er Angela Vicario und als Folge hieraus ihre Familie sowie das ganze Dorf in den die Romanhandlung beherrschenden Basiskonflikt. Sein Verlangen nach der ›Dorfschönen‹ sichert ihm zugleich die Anteilnahme der Bewohner an seinem Schicksal, nachdem sich herausgestellt hat, dass die Braut nicht mehr jungfräulich gewesen ist.

> **Für die überwiegende Mehrheit gab es nur ein Opfer: Bayardo San Román. Man meinte, die anderen Protagonisten der Tragödie hätten die ihnen vom Leben zugewiesenen Hauptrollen mit Würde und sogar mit gewisser Größe gespielt. Santiago Nasar hatte sein Unrecht gesühnt, die Gebrüder Vicario hatten sich als Männer erwiesen, und die verhöhnte Schwester war wieder im Besitz ihrer Ehre. Der einzige, der alles verloren hatte, war Bayardo San Román.** (84)

Differenzierter jedoch urteilt der Erzähler, der Bayardo San Románs Doppelrolle als Täter und Opfer zugleich herausstellt. Nicht nur berichtet er von einer Vision des Witwers Xius, der in einem **phosphoreszierenden Vogel** (84), der über seinem von Bayardo gekauften Haus flattert, die Seele seiner verstorbenen Frau sieht, **die ihren Besitz zurückfordere** (84), sondern auch über den theatralischen Auszug Bayardos mit seinen Schwestern und seiner Mutter aus dem Dorf, bei dessen Anblick er dachte, **daß Trostlosigkeit wie diese nur geheuchelt sein konnte, um größere Schande zu vertuschen.** (86) Wie zynisch, kühl berechnend und verlogen Bayardo San Román sein Verhalten ausrichtet, zeigt auch die von ihm inszenierte Rückkehr Angela Vicarios ins Elternhaus noch in der Hochzeitsnacht. Hier übernimmt er heuchlerisch die rückständigen Moralvorstellungen Pura Vicarios und spielt das einmal eröffnete Spiel privater und öffentlicher Empörung mit:

> **Bayardo San Román trat nicht ein, sondern stieß seine Frau sanft ins Innere des Hauses, ohne ein Wort zu sprechen. Dann küsste er Pura Vicario auf die Wange und sprach zu ihr mit einer Stimme voll tiefster Mutlosigkeit, aber großer Zärtlichkeit.**
> **›Dank für alles, Mutter‹, sagte er zu ihr. ›Sie sind eine Heilige.‹** (49)

Auch für Santiago Nasar muss eine Doppelrolle als Täter und Opfer reklamiert werden. Ist er gegenüber den Zwillingen Vicario eindeutig das Mordopfer, so sühnt er mit seinem Tod nicht die unbewiesene Tat, Angela Vicario verführt zu haben, sondern wird für seinen Ruf als Dorf-Don-Juan bestraft, dem man alle Macho-Verfehlungen zutraut, ist er doch wie ein **wehrlose[r] Falter, dessen Todesurteil von vorneherein [!] feststand.** (50) Dieser Rolle als Sündenbock entsprechen auf der Täterseite seine erotisch-sexuellen Eskapaden gegenüber Divina Flor und anderen Mädchen oder Frauen. So wird aus dem Jäger nach Liebe im Fall Angela Vicario ein Gejagter, der mit seinem Leben bezahlt.

Schon früher hat er seine männliche Superiorität verloren, droht er doch, selbst in sexuelle Abhängigkeit von einer Frau zu geraten, die sich von der leidenden Rolle der Frau emanzipiert hat – von der Dorfhure María Alejandrina Cervantes.

> **Sie war es, die der Jungfräulichkeit meiner Generation ein Ende bereitete. [...] Sie war seine hemmungslose Leidenschaft, seine Lehrmeisterin der Tränen mit fünfzehn Jahren, bis Ibrahim Nasar ihn mit Riemenhieben aus ihrem Bett riß und ihn länger als ein Jahr im *Göttlichen Antlitz* einsperrte.** (66 f.)

Ihr erweist Santiago Nasar den nötigen Respekt, in ihr findet er seine Meisterin, ohne dass er sich der damit verbundenen Gefahren bewusst ist, auf die ihn erst der Ich-Erzähler hinweisen muss: ›**Der Falke, der es mit einem streitsüchtigen Reiher aufnimmt, begibt sich in Gefahr.**‹ (66) Gegenüber selbstbewussten Frauen, die die Jagd nach Liebe zu ihrem Geschäft gemacht haben, verliert er nicht nur seine Unschuld, sondern auch seine Souveränität. Mit der hier verwendeten Jagd-Metaphorik wird nicht nur auf diese Ambiguität in den Beziehungen zwischen dem Liebesabenteurer und den Frauen angespielt, sondern auch auf die Motto-Symbolik der *Chronik*.

Aber auch in der Familie Vicario offenbart die Tötung Santiago Nasars tiefe Brüche. Gerade weil seine Mörder dem sozialen Erwartungsdruck, die Ehre ihrer Schwester und der Familie wiederherzustellen, kaum gewachsen sind, inszenieren sie in schon an Verzweiflung grenzenden öffentlichen Ankündigungen ihre Mordabsicht. Selbst zu schwach um dem moralischen Druck bestimmter Kreise des Dorfes zu widerstehen[44], gerät die Tat zu einer Zwangshandlung. Die Brüder Vicario werden zum Opfer einer längst obsolet gewordenen Moralvorstellung, in der individuelle Verantwortung sich gegen die angeblich kollektive Pflicht nicht durchzusetzen vermag. Nur so ist es erklärbar, dass sie sehnlichst erwarten, von ihrer sie erdrückenden Tötungsabsicht erlöst zu werden, was auch Clotilde Armenta hellsichtig erkannt hat (s. u.).

Von diesem Zwiespalt wird ferner das Verhältnis zwischen Angela Vicario und ihrer Mutter geprägt. Pura Vicario kann völlig zu Recht als Urheberin der Katastrophe bezeichnet werden, auch wenn ihr Anteil an der Romanhandlung quantitativ nur wenig Raum einnimmt, qualitativ im Sinne von Konfliktträchtigkeit aber nicht zu unterschätzen ist. Sie nämlich stürzt ihre Tochter in die Heiratstragödie mit Bayardo San Román, sie bricht den Widerstand Angelas gegen ihre Pläne, auf diese Art am sozialen Aufstieg zu partizipieren und der materiellen Not zu entrinnen. Und sie steht vor den Trümmern der Intrige ihres Schwiegersohnes, als er Angela noch in der Hochzeitsnacht zurückbringt. Damit trägt sie die moralische Verantwortung für das Scheitern der Sechs-Stunden-Ehe, und wenn sie die vermeintliche Verursacherin des Unglücks halb totschlägt, bestraft sie nicht nur das

Vergehen ihrer Tochter, sondern auch ihre eigene Hybris, die sie zum Opfer einer verführerischen Vision gemacht hat. Der damit für jeden Dorfbewohner sichtbaren Schande meint sie entgehen zu können, indem sie mit ihrer Familie das Dorf verlässt, noch nicht ahnend, dass ihr in Angela eine selbstbewusste, ihr Schicksal in die Hand nehmende Widersacherin erwachsen ist, die offensiv mit der von ihr nicht bestrittenen Schuld umgeht und zehn Jahre später in Riohacha ihre Mutter so sieht, **wie sie war: eine arme Frau, die mit ihren Fehlern einen lebenslangen Kult getrieben hatte** (93).

Nicht zuletzt ist eine Figur intensiver zu betrachten, die ausschließlich durch ihre Beziehungen zu nahezu allen an der Katastrophe Beteiligten bestimmt ist – Clotilde Armenta. Sie steht mit allen für die Handlung relevanten Figuren in Beziehung, hat sie doch begriffen, **daß die Brüder Vicario weniger wild darauf waren, das Todesurteil zu vollstrecken, als jemanden zu finden, der ihnen den Gefallen tat, sie daran zu hindern.** (59) Aus dieser Einsicht leitet sie ihre – auch moralische – Verpflichtung ab, jede nur Erfolg versprechende Information weiterzugeben, um Santiago Nasar zu warnen. Ihr Milchladen wird – wie schon festgestellt – zur Informationsbörse, zum Dreh- und Angelpunkt einer Rettungsaktion[45], deren Erfolg sie zwar nicht beeinflussen kann, aber mit der Absicht initiiert, dem verhängnisvollen Gewaltmechanismus, der aus der Missachtung eines überkommenen Ehrenkodexes resultiert, Einhalt zu gebieten, wie MÁRQUEZ selbst in einem Artikel betont hat:

> **Die Figur Clotilde Armenta, die es in Wirklichkeit nicht gab, habe ich erfunden, weil sie mir als Erwiderung auf die Mutter Angela Vicarios notwendig schien. Ich entwickelte sie Schritt für Schritt beim Schreiben, und bei jedem Schritt machte ich mir klar, daß das einzige, was sie tun konnte, um das Verbrechen zu verhindern, darin bestand, andere um Hilfe zu bitten, und zwar fast immer Männer. Das galt nicht nur für die Erzählung, sondern auch für die wirklichen sozialen Bedingungen des Dorfes. Auf dem Höhepunkt des Dramas musste ich selbst wie durch Erleuchtung entdecken, worin Clotilde Armentas Ohnmacht, das Verbrechen zu verhindern, ihre Wurzeln hat, und ich ließ sie ausrufen: ›Mein Gott, wie einsam sind wir Frauen in der Welt!‹**[46]

Aus dieser tiefen Einsicht heraus begreift sie sich selbst – wenn auch nicht unmittelbar betroffen – als allgemeines Opfer einer furchtbaren Gewaltmoral, der sie nichts anderes entgegenzusetzen hat als ihre hektische Aktivität, Kassandra-ähnlich jeden zu warnen, von dem sie annimmt, er könne das Schreckliche verhindern. In diesem Sinne wird sie zur Täterin, die sogar körperlich gegen Pedro Vicario vorgeht (115), weil sie nicht als ein weiteres Opfer der Tragödie tatenlos zusehen will, wie ein überständiger Moralkodex neuen Tribut fordert. Sie kann als eine Figur benannt werden, die – wenn auch vergeblich – individuelle Verantwortung übernimmt.

Die Matrix-Interpretation führt also zu dem Ergebnis, dass nicht etwa, wie Hans-Otto Dill behauptet, **in absoluter Struktursymmetrie und sozialökonomischer Gegensätzlichkeit die armen Vicarios**[47] den Reichen Bayardo San Román und Santiago Nasar gegenüberstehen, sondern unterschiedliche Figurengruppen verschiedenartige Beziehungen zueinander entwickeln, die für die Handlung wie für das Thema von Relevanz sind. Die Figurenkonstellation, in der einzelne Dorfbewohner unterschiedliche Positionen und Handlungen zum angekündigten Mord einnehmen, erweist sich damit als *atektonisch.*

Dies gilt auch für die analysierten Beziehungen zwischen einzelnen Figuren, deren Gebrochenheit das fundamentale und gemeinsame Kennzeichen ausmacht. Ihre Doppelsignatur als Täter und Opfer avanciert zum Struktur bildenden Prinzip der Konfiguration und der sie konstituierenden Figurenrelationen, sodass festgehalten werden kann, dass MÁRQUEZ **keine Figur denunzierte, in keinem Falle einseitig-manichäisch positive und negative Eigenschaften wie in einem Tendenzstück anhäufte.**[48]

2.4 Konflikte

Versteht man Handlung als Dynamisierung, als ein In-Bewegung-Setzen natürlicher und sozialer Merkmale sowie die mit diesem Prozess bestimmte Figurenkonstellation und die sie strukturierenden Beziehungen der Figuren untereinander als eine daraus resultierende Konsequenz, dann können die handlungskonstituierenden Konflikte hergeleitet und bestimmt werden. Analog zur Differenzierung der Handlung in eine Verbrechens- und in eine Rekonstruktionsgeschichte (vgl. Kap. 2.1.1) und analog zur Unterscheidung des Personals in Haupt- und Nebenfiguren (vgl. Kap. 2.2) weisen die Konflikte eine hierarchische Ordnung auf. Der Basis-Konflikt – und hier spricht die Matrix eine deutliche Sprache – besteht im verantwortungsvollen oder verantwortungslosen Handeln der Figuren im Hinblick auf die Tötung Santiago Nasars. An der Bereitschaft aktiv einzugreifen oder aber passiv dem ungeheuren Geschehen – wenn auch nicht teilnahmslos – zuzusehen, müssen sich alle Figuren messen lassen. Dabei geht es sowohl um die moralische Bewertung der von den Mördern Pablo und Pedro Vicario ausgeübten Tat als auch um das Verhalten der übrigen, ja fast aller Dorfbewohner, die im Wissen um den vielfach angekündigten Mord entweder versuchen einzuschreiten oder aber – aus welchen Motiven auch immer – jede Verhinderung bewusst verweigern. Demnach handelt es sich unter typologischen Gesichtspunkten um einen ausgeprägten Außenkonflikt, in den verschiedene Figuren unterschiedlich stark verwickelt sind.

Gleichgeordnet und vielleicht noch bedeutsamer erscheinen diejenigen Konflikte, die sich nahezu bei allen Figuren aus ihrer Doppelsignatur als

Täter und Opfer ergeben und den Außenkonflikt begründen und damit zu verstehen ermöglichen.[49] Weil nämlich viele Dorfbewohner der Ankündigung des Mordes schicksalsergeben gegenüberstehen und meinen, das angeblich Unvermeidbare nicht verhindern zu können, da nur die Tötung eines vermeintlichen Jungfernschänders die Ehre der Geschändeten wiederherzustellen vermag, scheint der überwiegende Teil der Dorfgemeinschaft vom Geschehen wie paralysiert.[50] Entsetzt über das barbarische Verbrechen wird vielen erst post factum die Vermeidbarkeit des Geschehens bewusst. Diese Erkenntnis erzeugt erst in den Gesprächen und Reflexionen mit dem Ich-Erzähler die Innenkonflikte, von denen in der Analyse der Figurenrelationen die Rede war. Aus diesem Grunde ist die konsequente Notwendigkeit einsehbar, solche Konflikte erst mit unterschiedlichen zeitlichen Verzögerungen in der Rekonstruktionsgeschichte aufzugreifen, wie etwa das ausgedehnte, wesentliche Einsichten vermittelnde Gespräch zwischen Angela Vicario und dem Ich-Erzähler im 4. Kapitel des Romans (91–96), während die Außenkonflikte der Verbrechensgeschichte zuzuordnen sind.

Als neben- oder untergeordnet sind solche Konflikte zu klassifizieren, die lediglich temporär oder nur zwischen einzelnen Figuren auftreten. Dazu zählen etwa ethnische Spannungen zwischen den Einheimischen und den arabischen Einwanderern, ohne dass von einem latenten Rassismus oder einer den Basiskonflikt beherrschenden Krise unter den Dorfbewohnern die Rede sein kann. Diese fremdenfeindlichen Züge werden nämlich immer dann virulent, wenn für das eigene Versagen oder die eigene Enttäuschung ein Sündenbock gesucht wird. Flora Miguel etwa, die Verlobte Santiago Nasars, wünscht seine Ermordung durch die Brüder Vicario in einer Szene rasender Eifersucht, da sie ein Verhältnis zwischen ihm und Angela unterstellt.[51] Auch Victoria Guzmán kann gegenüber Cristo Bedoya in der entscheidenden Situation vor der Tötung ihres Herrn ihren persönlichen Hass nicht unterdrücken.[52] Und die zweifellos vorhandenen Spannungen zwischen den Armen und den Reichen des Ortes entzünden sich primär an den exorbitanten Kosten für die Hochzeitsfeier und an der geschmacklosen Art, wie Bayardo San Román zu seinem neuen Domizil kommt, begründen aber keineswegs den zentralen Konflikt oder lösen ihn gar aus. Ähnlich sind auch die Spannungen zwischen Angela und Pura Vicario einzuordnen, die erst dann offen ausbrechen, als Bayardo seine nicht mehr jungfräuliche Braut ins Elternhaus zurückbringt.

Insgesamt ist zwar Dill zuzustimmen, dass MÁRQUEZ es vermochte, **die verschiedenen soziologischen, kulturellen, ethnischen und psychologischen Sachverhalte** zueinander in eine wechselseitig erhellende Beziehung zu setzen, nicht aber dem Urteil, es sei darum gegangen, **sie in ein gleichge-**

wichtiges Verhältnis zu bringen, in dem kein Moment dominiert.[53] Das nämlich würde dazu führen, dass weder ein dominierender Basiskonflikt erkennbar noch ein eindeutiges Thema bestimmbar wären.

2.5 Die »Chronik« als Rekonstruktions-Diskurs

> **Jahrelang konnten wir über nichts anderes reden. Unser bis dahin von so vielen gradlinigen Gewohnheiten beherrschtes tägliches Verhalten hatte mit einem Schlag begonnen, sich um eine gemeinsame Bedrängnis zu drehen. Frühmorgens überraschten uns die Hähne bei dem Versuch, die zahlreichen ineinander verzahnten Zufälle zu ordnen, die das Ungereimte möglich gemacht hatten, und es lag auf der Hand, daß wir das nicht im Verlangen taten, Geheimnisse aufzuklären, sondern weil keiner von uns weiterleben konnte, ohne genau zu wissen, welches Platz und Auftrag waren, die ihm das Verhängnis zugewiesen hatte.** (97)

Treffender hätte der Ich-Erzähler zu Beginn des Abschlusskapitels der *Chronik* die schon eingangs der Untersuchung erwähnte Irritation über den tatsächlichen Ablauf des Geschehens nicht schildern können, der also nicht nur Leser, sondern auch an der Romanhandlung Beteiligte ausgesetzt sind, die die verwirrenden Einzelheiten der Ereignisse zu einem kohärenten Ganzen, einem Ordnungsgefüge zusammenzufügen beabsichtigen. Das erklärte Ziel der Anstrengung besteht also darin, ein Geschehen aus der Vergangenheit, nämlich die Umstände, die zur angekündigten Ermordung Santiago Nasars führten, zu rekonstruieren und zugleich die unterschiedlichen Stellenwerte, den je individuellen Anteil der handelnden oder beobachtenden Personen am Geschehen zu bestimmen. Damit ist exakt die Problematik bezeichnet, mit der sich der recherchierende Ich-Erzähler auch in seiner Eigenschaft als handelnde Figur konfrontiert sieht.

Erst in der retrospektiven Aufarbeitung des Verbrechens und seiner Umstände in einem Erzähldiskurs kann Klarheit über die Ereignisse gewonnen werden, die also nur in der nachträglichen Recherche zu erreichen ist. Auswahl und Arrangement des durch diese Arbeit des investigativen Journalisten gesammelten Materials rücken das Problem für den nunmehr fiktiven Literaten von der Handlungs- auf die Darstellungsebene. Für die *Chronik* werden damit das Erzählen selbst und mit ihm die Ebene des Diskurses nicht nur zu integralen, ja fundamentalen Bestandteilen des Textes, sondern sie ermöglichen allererst das Verstehen des dargestellten Geschehens.

Damit rückt die zweite der Todorov'schen *Fundamental-Kategorien* in den Blick: der *Diskurs* (vgl. Kap. 1 dieser Arbeit). Mithilfe ihrer Unterkategorien betrachten wir die **Erzählung nur in ihrer Eigenschaft als Diskurs, als reale Rede, die vom Erzähler an den Leser gerichtet wird.**[54] Gerade dieser Prozess des Erzählens selbst bedarf differenzierter Betrachtung, da ausschließlich hier der Frage nachgegangen werden kann, worin das Literarische fiktionaler Texte besteht. Todorov trägt der besonderen Bedeutung dieser Analyseebene dadurch Rechnung, dass er die drei Unterkategorien *Erzählzeit*, *Erzählaspekte* und *Erzählmodi* einführt, die die literarische Fügung in ihrer Artifizialität deutlich zu machen vermögen und die im Folgenden angewendet werden sollen.

2.5.1 Probleme der Zeit

Auch wenn der genaue Zeitpunkt des Beginns der Recherchen zur Mordtat nicht bestimmt werden kann, so lässt sich der Abschluss dieser Arbeiten relativ genau bestimmen. Er liegt etwa 27 Jahre nach dem Ereignis. Denn schon im Erzähleingang wird diese erstaunlich große Zeitspanne ausdrücklich benannt:

> **An dem Tag, an dem sie Santiago Nasar töten wollten, stand er um fünf Uhr dreißig morgens auf, um den Dampfer zu erwarten, mit dem der Bischof kam. Er hatte geträumt [...]. ›Er träumte immer von Bäumen‹, sagte mir Plácida Linero, seine Mutter, als sie siebenundzwanzig Jahre später die Einzelheiten jenes unglückseligen Montags beschwor.** (7)

Erst nach dieser und weiteren Begegnungen mit anderen Personen, über die nachfolgend berichtet wird, beginnt der Ich-Erzähler mit dem Arrangement seines Materials, um **den zerbrochenen Spiegel der Erinnerung mit Hilfe von so vielen verstreuten Scherben wieder zusammenzusetzen** (10). Über den Zeitraum, den er benötigte um sein Werk niederzuschreiben, lassen sich im Text keine Angaben finden. Sie wären auch unerheblich, da sie nur außerhalb des Textes im Sinne der Produktionszeit von Bedeutung sein können.

Mit diesen wenigen Hinweisen im Text wird auf eines seiner fundamentalen Probleme verwiesen: das Problem der Zeit. Die besondere Bedeutung der Zeit sowie die ihrer Behandlung in narrativen Texten ergeben sich aus ihrer gattungskonstitutiven Funktion, da weder Drama noch Lyrik signifikante Zeitkonstellationen textinterner Art aufweisen. Spielen für Gedichte – mit Ausnahme der Mischform Ballade als Erzählgedicht – Zeitverhältnisse im Text nahezu überhaupt keine Rolle, so prägt die aristotelische Kategorie der Einheit der Zeit in engem Zusammenhang mit dem raum-zeitlichen Gesamtsystem die dramatische Handlung als sukzessiv-progredierendes oder analytisch-regredierendes Geschehen, das im so genannten modernen oder nicht-aristotelischen Drama etwa als Stationen-Drama zwar die 24-Stunden-Regel verletzt, aber gleichwohl die Linearität der dramatischen actio beibehält. Chronologische Inversionen oder unterschiedliche Zeitebenen wie in narrativen Texten finden sich hier genauso wenig wie in lyrischen. Es ist darum notwendig, zwischen unterschiedlichen Zeitebenen zu unterscheiden.[55]

Zeitebenen

Grundlage einer solchen Differenzierung bilden die in Kap. 2.1.1 unterschiedenen Handlungsstränge. Weil der Haupthandlungsstrang des gesamten Romangeschehens als Rekonstruktionshandlung zu bezeichnen ist, die sich in eine Verbrechens- und eine im engeren Sinne zu verstehende Rekonstruktionsgeschichte aufspaltet, die sich jedoch teilweise überlappen, lassen sich zwei verschiedene Zeitebenen unterscheiden: die des Verbrechens selbst sowie seiner Voraussetzungen und die der nachträglichen Rekonstruktion. Hinzu kommen unterschiedliche Zeitgestaltungen in der Darstellung der angegebenen Zeiträume und -ebenen, d.h. die Art und Weise, wie die Ereignisse unter chronologischem Gesichtspunkt erzählt werden und welche Anordnung sie im Text erfahren. Es ist also zwischen den unterschiedlichen Ebenen der *erzählten Zeit* und der Organisation der *Erzählzeit* zu differenzieren.

Erzählte Zeit und ihre Organisation

Insgesamt umfasst der erzählte Zeitraum 27 Jahre und sechs Monate. Zentrum des Geschehens bildet das Verbrechen an Santiago Nasar, mit dem auch der Roman einsetzt. Im II. Kapitel wird die Vorgeschichte um Bayardo San Román und seine Familie sowie seine Verlobung mit Angela Vicario als Rückgriff nachgeholt. Da der Mord an einem Montag im Monat Februar verübt wird und die Ankunft Bayardos im vorausgehenden August stattgefunden hat, liegen zwischen diesen beiden Ereignissen sechs Monate. Im 4. Kapitel erfährt der Leser im Vorgriff, dass Bayardo, der einige Tage nach der Tat das Dorf verlassen hat, erst 27 Jahre später zu Angela zurückkehrt, nachdem diese ihn 17 Jahre zuvor in Riohacha wieder gesehen und ihm von diesem Zeitpunkt an über 2000 unbeantwortete Briefe geschrieben hat.

Schon mit dieser knappen Skizzierung des Geschehens und seines zeitlichen Rahmens wird deutlich, dass es wider Erwarten in der *Chronik* nicht zu einer linearen, chronologischen Darstellung der Ereignisse kommt, sondern dass der Erzähler zeitliche Umstellungen vornimmt. Diese chronologischen Inversionen auf Diskursebene betreffen sowohl den ersten Teil des Haupthandlungsstranges, der wesentliche Teile der Verbrechensgeschichte umfasst, als auch die weitaus umfangreichere Rekonstruktionshandlung des zweiten Teils, der über die Rekonstruktion hinaus wichtige Handlungsfäden und Handlungssplitter der Verbrechensgeschichte enthält und derart zur extremen Fragmentierung der Handlung beiträgt.

Es gibt zwei maßgebliche Gründe für diesen fundamentalen Eingriff in das Erzählkontinuum und für dessen komplizierte Anordnung: Zum einen wählt der Erzähler einen *in-medias-res-Einstieg*, der Santiago Nasars Erwachen an seinem Todestag um 5.30 Uhr wiedergibt (7). Mit der Fokussierung auf das Opfer und den ihm bevorstehenden Tod wird zugleich der thematische Rahmen des Romans abgesteckt. Zum anderen ist der Ich-Erzähler selbst nicht Zeuge des Geschehens, da er sich nach dem Hochzeitsgelage zur Dorfhure María Alejandrina Cervantes begeben hat und erst aufwacht, als die Glocken der Dorfkirche auf Geheiß des Bürgermeisters Aponte nach dem Verbrechen Sturm läuten (8). Der Ich-Erzähler ist darum gezwungen, die Handlung anhand einer Vielzahl von Zeugenaussagen und Beobachtungen zu rekonstruieren.

Damit wird der frühe Montagmorgen zum zeitlichen Fix- und Ausgangspunkt, um den sich alle im Roman erkennbaren Handlungsstränge gruppieren. Durch Vor- und Rückgriffe wird versucht, der Komplexität des Geschehens Rechnung zu tragen. Analysiert man nämlich die auf fünf Kapitel verteilten Handlungen, ergibt sich unter zeitlichem Gesichtspunkt folgende Anordnung: Während im I. Kapitel die Handlung den Gang des Opfers Santiago Nasar bis zu seiner Tötung um 7.05 Uhr umfasst, wird im II. Kapitel die Vorgeschichte des Täters Bayardo San Román nachgeholt, die bereits sechs Monate vor dem zentralen Ereignis beginnt. Das III. Kapitel gruppiert die Ereignisse um die beiden Mörder Pablo und Pedro Vicario, die gegen drei Uhr am Montagmorgen beschließen, den vermeintlichen Schänder ihrer Schwester zu töten, sowie – komplementär dazu – um die Bemühungen Clotilde Armentas, das Verbrechen zu verhindern. Im IV. Kapitel ist die Tat bereits ausgeführt, da aus dem Autopsiebericht des Pater Amador ausführlich zitiert und über eine Begegnung zwischen dem Ich-Erzähler und Angela Vicario 23 Jahre nach der Tat berichtet wird. Und erst im V. Kapitel kommt es zur quasi szenischen Ausgestaltung der Tötung Santiago Nasars, die bislang stets ausgespart blieb.

Setzt man die unterschiedenen Handlungsstränge zu den einzelnen Kapiteln, in denen sie nachgewiesen werden können, zueinander in Beziehung, so ergibt sich auf makrostruktureller Ebene für das gesamte Romangeschehen folgende Anordnung:

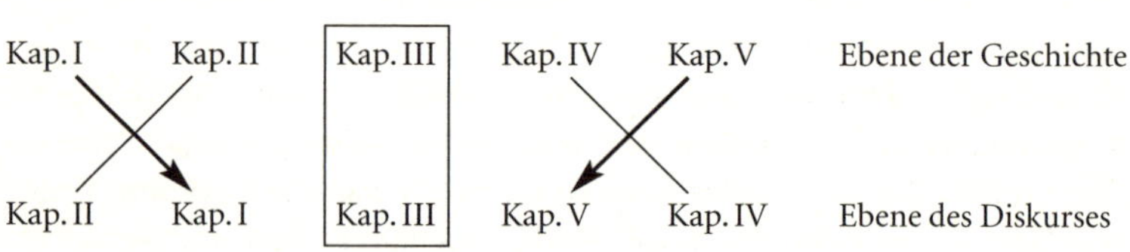

Auf der Ebene des großformalen Aufbaus oder der Makrostruktur lässt sich also klar erkennen, dass mit den beiden Inversionen des Rückgriffs (II. Kap.) und des Vorgriffs (IV. Kap.) auf Diskursebene die Chronologie auf der Handlungsebene gravierend verändert wird. Muss der Ablauf der rekonstruierten Handlung auf der Ebene der Geschichte definitionsgemäß als linear bezeichnet werden, so folgt die Reihenfolge ihrer Darstellung auf der Ebene des Diskurses dem Prinzip der Inversion.

Wie konsequent die Organisation der Romanhandlung auf das wichtigste Ereignis ausgerichtet ist, zeigt eine detaillierte Analyse des makrostrukturellen Aufbaus. Die zentrale Stellung der Vorbereitungen auf den Mord im III. Kapitel und seiner angestrebten Verhinderung durch Clotilde Armenta wird unterstützt durch das Verhältnis der beiden äußeren (I und V) wie der inneren Kapitel (II und IV), die es einzurahmen, ja zu umschließen scheinen. Dem Gang des Opfers Santiago Nasar zu Beginn des Romans entspricht im großformalen Aufbau als Komplementärhandlung seine Ermordung am Schluss. Die retrospektiv geschilderte Anbahnung der Beziehung zwischen Bayardo und Angela sowie die Vorbereitungen zur Hochzeit und die Nacht nach der Hochzeit im ersten Binnenkapitel (II) werden ergänzt durch die prospektiv dargelegten Konsequenzen aus der Tötung des Opfers und durch Mitteilungen über das Schicksal der Vermählten (IV).

Diese Anordnung der Außen- und Binnenkapitel führt zu der Einsicht, dass das Verhältnis zwischen ihnen von gleicher Beschaffenheit ist. So wie das II. Kapitel die Voraussetzungen für die Romanhandlung legt und das IV. ihre Konsequenzen darstellt, so erfüllt sich der Opfergang Santiago Nasars (I. Kapitel) in seiner Tötung (V. Kapitel). Damit kann auf makrostruktureller Ebene von einer homologen Anordnung von vier Gliedern gesprochen werden, die das zentrale III. Kapitel umschließen.

Dieses Kapitel ist durch den doppelten Anlauf, den die Brüder Vicario zur Ermordung ihres Opfers benötigen, weil der Bürgermeister ihnen die Messer abgenommen hat, ebenfalls geteilt. Während in seinem ersten Teil die Täter ihre Tötungsabsicht nachhaltig publik machen, bemüht sich die Ladenbesitzerin Clotilde Armenta im zweiten Teil unermüdlich darum, die angekündigte Tat zu verhindern. Tötungsabsichten und Warnungsbemühungen stehen also in einem auffällig komplementären Verhältnis zueinander, sodass insgesamt von einer symmetrischen Handlungsachse in der Mitte der Romankomposition gesprochen werden kann. Diese wird auch dadurch deutlich gemacht, dass etwa in der Mitte des III. Kapitels (S. 61–65) die Initiative zur Tötung Santiago Nasars vom jüngeren Bruder Pedro auf den älteren Pablo übergeht, nachdem ihnen der Bürgermeister die Messer abgenommen hat und sie sich mit neuen bei Faustino Santos einstellen um auch diese schleifen zu lassen. Danach nämlich **bemerkte Clotilde Armenta gleich bei ihrem Eintreten, daß die Zwillinge nicht mehr so entschlossen waren wie zuvor.** (61) Diese Beobachtung wird in nahezu sprachlicher Übereinstimmung wieder aufgenommen, bevor die Ladenbesitzerin ihre bedeutungsschweren Worte über die Einsamkeit der Frauen äußert (65), und markiert die Aufnahme des vier Seiten zuvor unterbrochenen Handlungsstrangs.[56] Damit bestätigt sich erneut die zentrale Stellung des zeitlich extrem eingeschränkten Geschehens an diesem denkwürdigen Montagmorgen, dessen Kernhandlung – die Tötung Santiago Nasars – aus Spannungsgründen an das Ende des Romans gerückt wird. Eine solche Doppelstrategie der Zentrierung durch symmetrische Anordnung und der Finallastigkeit auf der Ebene der Spannung wird für das zu bestimmende Thema des Romans (Kap. 2.7) von ausschlaggebender Bedeutung sein.

Die grafische Darstellung des Sachverhaltes (siehe S. 45) verdeutlicht diese sinnfälligen Zusammenhänge.

Erzählzeit und ihre Organisation

Die makrostrukturell nachgewiesene Zentrierung der Handlung auf das herausragendste Ereignis im Roman, die Tötung Santiago Nasars, lässt sich auch mikrostrukturell in der Art und Weise des Erzählens erkennen. Wurde der quasi-symmetrische Aufbau der Handlung vor allem durch Komplementärbezüge zwischen einzelnen Kapiteln sowie durch Vorgriffe und Rückgriffe Grund gelegt, so ist das wichtigste Prinzip des Erzähldiskurses ebenfalls durch Prolepsen und Analepsen gekennzeichnet.[57] Diese beiden Verfahren chronologischer Inversion bestimmen die Art und Weise, in der der Erzähler die Ereignisse sowohl in der Verbrechens- als auch in der Rekonstruktionshandlung darstellt.

Um ein repräsentatives Beispiel solchen Erzählens zu geben, sei auf den Erzähleingang des III. Kapitels verwiesen:

> Der Anwalt plädierte auf Totschlag in legitimer Verteidigung der Ehre, zugelassen als Gewissensentscheidung, und die Zwillinge erklärten am Schluß der Gerichtsverhandlung, sie würden es aus den gleichen Gründen tausendmal wieder tun. Sie selber ahnten schon das Rechtsmittel der Verteidigung voraus, als sie sich wenige Minuten nach dem Verbrechen vor ihrer Kirche ergaben. Keuchend drangen sie ins Pfarrhaus ein, [...] aber der Pfarrer erinnerte sich an die Übergabe wie an eine Tat von hoher Würde. ›Wir haben ihn mit Absicht getötet‹, sagte Pedro Vicario, ›aber wir sind unschuldig.‹ ›Vielleicht vor Gott‹, sagte Pater Amador. ›Vor Gott und vor den Menschen‹, sagte Pablo Vicario. ›Es war Ehrensache.‹ Noch mehr: bei der Rekonstruktion der Tatsachen gaben sie vor, viel erbarmungsloser und erbitterter gewesen zu sein, als das wirklich der Fall war [...]. Trotzdem schien festzustehen, daß die Brüder Vicario nichts getan hatten, um Santiago Nasar unverzüglich und ohne Aufsehen zu töten, vielmehr hatten sie mehr als alles nur Erdenkliche getan, damit jemand sie von ihrer Tat abhielt, und waren gescheitert. Nach dem, was sie mir Jahre später erzählten, hatten sie ihn zuerst in María Alejandrina Cervantes' Haus gesucht, wo sie bis zwei Uhr mit ihm zusammengewesen waren. (51 f.)

›Symmetrieachse‹ des Aufbaus und der Reihenfolge der Kapitel in der »Chronik«

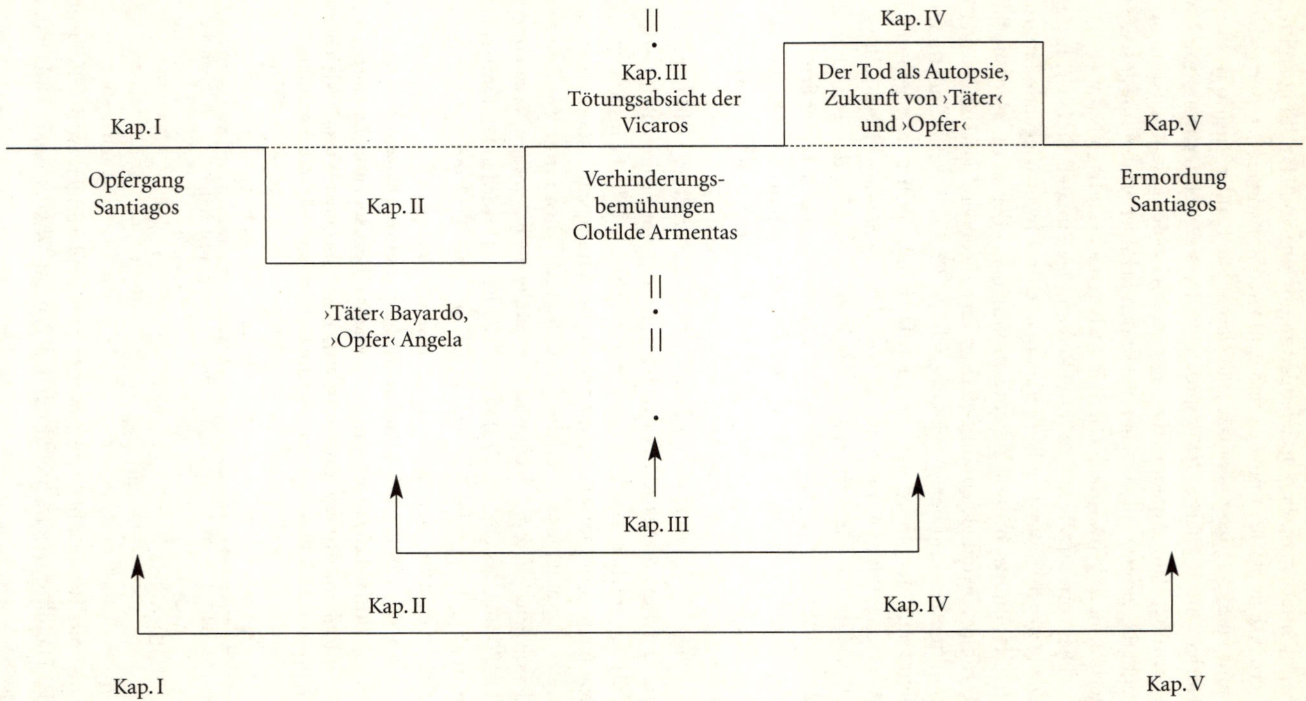

Segmentiert man die Kapiteleinleitung in einzelne Handlungssplitter und berücksichtigt die impliziten und expliziten Zeitangaben, lassen sich insgesamt vier Ereignisse herauskristallisieren: Die Brüder Vicario werden vom Gericht in Riohacha freigesprochen (I); sie rechtfertigen ihren Mord gegenüber Pater Amador (II); sie heucheln bei der Rekonstruktion der Tatsachen gegenüber dem recherchierenden Erzähler erbarmungslosere Erbitterung als in Wirklichkeit (III); sie suchen nach Santiago Nasar (IV).

Die vom Erzähler gewählte Reihenfolge, in der die vier Ereignisse wiedergegeben werden, lässt erkennen, dass schwer wiegende Eingriffe in die Handlungschronologie vorgenommen worden sind. Mehr noch: Der Erzähler springt gleichsam zwischen verschiedenen Zeiträumen oder Zeitpunkten hin und her. Der Freispruch der Brüder Vicario findet etwa drei Jahre nach dem Mord statt, die Rechtfertigung für ihre Tat gegenüber Pater Amador erfolgt unmittelbar nach der Tötung Santiago Nasars, die geheuchelte Erbitterung wird erst in der Rekonstruktion der Tatsachen durch den Ich-Erzähler festgestellt, und die Suche nach dem Opfer liegt ungefähr drei Stunden vor der Ausübung der Tat. Im Erzähldiskurs werden diese Ereignisse in eine pseudo-diachrone Reihenfolge gebracht, obwohl sie weit über drei Jahre (**Jahre später**) auseinander liegen.

Diese Anordnung ist nur möglich, weil der Erzähler nicht nur Elemente aus der Rekonstruktionsgeschichte (geheuchelte Erbitterung, Gerichtsurteil) mit solchen aus der Verbrechensgeschichte (Flucht ins Pfarrhaus, Suche nach dem Opfer) miteinander in Beziehung setzt, sondern vor allem, weil er gravierende zeitliche Umstellungen vornimmt. Zwei einschneidende Rückgriffe auf Ereignisse vor (Suche nach Santiago Nasar) und nach der Tötung des Opfers (Rechtfertigung der Tat) werden kombiniert mit einem Vorgriff auf die Feststellung geheuchelter Erbitterung, die wiederum nach der Verkündigung des Gerichtsurteils liegt.

Um den hier stattfindenden Transformationsprozess von der Handlungs- zur Diskursanordnung zu verdeutlichen, sei zunächst die rekonstruierte Reihenfolge der Ereignisse auf der *Handlungsebene* grafisch dargestellt:

Ereignis I	II	III	IV
Suche der Vicarios nach Santiago Nasar	Rechtfertigung der Mörder gegenüber Pater Amador	Freispruch der Vicarios vor Gericht	Geheuchelte Erbitterung

Die vom Ich-Erzähler vorgenommenen Änderungen in der Reihenfolge der Handlungssegmente führen dagegen auf *Diskursebene* zu folgender Sequenz:

Ereignis III	II	IV	I
Freispruch der Vicaros vor Gericht	Rechtfertigung der Mörder gegenüber Pater Amador	Geheuchelte Erbitterung	Suche der Vicaros nach Santiago Nasar

Setzt man die Anordnung der vier herausgestellten Handlungssplitter auf der Handlungs- und der Diskursebene zueinander in Beziehung, so fällt auf, dass der Freispruch für die Brüder Vicario als zentrales Ereignis, als Initialsegment gesetzt ist. Um diese Mini-Episode herum gruppieren sich in einer spiralförmigen Bewegung, die durch die Anwendung proleptischer und analeptischer Eingriffe in die Handlungschronologie hervorgerufen wird, die drei anderen Handlungssplitter. Mit diesen Verfahren umkreist der Erzähler gleichsam das Zentrum des Erzähleingangs und evoziert seine herausragende Stellung.

Diese Kombination aus analeptischem und proleptischem Erzählen bildet die Regel, die Signatur des mikrostrukturellen Diskurses, die sich wie folgt grafisch darstellen lässt:

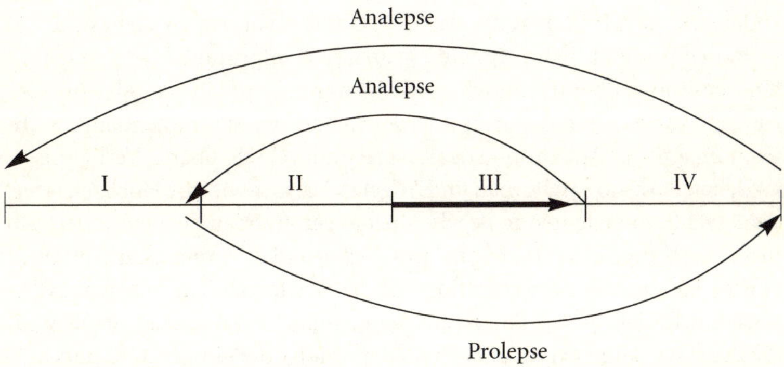

Das Verhältnis zwischen erzählter Zeit und Erzählzeit

Konnten bislang sowohl für die makrostrukturelle als auch für die mikrostrukturelle Diskursebene identische Erzählverfahren nachgewiesen werden, so enthüllt eine Analyse des Verhältnisses zwischen erzählter Zeit und Erzählzeit weiterführende Erkenntnisse.

Der Zeitraum der erzählten Zeit umfasst mit mehr als 27 Jahren und sechs Monaten eine ungewöhnlich große Zeitspanne. Genauso ungewöhnlich ist im Gegensatz hierzu die Dauer der Erzählzeit, gemessen am Umfang des Romans. Mit nicht einmal 120 Druckseiten wird ein hoch interessantes Spannungsverhältnis zwischen diesen beiden Polen erzeugt, ist es doch schier unmöglich, auch nur annähernd wesentliche Ereignisse wiederzugeben, die sich über mehr als ein Vierteljahrhundert erstrecken und im Roman auf insgesamt fünf Kapitel verteilt sind.

Des Weiteren sticht die ungleiche Verteilung der erzählten Zeiträume auf die einzelnen Kapitel hervor. Umfasst das erste lediglich die Zeit zwischen 5.30 Uhr und 7.10 Uhr (am Tag der Ermordung), das dritte die zwischen 3 Uhr und 7.15 Uhr und das fünfte die 45 Minuten zwischen 6.25 Uhr und 7.10 Uhr, geben das II. Kapitel Ereignisse über einen Zeitraum von sechs Monaten und das vierte von über 27 Jahren wieder. Eine solch ungleiche Verteilung erzählter Zeit auf annähernd gleich lange Kapitel (jedes umfasst durchschnittlich etwas mehr als 20 Seiten) darf extrem genannt werden. Zusätzlich ist zu erkennen, dass mit den in Stunden zu messenden Zeiträumen in den Kapiteln I, III und V jeweils *derselbe* Montagmorgen bezeichnet wird, an dem der Mord verübt wird. Aus dieser Anordnung resultiert eine dreifache Überschneidung oder Überlappung des erzählten Geschehens, ein dreifacher Blick auf wesentliche Ereignisse und ein dreifacher Ansatz, die Begebenheiten in eine sinnvolle Ordnung zu bringen und zu verstehen. Der Zeitraum zwischen 3 Uhr und 7.10 Uhr morgens erfährt somit eine zoom-ähnliche Vergrößerung im Verhältnis zu dem der beiden anderen Kapitel II und IV, die als Rückgriff bzw. Vorgriff angelegt sind.

In den beiden Binnenkapiteln ergeben sich aufgrund der weit gespannten Zeiträume, über die berichtet wird, zwangsweise Lücken oder Aussparungen. Nur die für das Verständnis des Geschehenszusammenhangs wichtigen Ereignisse (Anbahnung des nahezu undurchschaubaren Verhältnisses zwischen Bayardo San Román und Angela Vicario sowie ihre Hochzeit) werden erzählt, unbedeutende Begebenheiten gerafft oder ganz eliminiert. Im proleptisch angelegten IV. Kapitel muss aufgrund des immensen Zeitraums von 27 Jahren eine Konzentration auf die Wiedergabe nur weniger Ereignisse stattfinden, die die Folgen aus der missglückten Kurzehe vor allem für die Braut wiedergeben. So entsteht in der Abfolge der einzelnen Kapitel hinsichtlich des Verhältnisses zwischen erzählter Zeit und Erzählzeit ein alternierender Wechsel von extremer Verdichtung des Geschehens und lediglich kursorischer Raffung bis hin zu ungezählten Aussparungen. Im Rhythmus zwischen fast akribischer Genauigkeit (vor allem im V. Kapitel) und sorgfältiger Auswahl nur weniger Ereignisse in den Binnenkapiteln bewegt sich die gleichsam inszenierte Tötung Santiago Nasars. Diese Zusammenhänge können mit der rechts stehenden Strukturskizze erfasst werden:

Die Grafik enthüllt über diese Befunde hinaus aber noch weitere Besonderheiten der diskursiven Gestaltung erzählter Zeit. Im Mittelpunkt des Geschehens steht das Verbrechen an Santiago Nasar, das durch die zentrale Stellung des III. Kapitels, in dem die Mörder ihrem Opfer auflauern, sinnfäl-

Zeiträume in der »Chronik«

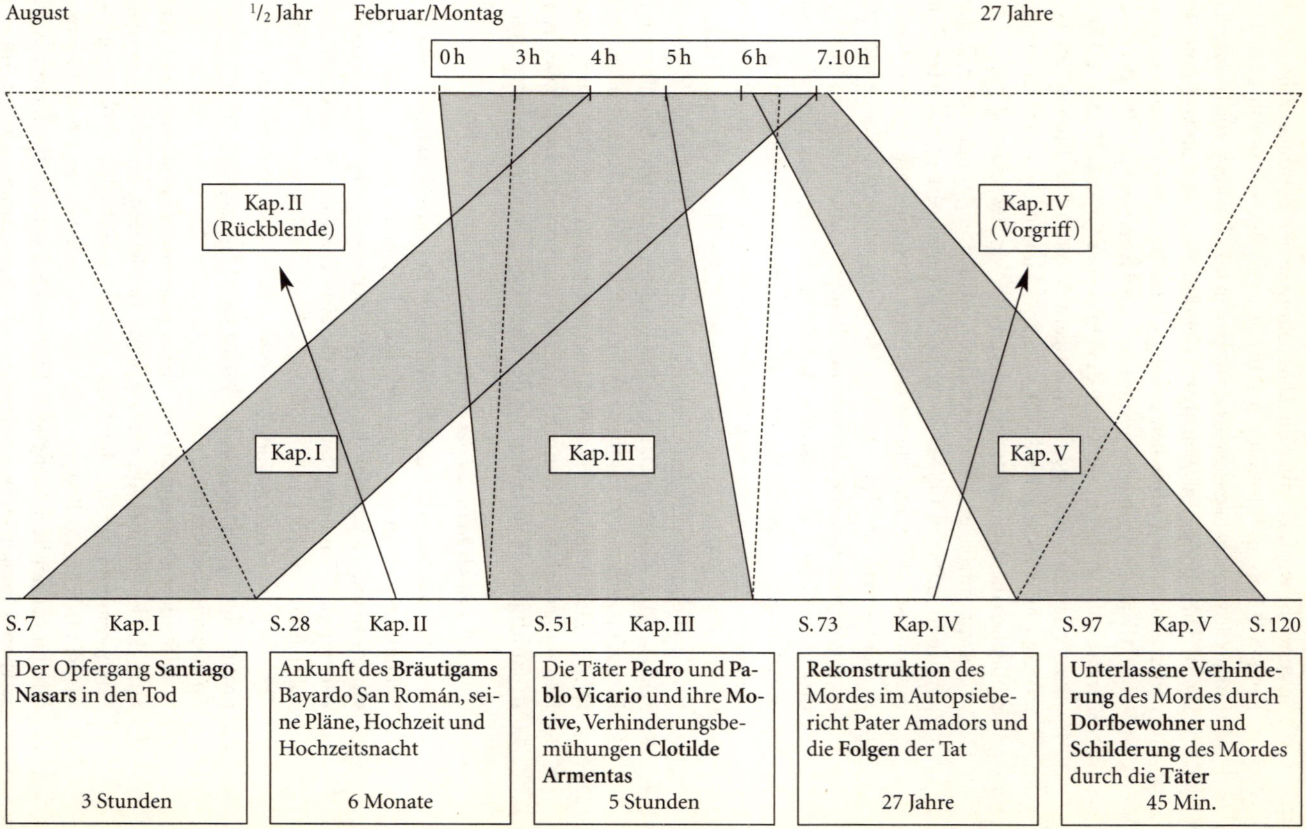

lig gemacht wird. Da aber die Darstellung seiner Tötung erst im abschließenden V. Kap. nachgeholt wird, bleiben zu seinem Tod führende Handlungsteile zunächst ausgespart und werden durch andere ersetzt oder überlagert. Dies bedingen diejenigen Handlungsstränge und -segmente, in denen andere am Verbrechen beteiligte Figuren im Mittelpunkt stehen, deren Aktivitäten in einzelnen Kapiteln aufgefächert dargestellt oder geschildert werden: im I. Kap. der Gang des Opfers in sein Verderben, im II. die Ereignisse um den betrogenen Bräutigam Bayardo San Román, im IV. die späteren Auswirkungen der Tat sowie die Motive, die zu ihr führten, und schließlich die dargestellte Inszenierung des Mordes selbst (V. Kap.).

Aussparungen und Konzentration auf den eng umgrenzten Zeitraum am Montagmorgen führen dazu, dass synchron verlaufende Handlungen mit unterschiedlichen Figuren gleichsam simultan dargestellt werden. Die Vorbereitungen der Täter auf den Mord, der tragisch endende letzte Morgen des Opfers und die verzweifelten Bemühungen Clotilde Armentas, das drohende Unheil abzuwenden, führen dazu, dass das zentrale Ereignis durch unterschiedliche Handlungen mit verschiedenen Figuren aus divergierenden Perspektiven rekonstruiert, angereichert und damit eingekreist wird. Diese Erzähltechnik des Einkreisens, der Zirkularität der dargestellten Geschehnisse ruft den Eindruck hervor, als ob Ungleichzeitiges gleichzeitig abläuft, diachron Dargestelltes synchron geschieht. Simultaneität der Ereignisse, zirkuläre Diskursstruktur und Synchronizität auf der Ebene erzählter Zeit bedingen also einander wechselseitig.[58] Die damit erzielte Handlungsdichte wird noch zusätzlich unterstützt durch zwei weitere strukturbildende Verfahren auf der Ebene der narrativen Anordnung.

2.5.2 Zeit als konstruiertes ›Verhängnis‹

Über die handlungs- und diskursbildende Bedeutung hinaus erscheint das Phänomen Zeit in der *Chronik* noch in einem eher thematischen Zusammenhang. Neben der durch exakte Zeitangaben hervorgerufenen Präzision in der Handlungsdarstellung kommt es auf der Ebene der Handlung selbst immer wieder zu unvorhergesehenen Brüchen, zur Änderung von Absichten, zu Missverständnissen oder falschen Einschätzungen, Versäumnissen oder Verspätungen, die das Schicksal Santiago Nasars mit tödlicher Konsequenz besiegeln.

Besonders eindringlich tritt dieses Phänomen unmittelbar vor der Tötung des Opfers hervor, die sogar mit der letzten, unmissverständlichen Ankündigung ihrer Tat durch die Brüder Vicario selbst verschränkt wird. Als nämlich Cristo Bedoya verzweifelt versucht, seinen Freund zu finden, um ihn vor der bevorstehenden Tat zu retten, wird er durch ein unvorhergesehenes Ereignis um den Erfolg seiner Bemühung gebracht. Im Wohnhaus der Nasars angekommen, fragt er Divina Flor, ob sie gesehen habe, dass Santiago zurückgekehrt sei, und erhält eine ausweichende Antwort. Er schaut auf die Uhr: **Es war sechs Uhr sechsundfünfzig. Nun stieg er zum Oberstock hinauf, um sich davon zu überzeugen, daß Santiago Nasar nicht heimgekommen war.** (105 f.) Auf dem Nachttisch findet er Santiago Nasars Uhr, die **sechs Uhr achtundfünfzig** (106) zeigt, und befragt anschließend dessen Mutter Plácida Linero nach dem Verbleib ihres Sohnes, ohne eine den Tatsachen entsprechende Antwort zu erhalten.

Unverrichteter Dinge verlässt Cristo das Haus wieder und trifft auf die Brüder Vicario, die in provozierender Offenheit ihre Absicht kundtun, **um an der Verübung des Verbrechens gehindert zu werden. ›Cristóbal‹, schrie er [Pedro], ›sag Santiago Nasar, daß wir hier auf ihn warten, um ihn zu töten.‹** (108) Nach einem kurzen Dialog mit Pedro und seinem Bruder Pablo stößt Cristo Bedoya auf den Bürgermeister Aponte, der bis zu diesem Zeitpunkt noch nicht begriffen hat, dass sich die von ihm entwaffneten Brüder neue Schlachtermesser geholt haben, und die Lage immer noch nicht richtig einzuschätzen vermag.

> **Er versprach, sich unverzüglich mit der Sache zu beschäftigen, betrat aber den Gesellschaftsklub, um für den kommenden Abend eine Dominopartie zu verabreden, und als er wieder heraustrat, war das Verbrechen bereits geschehen. Cristo Bedoya beging nun seinen einzigen tödlichen Fehler: Er dachte, Santiago Nasar habe in letzter Minute beschlossen, vor dem Umkleiden in unserem Haus zu frühstücken, und ging dorthin, um ihn zu holen.** (109 f.)

Unterwegs jedoch trifft er auf das Soldatenliebchen Próspera Arango, das ihn bittet ihrem röchelnden Vater zu helfen. Hier verliert er die entscheidenden Minuten zur Rettung Santiago Nasars. Insgesamt **vier Minuten** hält er sich nämlich bei dem Kranken auf, um seinen Zustand festzustellen, **und versprach später zu einer Notbehandlung zurückzukehren, verlor aber weitere drei Minuten, um Próspera Arango zu helfen, ihn ins Schlafzimmer zu schaffen.** (110) Als er schließlich auf dem Dorfplatz erscheint und auf die Mutter des Ich-Erzählers trifft, ist es bereits zu spät: Die Vicarios haben Santiago Nasar schon getötet.

Die dichte Folge der Zeitangaben, die das Geschehen protokollartig gliedert, der zweifache Umweg, der Oberst Aponte statt zu den Vicarios zunächst in den Offiziersklub gehen und Cristo Bedoya auf Próspera Arango treffen lässt, um eine vermeintlich unaufschiebbare Hilfestellung zu leisten, lassen das unaufhaltsame Fließen der Zeit als etwas Unbeeinflussbares, nicht Beherrschbares erscheinen. Zufälle, aus der Situation heraus entstehende spontane Handlungen, Ablenkungen vom ursprünglichen Ziel, weil der Ernst der Situation nicht richtig eingeschätzt wird, sowie Handlungsüberschneidungen durch den angekündigten Besuch des Bischofs etwa bei Pater Amador erweisen sich als folgenreiche Koinzidenzen unglücklicher Zufälle, die alle dazu geeignet sind, den Tod Santiago Nasars nicht mehr verhindern zu können.

Es wäre jedoch unangemessen, in solchen unvorhersehbaren zeitlichen Verstrickungen, in denen sich wesentliche Figuren des Geschehens befinden, eine schicksalhafte Fügung oder ein Verhängnis zu sehen, obwohl der Ich-Erzähler selbst diesen Eindruck suggeriert.[59] Zweifellos gibt es unglückliche Umstände wie das oben angesprochene Zusammentreffen Cristo Bedoyas mit Próspera Arango und ihrem Vater, das zur entscheidenden Zeitverzögerung hinsichtlich einer möglichen Rettung Santiago Nasars führt. Aber Lázaro Apontes Phlegma, sein der krisenhaften Situation übergeordnetes Interesse an seiner Freizeitgestaltung werfen beispielhaft ein Schlaglicht auf das noch zu erörternde Problem, wie die unglückliche, aber vom Erzähler bewusst gestaltete Fügung zeitlicher Verläufe gesehen und gedeutet werden kann.

Zwei bedeutsame und für den Tod Santiago Nasars unmittelbar ursächliche Umstände verdienen im zeitlichen Zusammenhang des Geschehens besondere Aufmerksamkeit: das im letzten Augenblick vor seiner Ermordung verriegelte Hauptportal im Elternhaus und der gleich von mehreren Figuren unbeachtete oder übersehene Brief unter der Haustür. An mehreren Stellen des Romans wird auf diese beiden Besonderheiten, die in einem engen funktionalen Zusammenhang zueinander stehen, rekurrenzartig verwiesen.[60] Während Divina Flor entgegen der Anweisung Plácida Lineros das Hauptportal unverriegelt lässt (17), schließt ausgerechnet Santiagos Mutter selbst in falscher Einschätzung der Situation die Fronttür des Hauses und schenkt dem auf dem Fußboden liegenden Brief keine Beachtung:

> **Nun sah Plácida Linero das Papier auf dem Fußboden, dachte aber nicht daran, es aufzuheben, und erfuhr seinen Inhalt erst, als jemand es ihr später im weiteren chaotischen Verlauf der Tragödie zeigte. Durch die Tür sah sie die Brüder Vicario, die mit den blanken Messern auf das Haus zugerannt kamen. Von ihrem Standort aus konnte sie die beiden sehen, vermochte aber nicht ihren Sohn zu sehen, der aus einer anderen Richtung auf die Tür zurannte. ›Ich dachte, sie hätten vor, ihn im Haus zu töten‹, sagte sie zu mir. Nun lief sie zur Tür und schloß sie mit einem Ruck ab. Sie schob gerade den Riegel vor, als sie Santiago Nasars Schreie hörte und seine schreckerfüllten Faustschläge gegen die Tür, aber sie glaubte, er sei oben und beschimpfe die Brüder Vicario vom Balkon seines Schlafzimmers aus.** (116)

Liefert diese Einlassung Plácida Lineros eine plausible Erklärung für ihr ungewöhnliches und folgenreiches Handeln, so umgibt den von verschiedenen Personen unbeachtete Brief, der das Leben Santiago Nasars hätte retten können[61], ein bis zum Ende des Romans ungelüftetes Geheimnis.

Schon als Santiago Nasar das Haus um 6.05 Uhr verlässt, schenken er und Divina Flor dem Schreiben keine Aufmerksamkeit (17). Auch Cristo Bedoya übersieht bei seinem Rettungsversuch im Hause seines Freundes die außerordentlich wichtige Botschaft[62], die auch Plácida Lineros Neugier nicht weckt. So kommt dem gleich mehrfach unbeachtet gebliebenen Brief in der entscheidenden letzten Stunde vor der Ermordung Santiago Nasars eine fast schon schicksalhafte Bedeutung zu.

Dagegen bemüht sich der Erzähler hinsichtlich der verriegelten Tür nur vordergründig um eine rationale Erklärung des ungewöhnlichen Geschehens, wenn er den Untersuchungsrichter sie **mit einer feuilletonistischen Bezeichnung** benennen lässt: ***Die verhängnisvolle Tür*** (15), wie diesem überhaupt eine klare Tendenz zur Literarisierung des Geschehens eigen ist.[63] Das plausibel Erklärbare erfährt damit zugleich eine poetisch-literarische Überhöhung, während die für den Handlungsablauf und das Schicksal Santiago Nasars weitaus wichtigere Urheberschaft des mysteriösen Briefes ungeklärt bleibt.

Alle Bemühungen also um eine restlose Aufklärung der Umstände, die zu Santiago Nasars Tod führten, verlaufen trotz der akribischen Rekonstruktionsversuche des Ich-Erzählers im Sande. Mehr noch: Im Sinne der Ironie vergrößern sie noch die Rätselhaftigkeit um seinen Tod; denn alle Anstrengungen derjenigen Personen, die sich um seine Rettung bemühen, führen umso zielsicherer in sein Verderben. In dieser Strategie des Erzählers, das Geschehen als ein Arrangement konstruierter Zufälle zu präsentieren, wird die Absicht erkennbar, das letztlich nicht Aufzuklärende, nicht Erklärbare der komplexen Situation aufrechtzuerhalten. Es ist gerade seine Intention, der Undurchdringlichkeit des Geschehens eine literarische Dimension zu verleihen, damit die Tötung Santiago Nasars als unausweichliches Ereignis begriffen werden soll. Selbst ein Hang zur Mystifizierung seines Todes lässt sich erkennen, wenn seine Mutter sich von ursächlicher Schuld freispricht und diese nur in ihrem eigenen Unvermögen zur Traumdeutung sieht: **Hingegen verzieh sie sich nie, das großartige Vorzeichen der Bäume mit den unheilbringenden Vögeln verwechselt zu haben** [...]. (98) MÁRQUEZ selbst hat auf diese Strategie hingewiesen, wenn er bekennt: **Alles ist poetisch transformiert.**[64]

2.5.3 Polyperspektivismus und periskopische Perspektive

Die für die extreme Fragmentierung der Romanhandlung maßgebliche Zeitgestaltung wird naturgemäß unterstützt durch die Wahl der Perspektive, die der Autor für die Darstellung des Geschehens durch den Erzähler vorgenommen hat. Die Verfahren der Zeitbehandlung und die der Perspektivengestaltung sind eng mit der zentralen Bedeutung des Erzählers in narrativen Texten verbunden, schiebt sich doch in epischen Werken eine vermittelnde Instanz zwischen den Leser und die dargestellten Begebenheiten – eben der Erzähler mit seinen unterschiedlichen Perspektiven.

> [Der] Erzähler oder die Erzähler sind im allgemeinen die Träger des eigentlichen Erzählvorganges und damit die wichtigsten Vermittler von Sinnintention. Die spezifische Konfiguration der *Erzählsituation* hat als ein zentrales narratives Textbildungsverfahren einen entscheidenden Anteil am sinnkonstitutiven Prozeß. Die Erzählsituation wird durch die *Positionen* und die *Niveaus* bestimmt, die der Erzähler bzw. die Erzähler und sein Adressat bzw. seine Adressaten innerhalb der Erzählung einnehmen.[65]

Todorov unterscheidet drei verschiedene Varianten des Verhältnisses zwischen Erzähler und Figuren hinsichtlich ihrer Sicht auf das Geschehen: die **Perspektive ›von hinten‹**, die **Perspektive ›mit‹** und die **Perspektive ›von außen‹**.[66] Es liegt in der Natur der Sache, dass in einem auf Objektivität und Überprüfbarkeit zielenden Rekonstruktionsprozess Zeugenaussagen und -berichte breiten Raum einnehmen. Als unmittelbar Beteiligte am Geschehen oder dessen Beobachter garantieren sie Authentizität einer Schilderung aus der Perspektive ›mit‹, d. h. der Erzähler weiß nicht mehr als sie. Die Vielzahl auftretender Personen ließe also die Vermutung zu, dass sich aus ihren Aussagen ein werturteilsfreies, realitätsnahes, gleichsam objektives Spektrum einzelner Handlungssegmente ergibt, aus dem sich die Handlungstotalität rekonstruieren ließe. Der dominierende Einsatz dieser Erzählperspektive im Roman erweckt den Eindruck, dass ausschließlich im Gebrauch der Perspektive ›mit‹ die angemessene Sichtweise für Schilderungen und Berichte gesehen wird.

Vordergründig bestätigt die erdrückende Menge der Zeugenaussagen diesen Sachverhalt. Einerseits geben sie aus ihrer personalen Perspektive einzelne Teile des Geschehens wieder, sodass diese erst durch ihre Beobachtungen konstituiert werden. Nur in ihren und durch ihre Auskünfte gegenüber dem investigativ tätigen Ich-Erzähler entsteht sukzessiv die Gesamthandlung der *Chronik*, die somit als mosaikartig zusammengesetztes Arrangement der Berichte von Tatzeugen verstanden werden kann. Vor allem die umfangreichen Gespräche, die der Ich-Erzähler mit Angela Vicario im IV. Kapitel über die Auswirkung des Todes Santiago Nasars für ihr eigenes Schicksal führt, können exemplarisch für diese Funktion der Perspektive ›mit‹ angesehen werden.

Andererseits lässt sich besonders in den Kapiteln I, III und V eine weitere Funktion im Gebrauch der personalen Perspektive erkennen. Weil nämlich die in diesen Kapiteln dargestellten Begebenheiten auf die Ermordung Santiago Nasars fokussiert sind, kommt es zu Überschneidungen hinsichtlich der erzählten Begebenheiten. So wird im III. Kapitel der Aufenthalt der Brüder Vicario in Clotilde Armentas Laden, in dem sie auf Santiago Nasar warten, sowohl aus ihrer Perspektive (56) als auch aus der Lázaro Apontes (58), des Polizisten Leandro Pornoy (57) und Luis Enriques (70), des Ich-Erzählers Bruder, mit unterschiedlichen Akzenten geschildert. Und als Santiago Nasar 45 Minuten vor seinem Tod auf seinen Freund Cristo Bedoya stößt, verabschiedet er sich von Margot, der Schwester des Ich-Erzählers, nachdem er ihre Einladung zum Frühstück angenommen hat (22). Diese Begebenheit wird im V. Kapitel erneut aus der Perspektive des Ich-Erzählers erwähnt (101) und erfährt aus der Perspektive Indalecio Pardos eine weitere Bestätigung (102).

Ein solcher Wechsel von einer personalen Perspektive zur anderen hinsichtlich eines identischen Geschehens wird als *polyperspektivistisches* Erzählen bezeichnet, das hier der Ich-Erzähler ermöglicht. Durch diese Facettierung, ja Atomisierung des Geschehens in einzelne Berichtsplitter kann der Leser gleichsam aus der Summe der einzelnen Perspektiven ›mit‹ einen Gesamtblick auf die Handlung gewinnen.

Auf der der Rekonstruktion übergeordneten Ebene des Arrangements lässt sich eine weitere Funktion der Erzählperspektive benennen, die der nunmehr fiktive Literat oder Autor einnimmt (vgl. Kap. 2.2.5). Weil er nämlich in seiner Eigenschaft als konstruierender Arrangeur verschiedene Ereignisse, die aus der Perspektive ›mit‹ geschildert werden, auswählt, bündelt und zur Darstellung bringt, ist der vom Erzähler eingenommene Standpunkt unabhängig von dem, was die Personen sehen oder zu sehen vorgeben. Die Perspektive **wandert [...] von einer Figur zur anderen, von einem Detail zum nächsten.**[67] Eine solche Sicht auf berichtete Ereignisse kann als *periskopische Perspektive* bezeichnet werden. Dadurch entsteht eine Verknüpfung, eine Kombination zwischen der Perspektive ›mit‹ und der Perspektive ›von hinten‹, die es dem Erzähler ermöglicht, selbst Wertungen solch personaler Äußerungen vornehmen zu können:

> **Mein persönlicher Eindruck ist, daß er starb, ohne seinen Tod zu verstehen. Nachdem er meiner Schwester Margot versprochen hatte, bei uns zu frühstücken, nahm ihn Cristo Bedoya am Arm mit zur Mole, und beide wirkten so ahnungslos, daß sie falsche Illusionen auslösten. ›Sie zogen so zufrieden ab‹, sagte Meme Loaiza zu mir, ›daß ich Gott dankte, denn ich dachte, die Angelegenheit sei erledigt.‹ Natürlich wollten nicht alle Santiago Nasar so wohl. Polo Carrillo, der Besitzer des Kraftwerks, dachte, seine Ruhe sei nicht Unschuld, sondern Zynismus. ›Er glaubte, sein Geld mache ihn unantastbar‹, sagte er zu mir. Fausta López, seine Frau, bemerkte dazu: ›Wie alle Türken.‹** (101 f.)

Gerade in der Verschränkung dieser beiden Perspektiven macht sich der Erzähler zum Kommentator des Geschehens. Die von ihm eingeschobenen Deutungen, dass Santiago Nasar und Cristo Bedoya unbekümmert bzw.

ahnungslos wirkten und falsche Illusionen nährten, einige Figuren dem Opfer nicht wohl gesonnen waren und gar mit fremdenfeindlichen Vorurteilen aufwarteten, machen deutlich, dass er unausgesprochene Einschätzungen, Haltungen oder Einstellungen der Tatzeugen aus ihren Äußerungen interpretiert. Und selbst mit seiner persönlichen Einschätzung der Gesamtsituation hält er nicht zurück, wenn er mutmaßt, dass Santiago Nasar gestorben sei, **ohne seinen Tod zu verstehen** (101).

Mit solchen Wertungen aus der Perspektive ›von hinten‹ relativiert der Erzähler die vermeintliche Objektivität oder Authentizität des berichteten Geschehens. Die Ereignisse, die aus der Perspektive ›mit‹ das Geschehen konstituieren, werden als Manövriermenge durch die Perspektive ›von hinten‹ zur Disposition gestellt und mit einer bestimmten Intention versehen. Berichte, Gespräche, Wertungen und Gewichtungen ergeben gemeinsam und im Zusammenspiel einen Polyperspektivismus des Geschehens, der einerseits zur Verdichtung der Handlung, aber andererseits auch zu ihrer Relativierung beiträgt.

In seiner doppelten Eigenschaft hält der Erzähler alle Fäden der Handlung in der Hand, wählt selbst aus, welche Einzelheiten er dem Leser durch verschiedene Perspektiven vermitteln will und mit welchen Wertungen er sie versieht. Ein solches hoch artifizielles Instrumentarium erlaubt es ihm, eine gezielte Auswahl und bewusste Akzentuierung vorzunehmen, sodass der Schein größtmöglicher Objektivität durch das künstlerisch-literarische Arrangement erzeugt wird, wie dies schon für die Zeitbehandlung nachgewiesen werden konnte. Dadurch werden die unterschiedlichen Personen, die aus ihrer Perspektive berichten, nicht zu Gewährsträgern erlebter, dargestellter Wirklichkeit, sondern zu Mittelsträgern einer geschickten Auswahl durch den arrangierenden Erzähler. Seine Perspektive ist mit der berichtender Personen nicht kongruent.[68]

2.5.4 Erzählmodi

Eng verknüpft mit der Perspektivenwahl ist die Art und Weise des Erzählens. Zu unterschiedlichen Zeiten der Recherchearbeit geführte Dialoge, indirekte Rede und vom Ich-Erzähler gestaltete Berichte prägen über weite Strecken den Erzählduktus der *Chronik*. Parallel zur grundsätzlichen Unterscheidung der Erzählung in Geschichte und Diskurs lässt sich jener Ebene der *Bericht*, dieser die *Darstellung* als vorherrschender Erzählmodus zuweisen. Da jedoch in dem Roman Verbrechens- und Rekonstruktionsgeschichte eng miteinander verzahnt sind, finden sich in beiden Teilen Schilderungen in direkter Personenrede und indirekter Erzählerrede. Gerade weil der arrangierende Erzähler aus seinen Gesprächen mit Tatzeugen die Kriminalgeschichte maßgeblich konstituiert, unterstreicht er mit diesem

Prozess sein Ziel, eine möglichst authentische Wiedergabe des Geschehens zu erreichen. Direkte Personenrede, Dialoge und indirekte Rede bestimmen nahezu durchgängig den Erzählduktus. Die Aufgabe des berichtenden Ich-Erzählers hingegen beschränkt sich scheinbar darauf, eine Verbindung zwischen authentischen Quellen, Aussagen oder Stellungnahmen herzustellen. Wie artistisch MÁRQUEZ dieses Erzählinstrumentarium einsetzt, sei anhand der dramatisch inszenierten Darstellung am Schluss des Romans aufgewiesen, in der die Tötung Santiago Nasars geschildert wird:

> Santiago Nasar hätte nur noch wenige Sekunden gebraucht, um ins Haus zu gelangen, als sich die Tür schloß. Er konnte gerade noch mehrmals dagegen hämmern, dann machte er kehrt, um sich mit blanken Händen seinen Feinden zu stellen. ›Ich erschrak, als ich ihn vor mir sah‹, sagte Pablo Vicario zu mir, ›denn er wirkte auf mich zweimal so groß, wie er wirklich war.‹ Santiago Nasar hob die Hand, um den ersten Schlag Pedro Vicarios zu parieren, der ihn von der rechten Flanke mit dem geraden Messer angriff.
> ›Hurensöhne‹, schrie er.
> Das Messer durchbohrte den Teller der rechten Hand, dann grub es sich bis zum Heft in seine Seite. Alle hörten seinen Schmerzensschrei.
> ›Ach Mutter!‹
> Pedro Vicario zog das Messer mit seiner wilden Schlachterfaust wieder heraus und versetzte ihm fast an der gleichen Stelle einen zweiten Stich. ›Merkwürdig war, daß das Messer sauber herauskam‹, erklärte Pedro Vicario dem Untersuchungsrichter. ›Ich hatte wenigstens dreimal zugestoßen, und es kam kein Tropfen Blut mit.‹ (117)

Der extrem häufige Wechsel zwischen darstellender Erzähler- und direkter Personenrede, zwischen der Wiedergabe wörtlicher Rede Pablo Vicarios im mehrere Jahre nach der Tat stattfindenden Gespräch mit dem Ich-Erzähler, der Zitation des Verzweiflungsschreis Santiago Nasars sowie der zu Protokoll gegebenen Aussage Pedro Vacarios vor dem Untersuchungsrichter mehrere Wochen nach dem Mord sowie den Tatschilderungen des Ich-Erzählers erweist sich als hoch artifizielle Konstruktion mit unterschiedlichen Funktionen. Zum einen wird eine ungeheure Dichte und Genauigkeit des Erzählens erreicht, die den Eindruck erweckt, als würde nicht ein Detail des schrecklichen Geschehens unterschlagen.[69] Die ständige Alternanz zwischen Personen- und Erzählerrede unterstreicht zum anderen die Dramatik, die Hektik des Geschehens, sodass sich der Leser gleichsam als Zeuge der martialischen Handlung fühlen kann. Zudem besitzt der Gebrauch direkter Rede den Vorzug verbürgter Wahrhaftigkeit. Die Authentizität des unvermittelt Dargestellten wirkt nachhaltiger als die berichtend-vermittelnde Erzählerrede.

Als raffiniert ist darüber hinaus zu erkennen, dass das Zusammenwirken häufig wechselnder Erzählperspektiven (›mit‹ und ›von hinten‹) mit verschiedenen Erzählmodi (Darstellung, direkte Rede, Protokollaussagen, Interjektionen) die Fiktion hervorruft, als ob das aus unterschiedlichen Quellen zu unterschiedlichen Zeiten zusammengefügte Geschehen chronologisch abliefe. Obwohl der Ich-Erzähler aus verschiedenen Quellen für die Darstellung des Mordes schöpft, die er über mehrere Jahre verstreut gefunden hat, wirkt die Ermordung Santiago Nasars wie eine stringente, nach und nach alle Einzelheiten des Geschehens wiedergebende Inszenierung in chronologischer Reihenfolge, sodass hier dem Anspruch auf größtmögliche Authentizität Rechnung getragen wird.

Diesem Ziel dient auch der Einsatz der *Montagetechnik*. Der Ich-Erzähler integriert im IV. Kapitel geschickt und beinahe unmerklich Aussagen aus dem Autopsiebericht Pater Amadors, die die genauen Ursachen für den Tod Santiago Nasars benennen (75 ff.), ohne auf Kommentierungen und Werturteile zu verzichten.[70] Auch sorgfältig ausgewählte Stellen aus den Gerichtsakten des Untersuchungsrichters werden mit gleicher Funktion in das Erzählkontinuum integriert. Zwanzig Jahre nach dem Verbrechen gelingt es dem recherchierenden Ich-Erzähler, aus dem ursprünglich über 500 Seiten umfassenden Konvolut 320 Seiten zu sichten, die mit aufschlussreichen Randbemerkungen versehen sind. Die Ratlosigkeit des Untersuchungsrichters dokumentiert die zitierte Bemerkung: ***Gebt mir ein Vorurteil, und ich werde die Welt bewegen***, aus der der Ich-Erzähler ableitet, dass für den ermittelnden Richter **wie für Santiago Nasars engste Freunde** damit **ein schlüssiger Beweis seiner Unschuld** (101) vorliege. Die gleichsam unanfechtbare Untermauerung der von ihm zu Tage geförderten ›Fakten‹ bestimmt also sowohl in den Hintergrundberichten als auch in der Darstellung des Geschehens die Wahl des Erzählmodus.

2.6 Motivgeflecht und Rekurrenzen

Wenn mit der individuellen Zeitgestaltung, der Erzählperspektive und den Erzählmodi grundlegende Verfahren zur Literarisierung epischer Texte und damit auch der MÁRQUEZ-Erzählung aufgewiesen worden sind, so enthüllen gleichfalls spezifische Motive, Rekurrenzen, Vorausdeutungen und andere künstlerische Verfahren in der *CHRONIK* die besondere literarische Gestaltung dieses Romans. Auffällig ist, dass diesen sprachlich-künstlerischen Verfahren ausnahmslos zwei Funktionen zugewiesen werden können: Zum einen verleihen sie auf der Diskursebene dem komplexen Handlungsgeflecht einen hohen Grad an Kohärenz, tragen also zur ›Werkverklammerung‹ bei, zum anderen zentrieren sie sich ausnahmslos um die Hauptfigur Santiago Nasar. Damit werden die beiden bislang notwendig getrennt durchgeführten Operationen mit den Fundamentalkategorien der *Geschichte* und des *Diskurses* zusammengeführt und der Roman wird wieder als Ganzes in den Blick genommen, sodass nach der analytischen Differenzierung nunmehr die synthetische Gesamtschau möglich wird.

Wie ein roter Faden zieht sich die dem Geschehen vorausgreifende Feststellung durch den Roman, dass der Tod des Protagonisten als unvermeidbar angesehen oder bestätigt wird. Schon in der viel zitierten Erzähleröffnung steht die unverrückbare Absicht der Mörder fest: **An dem Tag, an dem sie Santiago Nasar töten wollten, stand er um fünf Uhr dreißig morgens auf** [...]. (7) Und bereits am Ende des I. Kapitels wird von einem namentlich nicht näher bezeichneten Zeugen berichtet, dass die Tat bereits vollbracht sei: **›Bemühen Sie sich nicht, Luisa Santiago‹, schrie er ihr im Vorübereilen zu. ›Sie haben ihn schon getötet.‹** (27) Von der Schwester des Ich-Erzählers erfährt ihr Bruder Jaime am Ende des III. Kapitels die ungeheuerliche Nachricht als **Wahnsinnsschrei** [...]: **›Sie haben Santiago Nasar getötet!‹** (72) und nachdem Angela Vicario am Ende des II. ihren Täter gefunden hat, **nagelte** sie den Namen Santiago Nasars **mit sicherem Pfeil an die Wand, wie einen willenlosen Falter, dessen Todesurteil von vorneherein feststand. ›Santiago Nasar‹, sagte sie.** (50)

Des Weiteren stellt der Erzähler über viele Personen, die Santiago Nasar begegnen, unmissverständlich fest, dass sie ihn bei dieser oder jener Gelegenheit zum letzten Mal lebend gesehen hätten. Als Cristo Bedoya und Yamil Shaium etwa sich von ihrem Freund eine halbe Stunde vor dessen Tötung verabschieden, **winkte Santiago Nasar ihnen ein Lebewohl zu und bog um die Ecke des Platzes. Das war das letztemal, daß sie ihn sahen.** (104) Von solch häufigen Letztbegegnungen ist der Roman durchzogen, dessen Handlung somit Geschlossenheit und Zirkularität verliehen werden.[71]

Diese zukunftsgewissen Vorausdeutungen erhöhen nicht nur die Spannung auf die dramatische Inszenierung der Ermordung Santiago Nasars am Ende des Romans, verweisen nicht nur in konzentrischen Kreisen von Kapitel zu Kapitel auf den Höhepunkt der Handlung und bestätigen das durchgängig zu beobachtende proleptische Erzählen, sondern evozieren auch den Eindruck der Zwangsläufigkeit des Geschehens, der Unausweichlichkeit seiner Tötung. Beinahe wörtlich wird das im Titel des Werkes genannte Geschehen sprachlich-künstlerisch durch wiederholt aufgegriffene Antizipationen umgesetzt: Chronik eines *angekündigten* Todes. Der Einsatz dieser Rekurrenzen ist zudem in struktureller Homologie zur kompositorischen Fügung zu sehen, verweisen sie doch auf das zunächst angekündigte Verbrechen (I. und II. Kapitel), schon vorweggenommene (I. und III. Kapitel) und das letztlich geschilderte (V. Kapitel).

Dass die grausame Ermordung des Protagonisten schon im Erzähleingang antizipiert und im Folgenden an wesentlichen Stellen wieder aufgegriffen wird, ist nicht nur von erzähltechnischer Bedeutung, sondern verweist zugleich motivisch auf den Opfercharakter seines Todes, auf dessen rituell-atavistische wie biblische Dimension. Diese Überdeterminierung seines Todes fundiert der Ich-Erzähler in der Begegnung Santiago Nasars mit der Köchin Victoria Guzmán und ihrer Tochter Divina Flor in der Küche seines Hauses am Morgen seines Todestages. Um das Mittagessen vorzubereiten, nehmen die beiden Frauen gerade ein Kaninchen aus, als sie das Entsetzen des Hausherrn bemerken:

> **Und doch konnte sie sich eines schaudernden Grauens nicht erwehren, als sie sich an Santiago Nasars Entsetzen erinnerte, als sie einem Kaninchen samt und sonders die Innereien herausgerissen und die dampfenden Därme den Hunden vorgeworfen hatte.**
> **›Sei nicht so barbarisch‹, sagte er. ›Stell dir vor, es sei ein menschliches Wesen.‹**
> **Victoria Guzmán brauchte fast zwanzig Jahre, um zu begreifen, daß ein Mann, der gewohnt war, wehrlose Tiere zu töten, plötzlich solches Entsetzen zeigen konnte. ›Heiliger Gott‹, rief sie erschrocken aus, ›das alles war somit eine Offenbarung!‹** (13 f.)

Auch von anderen Figuren wie dem Schlachter Faustino Santos und Divina Flor wird in wörtlicher Übereinstimmung die Grausamkeit der Tötung Santiago Nasars bezeichnet, dem man **die Kutteln herausreißen** (61) und sie den Hunden zum Fraß vorwerfen will (74). Wie exakt damit seine Abschlachtung angekündigt wird, bestätigt die Darstellung seines Todes. Um nämlich **ein für alle Mal Schluß zu machen, zielte Pedro Vicario auf sein Herz, aber er zielte dabei fast auf die Achsel, wo es die Schweine haben** (118), und sein Bruder Pablo versetzte **ihm einen waagerechten Schnitt in den Bauch, und die Eingeweide spritzten wie eine Explosion vollständig heraus** (118), die das Opfer mit seinen Händen zurückdrängt, um sie vor Verunreinigung zu schützen, bevor es **blutüberströmt mit der Traube seiner Eingeweide in den Händen** (119) ins elterlichen Haus zurückkehrt und tot zusammenbricht.

Es ist aber nicht primär das extrem Gewalttätige, die keineswegs zu bagatellisierende *violencia* oder das Grausam-Ekelhafte der Tötung Santiago Nasars, das möglicherweise journalistisch Sensationslüsterne ihrer Darstellung, sondern der implizite Verweis auf die rituelle Tötung eines Opfers – von vielen Dorfbewohnern insgeheim, von anderen (Prudentia Cotes, Flora Miguel oder Victoria Guzmán) ausdrücklich befürwortet –, der diesen Zusammenhang erkennen lässt. Denn auch der ›zweite Tod‹, den Santiago Nasar in der Autopsie stirbt, trägt Züge des Rituellen. Dilettantisch und unsachgemäß wird sie von Pater Amador vorgenommen, der **die zerstückelten Eingeweide mit Stumpf und Stiel** herausreißt, weil er mit ihnen nichts anzufangen weiß, **so daß er einen Segen der Wut** [!] **über sie sprach und sie in**

den Mülleimer warf. (77) Dieses erneute **Gemetzel** (75) durch einen Priester verläuft zwar genauso gewalttätig wie das der Brüder Vicario, weist aber unübersehbar Züge einer kulturellen primitivisierenden Handlung auf, versteht doch der christliche Geistliche herausgerissene Eingeweide nicht als heidnisch-rituelle Bestandteile einer Opferung. In solcher Doppelbedeutung der zweifachen Tötung Santiago Nasars[72] verhält sich die professionelle, von Schlachtern ausgeführte Tötung zum dilettantischen Gemetzel der Autopsie wie eine rituelle Schlachtung zur primitivisierten Opferung. Das Heidnisch-Christliche korrespondiert in der ›zweifachen Tötung‹ Santiago Nasars mit seiner Eigenschaft als Schlachtopfer, wobei Hans-Otto Dill darauf hinweist, dass **rein metaphorisch auch die zweite Abschlachtung Santiagos zu einer Opferzeremonie**[73] geworden ist.

Neben der Betonung ritualisierten Schlachtens kommt auch der Komponente der Sühne eine wichtige Bedeutung zu. An drei wesentlichen Stellen der Erzählung wird eigens auf die Parallelität zwischen den Verletzungen Santiago Nasars und den Wundmalen Jesu Christis hingewiesen. In der Schilderung seiner Ermordung heißt es: **Das Messer durchbohrte den Teller der rechten Hand, dann grub es sich bis zum Heft in seine Seite** (117). Im Autopsiebericht vergleicht Pater Amador bedeutungsschwer diesen Stich: ›**Er sah aus wie ein Wundmal des Gekreuzigten.**‹ (76) Und um die Parallelität zwischen den Tötungen der beiden Geopferten vollends deutlich zu machen, bricht Santiago Nasar nicht unter den verzweifelten Hieben zusammen, **weil sie [die Vicario-Brüder] ihn beide mit Messerstichen an die Tür nagelten** (118), so, wie Angela Vicario es in wörtlicher Übereinstimmung prophezeit hat, als sie den Namen des vermeintlichen Verführers **mit sicherem Pfeil an die Wand [nagelte]**. (50) Darüber hinaus trägt Santiago Nasar immer noch den Unschuld signalisierenden **weißen Anzug** (116), den er zum Empfang des Bischofs gewählt hat.

Die Opferrolle, die ihm im Roman unzweifelhaft zugewiesen wird, führt zu offenkundigen Parallelen zwischen ihm als Sündenbock und dem Opferlamm Jesus Christus. Über die Anspielung auf den Namen des Nazareners hinaus (vgl. Kap. 2.2.1) verbindet die beiden die zentrale Rolle des Sühneopfers. Im Motiv der geopferten Unschuld wird eine wesentliche Gemeinsamkeit zwischen ihnen erkennbar. So, wie der Gottessohn am Kreuz die Sünden der Welt sühnt und die Menschheit von ihrer Schuld erlöst, so nimmt Santiago Nasar die Schuld der Dorfbewohner – allerdings unbewusst – auf sich und sühnt deren unverantwortliches Handeln. Gerade weil das Dorf die Wiederherstellung, die Heilung eines verletzten, aber längst obsolet gewordenen Sittenkodexes verlangt, fällt die Wahl eines solches Sühneopfers auf ihn, da sein Ansehen als allseits bekannter Dorf-Don Juan einen willkommenen Vorwand für seine Tötung bietet.[74]

Damit wird zugleich auf Santiagos Doppelfunktion als Opfer und Täter im Roman verwiesen, die mit einem anderen Motiv gekoppelt ist: dem Jagd- und Falkenmotiv.[75] Die Passion für die aristokratische Falkenjagd, die er mit seinem Vater teilte, macht ihn – wie schon festgestellt wurde (Kap. 2.2.2) – zum Außenseiter in der Dorfgemeinschaft. Aber mehr noch als nur ein extravagantes Vergnügen steht diese Vorliebe für Santiago Nasars Beziehung zu Frauen, die er als Beute, als Trophäen seiner Jagdleidenschaft betrachtet. Das Gil-Vicente-Motto, das dem Roman als Epigraph vorangestellt ist, verdichtet literarisch-poetisch diese Haltung zum Programm: **Liebesjagd ist Falkenjagd.** (5)

Gleichzeitig bedeutet diese Einstellung gegenüber dem weiblichen Geschlecht aber auch Hochmut, für den Santiago Nasar seinen Preis zahlen muss. Zum ersten Mal wird er schon in seiner Jugend von Alejandrina Cervantes gebrochen, der er sexuell zu verfallen droht, sodass ihn sein Vater mit Gewalt von ihr fernhalten muss und der Ich-Erzähler ihn warnt und sich dabei der Jagdmetaphorik bedient: ›**Der Falke, der es mit einem streitsüchtigen Reiher aufnimmt, begibt sich in Gefahr**‹ (66). Ein weiteres Mal laufen seine Jagdambitionen ins Leere, als er Divina Flor in obszöner Weise anspricht und von ihrer Mutter Victoria Guzmán in die Schranken gewiesen wird (13). Endgültig wendet sich seine Leidenschaft gegen ihn, als er von Angela Vicario der Defloration beschuldigt wird. Damit kehrt sich sein Verhältnis zu den Frauen um: Aus dem Jäger aus Leidenschaft wird selbst ein Gejagter, der dem Tod nicht entrinnen kann.

Verknüpft man das Opfermotiv mit dem Jagdmotiv und sieht in Santiago Nasar zugleich Täter und Opfer, Jäger und Gejagten, dann gewinnt sein Tod eine polyvalente Dimension. Ist er einerseits offensichtlich nicht der Verführer Angela Vicarios, so muss er andererseits für seine hochmütige Haltung und seine Jagdleidenschaft gegenüber Frauen mit dem Leben bezahlen. Er wird das Opfer seiner Obsession, stirbt aber gleichsam einen Stellvertretertod für eine Tat, die er nicht begangen hat. Was nur an der Oberfläche ungerecht zu sein scheint, gewinnt tiefenstrukturell einen plausiblen Sinn, der sogar noch durch seine und die Verantwortungslosigkeit der Dorfbewohner gesteigert wird. In seiner Eigenschaft als Opfer und Gejagter zeigt sich sein Tod vordergründig als ungerechtfertigt, als Täter und Jäger hingegen bedeutet er hintergründig die Sühne für individuelle Verfehlungen, die sich gesellschaftlicher Sanktionierung entziehen, weil sie zum alltäglichen – auch gewalttätigen – machísmo gehören.

In enger Verbindung zu diesem Motivkomplex steht die Frage nach der Unausweichlichkeit des Todes Santiago Nasars. Von Schicksal, von **Vorsehung** (18) ist im Text die Rede, die das Geschehen zu einer **Tragödie** (116) werden lässt. Die damit einhergehende Anspielung auf die antike Tragödie verweist jedoch nicht primär auf die Schuldfrage des Protagonisten, wie sie gerade angesprochen worden ist, nicht auf eine mögliche ödipale Beziehung zwischen Plácida Linero und ihrem Sohn[76], sondern vielmehr auf das Phänomen der *tragischen Ironie*. Die Tatsache, dass alle Warnungen erfolglos bleiben, dass keiner der Dorfbewohner aktiv und unmittelbar den grausamen Mord zu verhindern trachtet, Santiago Nasar selbst durch seine Unbekümmertheit und die Zufälle des Geschehens zielgenau in sein Verderben rennt, lässt die Schlussfolgerung zu, dass mit dieser Allusion auf die griechische Tragödie ein Problem der Diskursgestaltung und Zeitbehandlung (vgl. Kap. 2.5.3) angesprochen wird. Weil nämlich Santiago Nasars ›Verhängnis‹ – wie schon herausgestellt worden ist – ein vom Erzähler arrangiertes und konstruiertes ist, weil er sowohl auf der Handlungs- als auch auf der Diskursebene alle Fäden in seiner Hand hält, erweist sich die vorgeblich tragische Dimension seines Todes als gewollte, wohlüberlegte Inszenierung eines fiktiven Literaten oder impliziten Autors, dessen Name nicht genannt wird und dessen Anteil am Geschehen unbestimmt bleibt. Dadurch wird die Illusion einer tragischen Handlung und Verstrickung hervorgerufen, in der der Erzähler mit seinen Figuren wie mit dem Leser sein Spiel treibt. Der geheimnisvolle Erzähler der *Chronik* wird zum **invisible agent of Fate**[77], beherrscht nicht nur die Geschichte, sondern zugleich auch das Schicksal.

Den damit bewusst und zielgerichtet vorgenommenen Literarisierungsprozess nimmt der Erzähler zum Anlass, das Konstruierte, Fiktive seines Werkes latent hervorzuheben, indem er auf die Schwierigkeiten eigens aufmerksam macht, die ihm als Ich-Erzähler und als Chronist während seiner journalistischen Recherche und seiner Arbeit an der Komposition seines Werkes widerfahren sind. Diese Arbeit an der Konstruktion der erzählten Welt spiegelt sich im Ergebnis der *Chronik*, die gleichsam ihren eigenen Prozess des Entstehens wiedergibt. Eine solche Besonderheit erlaubt es dem Erzähler aber auch, mit seinen Figuren zu spielen, sie der Lächerlichkeit preiszugeben und den Text mit einer – bei aller Ernsthaftigkeit der Sache – unernsten, eher folkloristischen Note zu versehen.

Es ist keineswegs zufällig, dass gerade im V. Kapitel, in dem neben der Darstellung des Mordes auch eingangs die Probleme seiner Rekonstruktion und seines Verstehens angesprochen werden, der Ich-Erzähler indirekt mit ausgewählten Dorfbewohnern ›abrechnet‹, die aus Feigheit Hilfe und Intervention unterlassen haben. Ihr Schicksal ruft eher Schmunzeln denn Schrecken hervor. So wird etwa Hortensia Baute, **deren einzige Beteiligung darin bestand, zwei bluttriefende Messer gesehen zu haben, die es noch nicht waren**, von einem **Wahn der Bußfertigkeit** ergriffen, der dazu führt, dass sie **es eines Tages nicht mehr aushielt und nackt auf die Straße**

stürzte. (97 f.) Über Santiago Nasars Verlobte Flora Miguel wird berichtet, dass sie **aus Verzweiflung mit einem Leutnant von der Grenztruppe durch[brannte], der sie unter den Kautschukzapfern von Vichada prostituierte.** (98) Und über die Hebamme Aura Villeros heißt es, dass sie einen Blasenkrampf erlitt, **als sie die Nachricht erfuhr, und [...] bis zu ihrem Todestag einen Katheter zum Urinieren** (98) benötigte. Diesen ausgewählten Schicksalen ist sowohl die Übertreibung als auch deren Lächerlichkeit gemeinsam, sehen sich die Figuren doch mit Konsequenzen konfrontiert, die sie stets vermeiden wollten: die Hebamme, die für ihre eigene Austreibung des Urins sorgen muss, die keusche und ungeliebte Verlobte, die zur Prostitution gezwungen wird, und die von Halluzinationen heimgesuchte Frau, die sich aus Buße nackt auf die Straße stürzt.

Ähnlich grotesk übertrieben wirkt auch die Erklärung, warum Santiago Nasar ausgerechnet am Tage seines Todes das Haus ohne geladene Waffe verlässt. Diese Gewohnheit hat er von seinem Vater übernommen,

> **seitdem ein Dienstmädchen eines Morgens das Kopfkissen geschüttelt hatte, um den Bezug abzuziehen, und dabei die Pistole beim Aufschlag auf den Fußboden losging, die Kugel den Schlafzimmerschrank zertrümmerte, die Wohnzimmerwand durchdrang, mit Kriegsgetöse durch das Eßzimmer des Nachbarhauses schoß und einen lebensgroßen Heiligen auf dem Hochaltar der Kirche am äußersten Ende des Platzes in Gipsstaub verwandelte.** (9)

Die Unverhältnismäßigkeit der Wirkung, ihre übersteigerte Unangemessenheit hinsichtlich der Ursache verleihen der Darstellung eine komische Dimension, die mit einer realistischen Wiedergabe des Geschehens nichts gemein hat. Vielmehr wird hinsichtlich der verirrten Kugel wie der Lebensschicksale einiger Dorfbewohner ein Verfahren erkennbar, das man als **Karnevalisierung**[78] bezeichnen kann, das allerdings in der *Chronik* im Gegensatz zu *Hundert Jahre Einsamkeit* bewusst zurückgedrängt worden ist und in den *Zwölf Geschichten aus der Fremde* wieder an Bedeutung gewinnt.

2.7 Das Problem der Verantwortung in einer karibischen Tragödie

Wenn – wie im vorliegenden Roman – auf vielfältige Art erzähltes Geschehen **poetisch transformiert**[79] wird, der Autor über die Komposition seines Werkes **eine rigorose Kontrolle**[80] ausüben will, dann entsteht fast selbstverständlich ein Spannungsverhältnis zwischen der erzählten Geschichte und ihrer literarischen Darbietung. Die damit einhergehende Schwerpunktverlagerung lässt sich in besonderem Maße in der *Chronik* nachweisen, übernimmt doch hier der das gesamte Geschehen konstituierende, alle Einzelheiten beherrschende und auswählende Erzähler die Rolle des allgewaltigen Lenkers über die Schicksale seines Personals. Sowohl als – in der Fiktion –

recherchierender Journalist als auch als – ebenfalls fiktiver – Schreiber einer Chronik löst er in Personalunion die Aufgabe der Rekonstruktion der Mordgeschichte wie die ihrer Niederschrift. Verbrechens- und Rekonstruktionsgeschichte werden dabei nicht streng voneinander getrennt, sondern überschneiden sich, sodass die Art und Weise ihrer literarischen Darbietung zum eigentlichen Problem, zur künstlerischen Herausforderung für den Autor wird.

Um diese Aufgabe zu bewältigen, greift der Erzähler auf der Handlungs- wie der Diskursebene nachhaltig in die Chronologie der Ereignisse ein, kann er sie doch nur aus der Retrospektive erschließen. In seiner Eigenschaft als Rechercheur befragt er ungezählte Personen, die als Tatzeugen, Beobachter oder Informierte in einem dichten Geflecht unterschiedlicher Beziehungen zu den Hauptakteuren gestanden haben. Schriftlich fixierte Quellen wie der Autopsiebericht Pater Amadors und teilweise erhaltene Protokolle des namenlosen Untersuchungsrichters werden in die ›Ermittlungen‹ einbezogen und in Montagetechnik episch integriert. Um die Fiktion der Authentizität dieser Rekonstruktionsarbeit hervorzurufen, wird das Erzählkontinuum extrem fragmentiert, greift der schreibende Erzähler zu chronologischen Inversionen, fokussiert das erzählte Geschehen auf die vier Stunden bis zur Ermordung Santiago Nasars, das in einer symmetrischen Anordnung auf fünf Kapitel mit Rückblenden und Vorgriffen verteilt und durch proleptisches und analeptisches Erzählen gestaltet wird. In wechselnden polyperspektivistischen und periskopischen Erzählhaltungen kommen dialogisch nicht nur die befragten oder interviewten Personen zu Wort, sondern auch der Erzähler schaltet sich mit eigenen Bewertungen, Relativierungen und Kommentaren in den vielstimmigen Diskurs ein. Die von Anfang an festzustellende poetische Durchdringung des dargestellten und berichteten Geschehens manifestiert sich in einem über die Textgrenzen hinausweisenden Geflecht von Rekurrenzen, Leitmotiven und symbolischen Überhöhungen.

Alle vom omnipotenten Erzähler vorgenommenen Verschiebungen des Ordnungssystems der Erzählung auf der Diskursebene laufen konzentrisch auf das zentrale Problem der *Chronik* zu: das der individuellen und kollektiven Verantwortung. Auch wenn der ostinate Gebrauch der Begriffe Tragödie, Trauerspiel, Schicksal, Drama oder Vorsehung an die antike Tragödie erinnert, Márquez selbst Sophokles' *Ödipus* für den besten Kriminalroman der Welt hält,[81] so kann nicht übersehen werden, dass diese intertextuellen Verweise eine Anspielung suggerieren, eine Tendenz aufweisen, die den Leser auf eine bestimmte Fährte locken sollen, nämlich auf die der angeblichen Unvermeidbarkeit der Ermordung Santiago Nasars. Gleichwohl wird die Frage nach der Täterschaft und Schuld des von Angela

Vicario genannten Verführers bewusst nicht beantwortet, sodass das Problem der Identität des Täters durch das der Verantwortung für die Tat ersetzt wird.

In einem verdienstvoll dokumentierten Briefwechsel zwischen MÁRQUEZ und der italienischen Literaturkritikerin Rossana Rossanda[82] wird exakt das Problem der Themabestimmung diskutiert. Kurz nach Erscheinen der *CHRONIK* behauptet die Kritikerin unumwunden, dass [i]**m Gegensatz zum Klappentext [...] das Hauptthema der *CHRONIK* nicht das Schicksal, sondern die Verantwortung** sei, um dann die rhetorische Frage nachzuschieben: **Ist in der *CHRONIK* die Tatsache, daß unmöglich ist, aufzuhalten, was alle wissen und nicht wollen, Santiago Nasars Tod, Schicksal?**[83] Eine schicksalhafte Fügung sieht sie ausschließlich in Plácida Lineros todbringender Entscheidung, die Tür, die das Leben ihres Sohnes hätte retten können, vor den anstürmenden Mördern zu verriegeln. **In allen anderen Fällen läßt es den Menschen die Möglichkeit, ihre eigene Rolle zu spielen. Und das ganze Buch durchzieht unausgesprochen ein moralischer Vorwurf wegen der Untätigkeit, Trägheit und Ausflüchte derer, die ihre Rolle nicht spielen.**[84] Den zentralen Grund für diese Haltung bestimmt sie klar und eindeutig: **Ehre als Ersatz für Identität.**[85]

MÁRQUEZ' Antwort geht über eine Replik weit hinaus und bestätigt die zentralen Behauptungen Rossandas mit weiterführenden Hinweisen auf seine Intentionen, die er mit dem Buch verfolgte.

> **Meine Arbeit bestand darin, die fast unendliche Reihe winziger und miteinander verketteter Berührungspunkte zu entdecken und ans Licht zu bringen, die in einer Gesellschaft wie der unsrigen dies absurde Verbrechen ermöglicht haben. Alles war vermeidbar, und der soziale Verhaltenskodex, nicht das Schicksal, war der Grund dafür, daß es nicht verhindert werden konnte. In diesem Sinne hast Du recht: dies ist kein Drama des Schicksals, sondern der Verantwortung. Mehr noch: der kollektiven Verantwortung. Ich glaube sogar, das Buch endet damit, daß der Mythos des Schicksals unglaubwürdig wird, weil es nämlich Stück für Stück dessen grundsätzliche Bestandteile auseinandernimmt und zeigt, daß wir selbst die alleinigen Herren unseres Geschickes sind.**[86]

Auch wenn gegenüber Selbstzeugnissen und kommentierenden Aussagen von Autoren von Fall zu Fall Zweifel anzumelden sind, so bestätigen diese Ausführungen von MÁRQUEZ die bislang erzielten Ergebnisse. Sowohl die nachgewiesene starke Fragmentierung der Handlung als auch die damit nachhaltig hervorgerufene Zentrierung auf das Verhalten der am Geschehen beteiligten Personen zielen auf das thematische Zentrum der Verantwortlichkeit des Menschen für sein Handeln, wobei das Schicksal lediglich **ein mechanisches Element in der Erzählung**[87] darstellt. Alle Ausflüchte derer, die den Tod Santiago Nasars hätten verhindern können, berufen sich letztlich auf einen obsolet gewordenen Ehrenkodex, der die Tötung eines Verführers **moralisch legitimiert.**[88]

Konnte verantwortungsloses Handeln in der Figurenkonstitution bereits als zentrales natürliches Merkmal bestimmt werden, so gewinnen seine Auswirkungen in der Dorfgemeinschaft soziale Dimensionen. Die damit einhergehenden Probleme der Gewalt und des Männlichkeitswahns werden in teils drastischen Schilderungen (Tötung Santiago Nasars) und offenen Bekenntnissen einiger Frauen (Divina Flor, Victoria Guzmán, Prudencia Cotes, Flora Miguel) illustriert. Solcherart verweisen textinterne Strukturen auf textexterne Phänomene und Probleme, was einige Autoren und Rezensenten dazu verleitete, im *machismo* das Kernproblem der Erzählung zu sehen.[89] Sogar vom Violencia-Roman als einem eigenen Romangenre ist die Rede[90], was wiederum MÁRQUEZ zu einigen kritischen Anmerkungen veranlasste, die auch für die *CHRONIK* von Relevanz sind, auch wenn sie vor deren Erscheinen geschrieben worden sind. Er stellt vor allem das Dilemma derjenigen Autoren heraus, die über Gewalt in lateinamerikanischen Staaten geschrieben haben und an deren Grausamkeit erstickten, ohne eine solche zu kennen oder jemals erfahren zu haben. Für MÁRQUEZ bleibt Albert Camus' *DIE PEST* das große Vorbild, weil es diesem Schriftsteller gelungen sei, durch Literarisierung das Grauen zu überwinden und nicht für die Toten, die bestialisch Dahingemetzelten, sondern für die Lebenden zu schreiben:

> **Der Roman waren nicht die Toten mit den herausgerissenen Eingeweiden, sondern die Lebenden, die in ihren Verstecken Blut geschwitzt haben müssen in der Gewißheit, daß sich mit jedem Schlag ihres Herzens die Gefahr vergrößerte, selbst zu denen zu gehören, denen die Eingeweide herausgerissen würden.**[91]

Der in dieser Aussage erkennbaren Intention, die Lebenden an ihre Verantwortung zu erinnern und nicht primär die Grausamkeit der Gewalt darzustellen, wird in der *CHRONIK* dadurch Rechnung getragen, dass einerseits Umstände und Bedingungen der an der Ermordung Santiago Nasars Beteiligten dessen Tötung einrahmen, die am Schluss der Erzählung als Spannungshöhepunkt inszeniert wird. Andererseits wird mit subtilen, ja artifiziellen, literarisch-poetischen Mitteln der Mechanismus von violencia und machismo in einem Dorf aufklärerischer Rückständigkeit offen gelegt. Insofern bildet die als **Drama,** als **Trauerspiel** benannte Handlung lediglich einen typlogischen Rahmen, ein – wie schon gesagt – **mechanisches Element in der Erzählung**[92], mit der tief greifende soziale Probleme Kolumbiens und anderer lateinamerikanischer Länder ausgelotet und einer künstlerischen Darstellung und Analyse zugeführt werden. MÁRQUEZ selbst ist der Ansicht, **daß die beiden Mörder das Verbrechen nicht hatten**

begehen wollen [...] Das ist letzten Endes das einzig Neue an diesem Drama, das ansonsten in Lateinamerika ziemlich häufig vorkommt.[93] Darum verwundert es nicht, wenn der Autor resümiert: **Es ist die falsche Geschichte eines wirklichen Verbrechens.**[94]

Aber auch die vordergründige Ähnlichkeit der Geschichte mit einer Kriminalerzählung – und damit schließt sich der Kreis zu den Ausgangsfragen – hilft für die genretypologische Bestimmung des Werkes nicht weiter. Zwar werden wesentliche Elemente dieses Genres angewendet, bestimmen aber den Text nicht hinreichend. Vielmehr handelt es sich um die Fiktion, die Parodie einer Kriminalerzählung, die sich ihrer typischen Elemente bedient, um der Handlung einen Rahmen, ein Muster zu geben. Angesichts der aufgewiesenen Komplexität würde eine solche Klassifikation jedoch eine unzulässige Reduktion darstellen, gelingt MÁRQUEZ doch mit der *CHRONIK* ein vielschichtiges Werk, in dem das Thema der individuellen Verantwortung mit den Motiven der violencia und des machismo in einer Literarisierung zwischen Tragödie, Kriminalerzählung und Reportage als genretypologischer Erzählrahmen poetisiert wird.

3 »Zwölf Geschichten aus der Fremde«

Vermittelte schon die *Chronik* einen nachhaltigen Eindruck von der künstlerischen Fähigkeit Márquez', aus einem eher anekdotenhaften Sujet eine Erzählung zu gestalten, so kann dieses literarische Phänomen auch in den früher geschriebenen *Zwölf Geschichten aus der Fremde* nachgewiesen werden, in denen journalistisches und poetisches Schreiben zu künstlerischer Einheit verschmolzen sind. Dies gelingt dem Autor, wie er in der Prolog ähnlichen, eine *poetica in nuce* enthaltenden Einleitungs-Erzählung zu den *Zwölf Geschichten* darlegt, kraft der **List der Poesie**, mit der sie **von ihrem vergänglichen Charakter erlöst werden sollten.**[95] Um dieser List auf die Spur zu kommen, sollen im Folgenden drei in Sujet und kompositorischer Fügung herausragende Erzählungen einer genaueren Untersuchung unterzogen werden.

3.1 »›*Ich bin nur zum Telefonieren gekommen*‹«

Der bereits 1978 geschriebenen Erzählung mit dem leitmotivisch verwendeten Titel liegt eine banale, alltägliche Begebenheit zugrunde: Nach einer Autopanne auf der Landstraße von Zaragoza nach Barcelona sucht die verzweifelte und hilflose Fahrerin María de la Luz Cervantes nach einer Möglichkeit zu telefonieren, um ihren Mann über das Missgeschick und die daraus resultierende verspätete Heimkehr zu informieren. Der von ihr angehaltene Omnibus bringt sie in ein Hospital für Geisteskranke, aus dem sie – und hier endet das Banale – nicht wieder zurückkehren soll.

3.1.1 Handlungsstränge und Logik der Handlung

Aus diesem dürren Handlungsgerüst entwickelt Márquez eine dreisträngige Erzählung, die in einem gezielt angesteuerten Höhe- und Wendepunkt ihr merkwürdig befremdendes Ende für die Protagonistin findet.

Aufgrund eindeutiger Orts-, Personen- und Zeitwechsel lassen sich drei unterschiedliche Handlungsstränge unterscheiden. Der erste (S. 95–100) umfasst die Ausgangssituation mit der Hauptprotagonistin María de la Luz Cervantes. Dieser ›María-Strang‹ beginnt in schon bekannter in-medias-res-Technik mit der Schilderung ihrer Autopanne, setzt sich fort über die nächtliche Fahrt im Omnibus **mit Frauen ungewissen Alters und unterschiedlicher Herkunft** (96), ihrer unfreiwilligen Aufnahme als Patientin der Irrenanstalt und endet mit der Zukunft bestimmenden Unterhaltung zwischen ihr und dem Leiter der Anstalt. In diesem für sie tröstlichen, erleichternden Gespräch erfährt María zum ersten Mal in ihrem Leben, **von einem Mann verstanden zu werden, der ihr von ganzer Seele zuhörte, ohne als Gegenleistung zu erwarten, daß sie mit ihm schlief.** (100)

Im zeitlich parallel dazu verlaufenden ›Saturno-Handlungsstrang‹ (S. 100–106) wird die Situation des Ehemanns am gleichen Abend in der gemeinsamen Wohnung in Barcelona geschildert. Zwei eingeschobene Rückblenden leuchten das Verhältnis zwischen den Ehepartnern während der vergangenen fünf Jahre aus, in denen María drei Männer kennen gelernt und wieder verlassen hat sowie eine flüchtige, aber in ihren Auswirkungen folgenschwere Bekanntschaft mit einem Schaufensterdekorateur einging.

Aus diesen wechselvollen Beziehungen speist sich schließlich Saturnos Eifersucht bis zum Delirium und mündet in die **furchterregende Gewißheit [...], daß sie ihn wieder allein gelassen hatte, und jetzt auf ewig, in der weiten Welt ohne sie** (102) – eine Eifersucht, die schon vor dem Wiedersehen in den Mauern der Anstalt zur völligen Entfremdung zwischen den Eheleuten und zum Ende ihrer Beziehung geführt hat.

Im dritten Handlungsstrang (S. 106–113) gestaltet der an zwei Stellen erwähnte Autor[96] den weiteren Desillusionierungs- und Entfremdungsprozess zwischen den beiden bis zum endgültigen Bruch, der zur Abkehr Marías von ihrer bislang bekannten Welt außerhalb des Hospitals führt. Sie nimmt ihr letztlich selbst herbeigeführtes Schicksal an und erreicht – so wird es im gerafften, epilogähnlichen Schluss (113 f.) angedeutet und durch eine Zeugin verbürgt – eine Zufriedenheit **in der Ruhe des Klosters.** (114) Über das weitere Schicksal Marías schweigt der Erzähler. Saturno hingegen – so wird berichtet – verlässt Barcelona, kehrt nach Mexiko zurück und heiratet erneut.

Die Anordnung der Handlungsstränge lässt sich skizzenhaft verdeutlichen (s. rechts). Diese schematische Darstellung zeigt, dass die beiden zunächst parallel geführten Handlungsstränge schließlich zusammengeführt werden, sodass im dritten das zuvor angelegte Konfliktpotenzial, Entscheidungen zeitigend, zum Ausbruch kommt, zum Höhepunkt geführt und schließlich gelöst wird.

Eine solche Anordnung dreier Handlungsstränge entspricht dem *triadischen Modell* nach Todorov.[97] Der mittlere Handlungsstrang übernimmt als Rückblende die Aufgabe, die im Erzähleingang zunächst ausgesparten unabdingbaren Voraussetzungen nachzuholen, die andere Hauptfigur einzuführen, die Konflikte Grund zu legen, das Thema zu fundieren und – davon wird noch die Rede sein – den Verlauf des Entwicklungsprozesses Saturnos bis zu dem Punkt voranzutreiben, ab dem er Marías Entfremdungsprozess entscheidend determiniert.

Handlungsstränge in »›Ich bin nur zum Telefonieren gekommen‹«

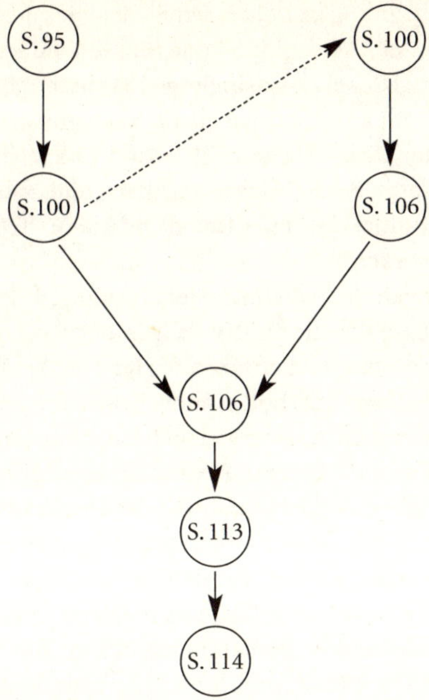

3.1.2 Personen und ihre Beziehungen (Figurenkonstitution und Konfiguration)

Träger dieser Handlungsstränge sind in erster Linie María Cervantes und ihr Mann, der Zauberer oder **Salonmagier** (95) Saturno. Im Erzähleingang wird die 27-jährige Mexikanerin, die **Jahre zuvor einen gewissen Ruf als Varietékünstlerin** (95) erworben hat, mit wenigen Strichen als **hübsch und ernsthaft** (95) vorgestellt. **Takt und Anmut** (101) werden der Absolventin eines Magierkongresses im Gegensatz zu ihrem **unheilbar linkisch[en]** Mann **mit einem seltsamen Charakter** (101) zugesprochen.

Wichtiger als diese wenigen Merkmale ist jedoch die Beziehung zwischen den Eheleuten, die auf Seiten Saturnos vor allem durch seine sich stetig steigernde Eifersucht gekennzeichnet ist. Dazu hatte ihm María in den vergangenen fünf Jahren wiederholt Anlass gegeben. Zuerst heiratete sie als Minderjährige heimlich **einen Mitschüler aus der Oberstufe** (102), den sie nach **zwei Jahren ohne Liebe** (102) wieder verließ. Danach lernte sie in Mexico City Saturno kennen. Nach einer **Nacht nicht beichtbarer Exzesse** (102) mit ihm verschwand sie, ohne eine Nachricht zu hinterlassen, um ein Jahr später in seine Wohnung zurückzukehren, nachdem ein kinderloser Witwer sie vor dem Traualtar schmählich hatte stehen lassen. Während der folgenden zweijährigen **freien und gut geregelten Verbindung** (100) entstanden bei der Begegnung zwischen den Eheleuten und einem 22-jährigen Schaufensterdekorateur Verdachtsgründe für seine Eifersucht, weil die Art, in der sich María und der als **Eindringling** (104) in ihre Beziehung bezeichnete Mann bei einem Wiedersehen in La Barceloneta küssten, Saturnos Misstrauen schürte. Dieses steigerte sich zum Eifersuchtsdelirium, als er erfahren musste, dass dem Sohn reicher Eltern **eine gewisse Fama als Bisexueller und ein wohlerworbener Ruf als mietbarer Tröster für verheiratete Frauen** (105) vorauseilte.

In zwei komplementär zueinander stehenden Episoden der Rückblende (102 f.) weist der Erzähler die Brüchigkeit in der Beziehung der Eheleute auf. Nach ihrer Trennung von Saturno in der mexikanischen Hauptstadt versucht der Verlassene wiederholt, María zurückzuholen. **Er flehte sie bedingungslos an, versprach ihr sehr viel mehr, als er zu halten bereit war** [!], **aber er stieß auf eine unbeugsame Entschlossenheit** [und] **beugte sich ihrer Strenge.** (102) Als sie jedoch von ihrem letzten Bräutigam im Stich gelassen wird, ist sie es, die sich ihm bedingungslos ausliefert. ›**Und für wie lange jetzt?**‹ **fragte er sie. Sie antwortete ihm mit einem Vers von Vinicius de Moraes:** ›**Die Liebe ist ewig, solange sie dauert.**‹ (103)

Die oberflächlich intakte Beziehung zwischen den beiden ist tiefenstrukturell geprägt von Marías Hang zur Bindungslosigkeit oder gar Bindungsunfähigkeit und einer Suche nach beglückender Liebe sowie Saturnos latent vorhandener Eifersuchtsobsession, dass María ihn wieder einmal und diesmal endgültig verlassen könnte.

Vor diesem Hintergrund ist Marías Beziehung zum Sanatoriumspersonal zu sehen. Im Leiter des Sanatoriums findet sie nicht nur einen geduldigen Zuhörer für ihre Sorgen, sondern auch einen Mann, dem sie offenbar bedingungslos zu vertrauen gewillt ist, hebt er sich doch in ihren Augen durch seine Einfühlsamkeit, deren professionellen Charakter sie nicht durchschaut, völlig von ihren bislang gesammelten Erfahrungen mit Männern ab. Gleichwohl darf nicht übersehen werden, dass er rigoros seine Stellung als Anstaltsleiter ausspielt um María daran zu hindern, telefonisch Kontakt zu ihrem Mann aufzunehmen, da er ihr als vertrauenswürdiger, besorgter, wohlwollender, scheinbar gütiger Beschützer begegnen will.[98]

Von andersartiger Qualität ist Marías Verhältnis zum Dienst- und Pflegepersonal, das sie kühl und berechnend unter taktischen Gesichtspunkten betrachtet. Um ihr Los als unfreiwillige Heiminsassin einer Irrenanstalt zu erleichtern, lässt sie sich aufgrund ihrer hoffnungslosen Lage widerwillig mit einer lesbischen Nachtwärterin ein, die ihr **Liebe im Tausch für Zigaretten, für Schokolade, für was auch immer** (107) vorgeschlagen hat, nachdem das unverhoffte Telefonat zwischen ihr und Saturno von diesem mit einer Beleidigung Marías abrupt beendet worden ist. Dieses folgenreich abgeschlossene ›Geschäft‹ eröffnet María die einzige Möglichkeit, Kontakt zu ihrem Mann herzustellen in der Hoffnung, die Anstalt wieder verlassen zu können.

Saturnos Erscheinen im Hospital wird jedoch entscheidend – wie auch Marías Ankunft – vom Leiter der Anstalt bestimmt. Mit augenzwinkerndem Einverständnis lässt der Besucher sich von ihm überreden, im Gespräch mit María auf deren vorgebliche Telefonobsession überlegen-spielerisch zu reagieren[99], was ihm nicht schwer fällt, da er zu diesem Zeitpunkt sein Verhältnis mit María bereits innerlich beendet hat. Das entscheidende Gespräch zwischen den Eheleuten bildet den dramatischen Höhepunkt der Erzählung mit irreversiblen Folgen auf beiden Seiten.

Ergänzt wird das Personal durch die grotesk gezeichnete, überdimensionierte Figur Herculina, deren **außergewöhnliche**[…] **Kraft [...] für die schwierigen Fälle** (98) gebraucht wird, um jeden Fluchtversuch im Keim zu ersticken. Somit ergibt sich für die Figurenkonstellation ein interessanter Befund, dem auch das Konfliktpotenzial der Erzählung zu entnehmen ist: Während María mit allen Mitteln versucht, sich aus ihrer verzweifelten Lage im Verlangen nach Freiheit zu befreien, und nahezu alles daran setzt, mit der Welt außerhalb der Anstalt telefonisch in Kontakt zu treten, wird sie vom Sanatoriumspersonal mit teilweise brachialer Gewalt daran gehindert. Lediglich der Anstaltsleiter scheint sie mit überlegener, spielerischer List davon überzeugen zu wollen, dass der Aufenthalt im Sanatorium zu ihrem Besten sei, und gewinnt Saturno für sein Vorhaben aus Spiel Ernst werden zu lassen, indem er an dessen Künste als Magier appelliert. Anstaltsleiter und Saturno verschwören sich zu einem kalkülhaft eingesetzten Spiel gegen María, damit sie die Irrenanstalt nicht mehr verlassen kann. Für María, die unter diesen, ihr nicht bekannten Voraussetzungen verzweifelt, im Grunde von vornherein erfolglos um ihre Freiheit kämpft, wird das Spiel zum bitteren Ernst.

3.1.3 Zeitgestaltung des Erzähldiskurses

Entwicklung und Lösung des Basiskonfliktes zwischen Spiel und Ernst bestimmen Handlungssukzession und Strategie des Diskurses in dieser Erzählung, die im Wesentlichen durch zwei Prinzipien geprägt sind: Zum einen folgt die Dreisträngigkeit der Handlung dem *triadischen Modell*, zum anderen wird auf Diskursebene der zeitlich zum María-Strang parallel laufende Saturno-Strang als Rückblende *und* Einschub in die Erzählung integriert. Auf der Ebene der Erzählzeit ist eine nahezu gleiche Verteilung von ca. sechs Seiten pro Handlungsstrang (vgl. Skizze auf der nächsten Seite) zu erkennen, sodass sich folgende Anordnung der Erzählstränge auf Diskursebene ergibt:

Erzählstränge in »›Ich bin nur zum Telefonieren gekommen‹«:

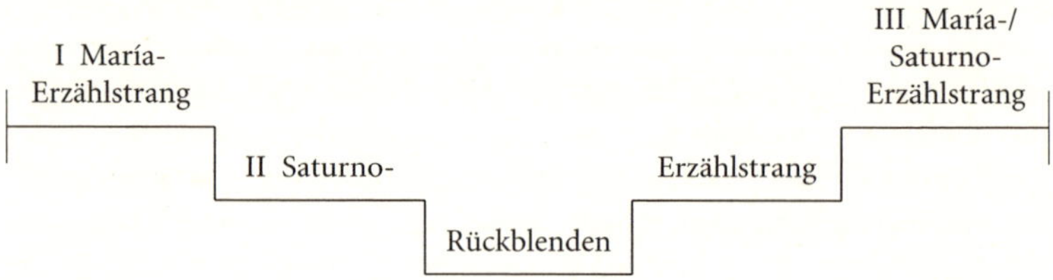

Eine solche Systematik des Erzählens mit chronologischer Inversion zeitigt Konsequenzen für die Gestaltung der Zeitverhältnisse innerhalb der Erzählung. Die erzählten Geschehnisse erstrecken sich als erzählte Zeit über einen Zeitraum von ungefähr siebeneinhalb Jahren, von denen allein fünf in der Rückblende extrem gerafft und circa zwei Jahre im epilogähnlichen Schluss nahezu ausgespart werden. Somit ergibt sich eine Konzentration auf den ersten und dritten Erzählstrang, während der Erzähler im zweiten über drei Beziehungen Marías zu verschiedenen Männern und eine flüchtige, konsequenzenreiche Bekanntschaft berichtet, die das Handlungs- und Motivationsfundament sowie die Determinierung für die beiden umschließenden Erzählstränge bilden. In der Rückblende wird schwerpunktartig nicht nur das nachgeholt, was durch den in-medias-res-Erzähleingang ausgespart geblieben ist, sondern der Handlung auch ein motivischer Zusammenhang verliehen, weil die zweite Rückblende (104 f.), die den erneuten Ausbruch der Eifersucht Saturnos Grund legt, zeitlich bis in den dritten Erzählstrang mit dem folgenschweren Entschluss Saturnos, María zu verlassen, hineinragt.

Das ausgeglichenste Verhältnis zwischen erzählter Zeit und Erzählzeit lässt sich im ersten Erzählstrang erkennen. Hier wird auf knapp sechs Seiten in ausgewählten Episoden Marías Fahrt in die Irrenanstalt bis zur Aufnahme als Heiminsassin ungefähr sieben Stunden später dargestellt, um den abrupten Übergang Marías von ihrer bislang gekannten Welt der Zauberei, Magie und Illusion (Welt 1) in die Welt des Sanatoriums (Welt 2), in der ein anderes Ordnungssystem herrscht, mit aller verfremdenden Wucht darzustellen. Der dritte Erzählstrang gibt anhand ausgewählter Episoden Marías ihren etwa vier Monate währenden Prozess der Eingewöhnung in das Anstaltsleben und zugleich ihre Versuche wieder, Kontakt mit Saturno aufzunehmen. Er gipfelt in der dramatisch gestalteten Auseinandersetzung zwischen den Eheleuten (112).

3.1.4 Leitmotive und ›Bedeutungsrückung‹ als Verfremdung

Von entscheidender Bedeutung erweist sich angesichts dieser Zeitverhältnisse die Art und Weise des Erzählens, die den disparaten Episoden auf Diskursebene Zusammenhalt und Zusammenhang verleiht. Hierzu verwendet MÁRQUEZ zwei signifikante Leitmotive: Zum einen Marías stereotyp wiederholte Absicht, nur zum Telefonieren gekommen zu sein, zum anderen ihre Leidenschaft oder Sucht zu rauchen. Diese Leitmotive fungieren in der Erzählung als **poetische List**, als textinternes, engmaschiges Verweisungssystem, das entscheidende Stationen in der Entwicklung der Hauptpersonen markiert. Deshalb ist ihrer Verwendung in jeweils unterschiedlichen Kontexten nachzugehen, um ihre jeweilige Bedeutung nicht nur für Marías Veränderungsprozess bestimmen zu können, sondern auch für die zunehmende Desillusionierung Saturnos.

Beide Motive finden sich gehäuft in den beiden äußeren Erzählsträngen und konzentriert in der bedeutsamsten Episode der Rückblenden (104–106). Ihren Wunsch zu telefonieren trägt María verschiedenen Personen in unterschiedlichen Situationen vor. Zunächst dem Busfahrer[100], dann der **Frau von militärischem Aussehen, aber von sanftem Wesen** (95), die – nicht zum Anstaltspersonal gehörend – ihr freundlich bestätigt, dass es in der Pförtnerei ein Telefon gebe (96). Nachdem sich aber die Pforten des Anstaltsklosters hinter María geschlossen haben, bemerkt sie, dass weder die Oberin und Herculina (98) noch der Anstaltsleiter (100) und die Nachtwärterin (101) ihre verständliche Absicht ernst nehmen, sondern nur als Vorwand begreifen, um aus der Anstalt fliehen zu können. Der mittlerweile vom Anstaltsleiter aus vordergründigen Motiven als Obsession bezeichnete Drang zu telefonieren wird schließlich für Saturno zum willkommenen Anlass, María in der Anstalt endgültig zurückzulassen.

Damit gewinnt das Leitmotiv, telefonieren zu wollen, in funktionaler Abhängigkeit und Parallelität zur Handlungssukzession und zum Prozess, den María durchläuft, thematische Relevanz. Außerhalb der Irrenanstalt (Welt 1) bedeutet der Wunsch nach telefonischem Kontakt für María nichts anderes als die Absicht, Verbindung zu ihrem Mann aufzunehmen, um ihn über ihr Missgeschick zu informieren. Telefonieren beschränkt sich also zunächst auf den kommunikativen Austausch von Informationen. Innerhalb des Sanatoriums (Welt 2) jedoch verschiebt sich die Bedeutung des Wunsches entscheidend. Einerseits ist er für das Personal augenscheinlich der Grund für ihre Einlieferung, andererseits eine Metapher für die Absicht zur Flucht, eine Willensäußerung, in *die* Welt zurückzukehren, aus der María gekommen ist. Insofern muss die Formulierung **Ich bin nur zum Telefonieren gekommen** konnotativ erweitert, mit einer zusätzlichen Bedeutung versehen werden. Die eingeschränkte, denotative Bedeutung erfährt eine *Verfremdung* und damit eine Zusatzbedeutung, die das Telefonieren nicht mehr als Ziel, sondern als Mittel zum Zweck der Flucht denunziert. Über diese verfremdende Bedeutungsverschiebung wird sich María im Laufe ihres Zwangsaufenthaltes im Sanatorium sukzessiv klar und muss erfahren, dass sie eben nicht *nur* zum Telefonieren gekommen ist, sondern ironischerweise dazu, in einem Desillusionierungsprozess ihre Lebensbestimmung, ihre Selbstfindung, ihre Suche nach Glück, Ruhe und Zufriedenheit innerhalb der Welt der Irrenanstalt und nur auf sich allein gestellt fortzusetzen. Das Telefonieren erweist sich paradoxerweise für sie als unüberwindbare Barriere, in ihr altes Leben, in die Welt der gewohnten Magie und Illusionserzeugung zurückzukehren.

Einem ähnlichen Verfremdungsprozess als ›Bedeutungsrückung‹ ist das zweite Leitmotiv unterworfen. Schuf während der Busfahrt das Rauchen Geborgenheit, Wärme und Zuversicht, so wird es in der Irrenanstalt zum Objekt eines existenziell bedeutsamen Handels. Zigaretten und Rauchen schaffen eine Atmosphäre des Vertrauens, der Gemeinsamkeit. Um diese Bedeutung weiß auch der Anstaltsleiter, als María zu Beginn ihres Gesprächs mit ihm um eine Zigarette bittet: **Er gab sie ihr schon angezündet und schenkte ihr das fast volle Päckchen.** (99) Anders jedoch als während der Busfahrt zur Irrenanstalt wird diese Geste instrumentalisiert um Probleme, Konflikte oder gar Widerstand gegen ihren erzwungenen Aufenthalt im Sanatorium erst gar nicht aufkommen zu lassen. Wie schon ihre angebliche **Obsession zu telefonieren,** so werden auch die Zigaretten zum handelbaren Tauschobjekt. Die dadurch hervorgerufene Zusammen- und Engführung der beiden Leitmotive[101] darf jedoch nicht darüber hinwegtäuschen, dass sie in der Erzählung entgegengesetzte Funktionen besitzen. Während die Absicht zu telefonieren gerade nicht dazu führt, die Verbindung zwischen María und der Außenwelt und damit zu Saturno wiederherzustellen, wird ihre Versorgung mit Zigaretten zur einzigen Verbindung zwischen den beiden strikt voneinander getrennten Welten des Sanatoriums und der Saturnos. Denn selbst nach dem endgültigen äußeren Bruch zwischen den Eheleuten bringt er María weiterhin Zigaretten.[102]

Aber auch im zweiten Teil der Rückblende finden sich im Saturno-Handlungsstrang (104–106) in kompakter, nachgerade enggeführter Form die Leitmotive des Rauchens und Telefonierens. Die Art, in der der Schaufensterdekorateur María Feuer gibt und wie sie sich bei einem Wiedersehen nahezu eng vertraut begrüßen, nährt Saturnos Verdacht, **daß sie sich heimlich getroffen hatten** (104), sowie seine **unbarmherzige Hellsicht der Eifersucht** (104). Um die wahren Gründe für Marías Verhalten aufzudecken, wählt er nach ihrem Verschwinden nicht nur mehrmals erfolglos die Telefonnummer des Eindringlings, sondern ruft später, als er die Beherrschung verloren hat, **in alphabetischer Reihenfolge alle Bekannten in Barcelona an.** (105) Saturnos tatsächliche, nicht behauptete Telefonobsession steigert sich zu Eifersuchtsdelirien, an deren Ende sein Entschluss steht, María endgültig zu vergessen.

3.1.5 Selbstfindung und Selbstgenügsamkeit in der Fremde

Die zentrale Bedeutung der Leitmotive sowohl für die Handlungs- als auch für die Diskursebene zeigt, dass sie die Kohärenz der Erzählung in erzähltechnisch-syntagmatischer wie in semantisch-paradigmatischer Hinsicht zu gewährleisten vermögen. Dies gründet vor allem darin, dass das Motiv zu telefonieren an entscheidenden Stationen in der Darlegung des Erkenntnis- und Verfremdungsprozesses der Hauptprotagonistin María de la Luz Cervantes verwendet wird. Die wichtigsten Stationen des Verstehensprozesses, den María durchläuft, werden von diesem Motiv nicht nur flankiert, sondern nachgerade interpunktiert und erhalten paradigmatische Bedeutung.

Ausgelöst wird Marías Erkenntnis- und Verstehensprozess durch den abrupten Eintritt in die Welt der Irrenanstalt, der sie völlig unvorbereitet trifft und sie sukzessive der Welt der Illusion, der Magie und des Spiels, in der sie bislang mit ihrem Mann Saturno lebte, entfremdet.[103] Nachdem María zweimal ihr Anliegen, nur telefonieren zu wollen, vorgetragen und die Oberin des Sanatoriums ihren Namen auf der Liste der Neuangekommenen nicht gefunden hat, wird sich María der sie umgebenden Wirklichkeit erstmals bewusst, die sie nunmehr identifizieren kann.

> **Da vollzog sich etwas in Marías Kopf, das sie begreifen ließ, warum sich die Frauen aus dem Bus wie am Grunde eines Aquariums bewegten. In Wirklichkeit waren sie mit Betäubungsmitteln ruhiggestellt, und jener Schattenpalast mit den dicken gemauerten Wänden und den eisigen Treppen war in Wirklichkeit ein Hospital für Geisteskranke.** (98)

Über diese Identifikation des Ortes hinaus, an dem sich María befindet, ahnt sie bereits die Konsequenzen, die sich aus diesem ungewollten Wechsel in eine andere, für sie völlig fremde Welt ergeben. Ihr Wunsch zu telefonieren verliert hier seinen ausschließlich kommunikativen Charakter und wird vom Anstaltspersonal nicht nur als eine Äußerung psychischer Erkrankung, als Obsession aufgefasst, sondern liefert gar den entscheidenden Grund dafür, dass sie rechtens als Patientin in das Hospital gebracht worden ist. Voller Verzweiflung unternimmt María deshalb einen letzten Versuch, das Personal von ihrer Normalität zu überzeugen: ›**Um der Liebe Gottes willen**‹, **sagte sie.** ›**Ich schwöre Ihnen bei meiner toten Mutter, dass ich nur zum Telefonieren gekommen bin.**‹ (98)

Die dreifache Verwendung dieses Leitmotivs über eine Seite hinaus (97/98) signalisiert die Bedeutsamkeit der ersten Station des nunmehr in Gang gekommenen Prozesses, der sich als irreversibel herausstellen soll. Herausgerissen aus ihrer gewohnten Umgebung, ist der erste, radikale und von ihr nicht gewollte Bruch mit der Außenwelt vollzogen, da sie hinsichtlich der Erfüllung ihres Wunsches sowohl von der Oberin als auch vom Anstaltsleiter auf ungewisse Zeit vertröstet wird.

Über diesen äußeren Bruch hinaus vollzieht sich aber auch in María eine erste innere Distanzierung von der Welt des Gewohnten. Mithilfe der Zigaretten – dem zweiten Leitmotiv – und der professionellen Eigenschaft des Zuhören-Könnens gelingt es dem **Greis mit dem Schritt eines Sohlengängers** (99), sich Marías Vertrauen zu erschleichen. Sie erlebt nämlich zum ersten Mal in ihrem Leben, **von einem Mann verstanden zu werden, der ihr mit ganzer Seele zuhörte, ohne als Gegengabe zu erwarten, daß sie mit ihm schlief.** (100) Ihren Wunsch zu telefonieren allerdings verschiebt auch er hellsichtig und berechnend auf unbestimmte Zeit: **›Noch nicht, Königin‹, sagte er und gab ihr den zartesten Klaps auf die Wange, den sie je gespürt hatte. ›Alles kommt zu seiner Zeit.‹** (100)

Mit diesem gehäuften Einsatz des Telefonleitmotivs (allein sechs Mal) endet auch der erste Erzählstrang. Äußerlich wie innerlich getrennt von ihrem Mann und ihrer gemeinsamen Welt in Barcelona, steuert Marías Zwangsaufenthalt in der Irrenanstalt auf einen weiteren Höhepunkt zu, der aber erst nach der chronologischen Inversion, in der die Saturno-Parallelhandlung mit ihren Rückblenden erzählt wird, erreicht ist. Geschickt nutzt so der Erzähler die inzwischen verstreichende Zeit um den im dritten Erzählstrang folgenden Ereignissen Plausibilität zu verleihen.

Marías endgültiger innerer wie äußerer Bruch mit der mittlerweile der Vergangenheit angehörenden Illusions- und Magierwelt in Barcelona vollzieht sich in zwei Episoden. Etwa drei Monate nach ihrer Einlieferung in das Sanatorium ergibt sich für María zufällig und plötzlich die Möglichkeit, ihren Mann anzurufen. Saturno jedoch reagiert auf ihren Hilferuf mit abweisender Distanz: **Am anderen Ende der Leitung gab es ein kurzes erschrecktes Schweigen, dann spuckte die von der Eifersucht angeheizte Stimme ein Wort aus: ›Nutte!‹ Und legte abrupt auf.** (108 f.) Mit dieser radikalen und endgültigen Absage Saturnos an eine Fortführung seiner ehelichen Beziehung gerät María in Panik, weil sie erkannt hat, dass selbst das ersehnte Telefonat mit ihrem Mann nicht den gewünschten Erfolg zeitigte. Verzweifelt wird ihr nämlich klar, ohne jedoch die wirklichen Hintergründe zu kennen, **daß es nichts auf der Welt gab, zu dem sie nicht fähig gewesen wäre, um dieser Hölle zu entfliehen** (109). Darum missachtet sie vorsätzlich ihre moralischen Grundsätze und willigt in eine Liebesnacht mit der sie umwerbenden Nachtwärterin ein um den Preis, **daß ihr Mann eine Botschaft erhielt.** (109) Dieses entscheidende Telefonat zwischen der Nachtwärterin und Saturno freilich wird ausgespart, weil nicht dieses, sondern die aus ihm resultierenden Konsequenzen von Wichtigkeit sind.

Schon innerlich gebrochen, erwartet María schließlich ihren Mann. In einer dramatischen Szene vollzieht sich nicht nur der endgültige äußere Bruch zwischen den Eheleuten, sondern auch die letzte Erkenntnis Marías, dass es aus dem Sanatorium kein Entkommen mehr gibt. Der Wende- und Höhepunkt der Erzählung wird somit für María zur endgültigen Niederlage:

> **Mit entsetzten Augen starrte sie ihm in die Augen. Saturno versuchte es mit seinen Vorspiegelungskünsten. Er erzählte ihr, im kindlichen Ton der großen Lügen, eine versüßte Fassung der Prognose des Arztes. ›Kurz und gut‹, schloß er, ›es fehlen dir nur noch ein paar Tage, um völlig wiederhergestellt zu sein.‹ María begriff die Wahrheit.**
> **›Du lieber Gott, Hase‹, sagte sie fassungslos. ›Du glaubst doch nicht etwa auch, daß ich verrückt bin!‹**
> **›Wie kommst du darauf!‹ sagte er und versuchte zu lachen.**
> **›Es ist nur so, daß es für alle viel sinnvoller ist, wenn du noch eine Zeitlang hier bleibst. Unter besseren Bedingungen, versteht sich.‹**
> **›Aber ich habe dir doch schon gesagt, daß ich nur zum Telefonieren gekommen bin!‹ sagte María.** (112)

Diesem verzweifelten, von illusionsloser Endgültigkeit geprägten Aufschrei lässt María eine bewusst provozierte Verzweiflungstat folgen. Als sie nämlich den Verständnis signalisierenden Blickkontakt zwischen Saturno und Herculina auffängt, die bei diesem letzten Wiedersehen zugegen ist, klammert sich María **an den Hals ihres Mannes und schrie wirklich wie eine Irre.** (112) Mit dieser wohl kalkulierten Aktion hat María ihr Schicksal selbst besiegelt. Aus der sie umgebenden befremdenden Welt, der verfremdet dargestellten Wiedersehens-Szene erwächst die restlose, äußere wie innere Entfremdung zwischen den Eheleuten. Fortan nämlich meidet María jeden Kontakt zu Saturno, der schließlich seine Darbietungen im Hospital aufgibt, aber weiterhin **beim Portier des Hospitals die Zigarettenrationen** (113) für María hinterlässt, **bis ihn die Realität besiegte.** (113) María hingegen ergibt sich in ihr Schicksal, erscheint Saturnos Freundin später **höchst luzide** und **zufrieden in der Ruhe des Klosters.** (114)

Marías Entwicklungsprozess verläuft also vielschichtig und gewinnt seine volle sinnstiftende Dimension erst, wenn seine Ausgangs- und Endsituation differenziert untersucht werden. Syntagmatisch betrachtet, erfährt María einen Wechsel von der Welt Barcelonas (Welt 1) in die eines Hospitals für Geisteskranke (Welt 2). Dieser Übergang erfolgt abrupt, indem diese für sie fremde Welt nicht etwa in ihr Leben einbricht, sondern derart, dass sie diese unerwartet und ohne Vorbereitung in der Absicht zu telefonieren betritt. Dabei stellt sich für sie in einem Erkenntnisprozess über mehrere Stationen, die jeweils durch den Einsatz des Telefonleitmotivs gekennzeichnet werden, heraus, dass sie – paradigmatisch gesehen – in einen Selbstfindungsprozess eingetreten ist, der mit einer parallel laufenden Verfremdung korreliert. Nach der für sie schockierenden Erkenntnis, dass sie in ein Irrenhaus ›eingeliefert‹ worden ist, wächst im Laufe ihres Aufenthaltes ihre innere wie äußere Distanz zu dem Leben, das sie vorher führte. Die Spiel- und Zauberwelt, in der sie sich bislang mit ihrem Mann Saturno in Barcelona bewegte, wird abgelöst durch den Ernst der Unabänderlichkeit des Faktischen: Aus dem Sanatorium gibt es kein Entkommen.

Der Übergang von Spiel zu Ernst vollzieht sich – wie dargelegt – im Wesentlichen in zwei Etappen. Ausgangspunkt bildet Marías Unterhaltung mit dem Anstaltsleiter am Ende des ersten Erzählstrangs (99 f.), in der sie andere Verhaltensweisen von Männern erfährt als die, die sie bislang kennen gelernt hat. Den Umschlag von Spiel in Ernst begreift sie zunächst im von außen kommenden Telefonanruf, in dem sie eine fröhliche Stimme hört, **die sich damit vergnügte, die telefonische Zeitansage nachzuahmen.** (108) Als sie kurze Zeit später Saturno telefonisch erreicht, wird sie von ihm ohne jeden ironischen Unterton und mit ernster Verbitterung als **Nutte** beschimpft (109), weil er von ihrer erneuten Untreue überzeugt ist und seinen Desillusionierungsprozess mit der Entscheidung, María zu verlassen, bereits abgeschlossen hat, ohne dass seine Frau dies erahnen kann oder zu wissen vermag. Die daraus resultierende ernüchternde Erkenntnis führt dazu, dass María auf das unmoralische Angebot der Nachtwärterin zwangsweise eingeht, weil nur so eine letzte Chance für sie besteht, mithilfe Saturnos das Sanatorium verlassen zu können. Sie erkennt nämlich nicht nur, dass in der Welt des Sanatoriums andere Gesetze und Regeln herrschen als in der Welt draußen, es also zu einer Verschiebung des Ordnungssystems gekommen ist, sondern auch, dass sie **nie wieder dieselbe sein** (111) wird wie vor ihrem Zwangseintritt in die Anstalt für Geisteskranke. Aber auch dieser letzte, dramatische Versuch einer Rückkehr muss scheitern, weil ihr Mann im ernst gemeinten Spiel María in der Irrenanstalt zurücklassen will. Damit ist der äußere Bruch zur Welt der Magie vollzogen, und sie arrangiert sich mit ihrem Schicksal, das ihr neue Erkenntnisse und Selbstgenügsamkeit schenkt.

Was wie eine Ironie des Schicksals aufgefasst werden kann, gewinnt vor dem Hintergrund der in der Rückblende berichteten Ereignisse aber noch eine andere, durchaus kausale Dimension hinsichtlich des außergewöhnlichen Geschehens, in das eine weitere paradigmatische Ebene eingezogen wird. Weil nämlich Saturno schon mit dem Ende des zweiten Erzählstrangs den Entschluss gefasst hat, **María zu vergessen** (106), den Bruch mit María also bereits vollzogen hat und er sich allein weiß **in der weiten Welt ohne sie** (102), geht María in ihrem letzten Telefonat mit ihrem Mann[104] von völlig falschen Voraussetzungen aus. In Saturnos Beschimpfung holt die Vergangenheit María ein. Sie erfährt hier gleichsam die Bestrafung für ihren Hang zur Bindungslosigkeit, für ihre zahlreichen Affären mit anderen Männern, die sie – einschließlich Saturno – ohne schwer wiegenden Grund verlassen hat. So ist es nur konsequent, wenn ihr Mann an die Vergangenheit nicht mehr anknüpfen will und an einer Fortführung der ehelichen Beziehung nicht mehr interessiert ist. Darum muss auch das entscheidende, als Wendepunkt angelegte Gespräch zwischen den Eheleuten scheitern. Der danach abrupt vollzogene innere wie äußere Bruch mit der Welt draußen bedeutet Marías endgültigen Abschied von ihrem bisherigen Leben, das sie später auch **luzide** (114) begreift.[105]

3.1.6 Rekurrenzen und Leitmotivtechnik als List der Poesie

Die beiden Leitmotive des Rauchens und Telefonierens sowie ihre Distribution können als strukturbildende Diskursprinzipien der Erzählung bezeichnet werden, durch die gleichzeitig ihre Doppeldeutigkeit, ihre Ambiguität erkennbar wird. In entscheidenden Stationen jeweils auf Welt 1 und Welt 2 bezogen, ergeben sie ein dichtes und aussagefähiges Korrespondenzgeflecht. Evoziert das gemeinsame Rauchen Marías mit der Begleiterin im Omnibus und im Gespräch mit dem Anstaltsleiter eine entspannte Atmosphäre, Dankbarkeit und Verständnis, so entfacht es in Saturno rasende Eifersucht, weil er sich in seinem Verdacht bestätigt fühlt, dass María wieder eine neue Beziehung eingegangen ist. Bedeutet Marías Verlangen zu telefonieren für das Anstaltspersonal einen sicheren Anhaltspunkt dafür, dass sie begründet in das Sanatorium eingewiesen worden ist, so leidet Saturno wahrlich unter einer Telefonobsession, als er Marías Aufenthaltsort nicht ermitteln und ihr Schicksal nicht in Erfahrung bringen kann. Überlässt María ihrer Begleiterin im Omnibus aus Dankbarkeit für die Mitfahrgelegenheit die nasse Zigarettenschachtel, ohne zu ahnen, dass sie mit dieser Geste Abschied von der Welt 1 genommen hat, so versucht der Anstaltsleiter mit dem gleichen Geschenk, Marías Eintritt in die Welt 2 zu erleichtern und ihr Vertrauen zu gewinnen.

Führt Saturnos zerstörerische Telefonobsession letztlich dazu, dass er in Barcelona noch am selben Abend, an dem María von ihrer Kurzreise nicht in die gemeinsame Wohnung zurückkehrt, seine Beziehung zu ihr beendet, so glaubt María im Sanatorium bis zum für sie bitteren Höhe- und Wendepunkt, mit dem durch ein Telefonat bewirkten Erscheinen ihres Mannes aus der Hölle der Irrenanstalt entkommen zu können. Anfang und Ende ihrer Beziehung werden ebenfalls durch eine leitmotivische Rekurrenz korrespondierend zueinander in Beziehung gesetzt. Während sie nach der geplatzten Vermählung mit einem Witwer ausgelassen feiert (**Sie machte das Spiel mit.** 103), um zunächst der sie belastenden, unangenehmen Wirklichkeit die Illusion flüchtigen Glücks entgegenzusetzen, lässt sich Saturno bei seinem Wiederbegegnungsgespräch in der Irrenanstalt gezielt auf das Spiel mit der Telefonzwangsvorstellung ein, auf das María mit der endgültigen Trennung von ihrem Mann reagiert. Und selbst das Ende der Ehe wird mit einer Rekurrenz auf die Beziehung zwischen Marías Vergangenheit und ihrer Zukunft angedeutet. Als nämlich María zu Saturno zurückkehrt, trägt sie eben jenes Kleid **mit dem Orangenblütenkranz und der langen duftigen Schleppe einer jungfräulichen Braut** (102), das sie zum anberaumten Termin für die kirchliche Trauung mit ihrem dritten Mann getragen hat. Dieses Kleid markiert nicht nur den Beginn seiner zweiten Beziehung zu María, sondern auch deren Ende, denn in der Nacht nach ihrem Verschwinden hatte er **einen *sumpfigen Traum,* in dem er María mit einem zerfetzten und blutbespritzten Brautkleid sah** (102), und María erwacht – parallel zu Saturnos Traum – am ersten Morgen in der Heilanstalt **ohnmächtig *im Sumpf* ihrer eigenen Notdurft** (99) (Hervorhebungen d. Verf.).

3.2 »Die Spur deines Blutes im Schnee«

Nichts in dieser 1976 geschriebenen Erzählung lässt sich plausibel mit den Gesetzen der Natur oder der Kausalität erklären: nicht die sich rasch abkühlende animalisch-triebhafte Liebe zwischen dem Brautpaar aus der Karibik, nicht Nena Dacontes Tod, die, an das Missgeschick Dornröschens erinnernd, am Stich einer Rose in einem Pariser Krankenhaus trotz der Bemühungen ärztlicher Kapazitäten verblutet, nicht die Hilflosigkeit des orientierungslos in der französischen Metropole umherirrenden Billy Sánchez auf der Suche nach dem Krankenhaus, in das er seine junge Frau gebracht hat, nicht die befremdliche Hartnäckigkeit, mit der er in der kolumbianischen Botschaft abgewiesen wird, und schon gar nicht der unwahrscheinliche Zusammenfall der Ereignisse, dass nämlich die Totenfeier für seine Frau **am Sonntag um zwei Uhr nachmittags statt[fand], nur zweihundert Meter entfernt von dem schäbigen Hotelzimmer, wo Billy Sánchez vor Einsamkeit und Sehnsucht nach Nena Daconte verging.** (221)

3.2.1 Der Weg in die Katastrophe

Auf der Handlungsebene ähnlich strukturiert wie die Erzählung »›*Ich bin nur zum Telefonieren gekommen*‹«, vollziehen sich die unwahrscheinlichen Ereignisse, die das Brautpaar erlebt, in sieben Etappen oder Stationen, die eine klare Parallelität im chronologisch rekonstruierten Handlungsaufbau wie in der vorgenannten Erzählung aufweisen. Verliefen dort die drei unterscheidbaren Handlungsstränge zunächst zeitlich parallel, um schließlich gemeinsam fortgeführt zu werden, so ist hier die umgekehrte Reihenfolge festzustellen: Nach der gemeinsamen Autoreise von Madrid nach Paris trennen sich die Wege der Brautleute. Während Nena von ihrem Bräutigam ins Krankenhaus gebracht wird und dort zwei Tage nach ihrer Einlieferung stirbt, begibt sich Billy Sánchez etappenweise auf eine siebentägige Odyssee durch die französische Metropole, bis er im Hospital über das Schicksal seiner Frau informiert wird, ohne allerdings die Zusammenhänge zu begreifen. Um diesen Prozess in seiner Entwicklung transparent zu machen, sollen die Handlungsstränge in der Deskription sowie der folgenden Strukturskizze (auf S. 84 dieser Arbeit) differenzierter als bisher segmentiert werden, sodass ihre Zusammenhänge klar zu erkennen sind.

Im ersten Handlungssegment oder der ersten Mikroerzählung (ME 1) schildert der Erzähler in fast schon gewohnter in-medias-res-Technik, unter welchen Umständen die Jungvermählten Nena Daconte und Billy Sánchez die spanisch-französische Grenze bei Hendaye an einem trüben Januarabend passieren und wegen des blutenden Fingers der Braut eine geöffnete Apotheke auf französischer Seite suchen, um ihn verbinden zu können. Während der Weiterfahrt schläft Nena ein. In der folgenden Episode (ME 2) werden in einer geschickt eingeschobenen Rückblende wesentliche Voraussetzungen ihres kurzen gemeinsamen Weges, wie das Wiedersehen zwischen dem ›Banditen‹ Billy Sánchez und der ›höheren Tochter‹ Nena Daconte, ihre explosiv ausbrechende Leidenschaft füreinander, ihre Hochzeit und ihr Hochzeitsflug von Cartagena de Indias (Kolumbien) nach Madrid, nachgeholt.

In Paris angekommen, bringt Billy seine stark am Ringfinger blutende Frau in ein Krankenhaus und taucht in die für ihn völlig fremde Welt der französischen Hauptstadt ein (ME 3). Einsam und isoliert von der karibischen Heimat, wartet er in einem billigen Hotel auf den kommenden Dienstag, den Besuchstag im Krankenhaus, an dem er seine Frau wieder zu sehen hofft, und gibt sich erregenden Reminiszenzen an seine Mutter in der Heimat hin (ME 4). Völlig verzweifelt und von Sehnsucht gepeinigt, versucht er nach einigen Tagen gewaltsam in das Krankenhaus einzudringen und wendet sich aufgrund seines Misserfolges schließlich an die Botschaft seines Heimatlandes (ME 5), in der er sich von einem Botschaftsangehörigen maßregeln lassen muss. Am Besuchstag findet er sich im Krankenhaus ein (ME 6), wo ihm die Umstände über Nenas Tod mitgeteilt werden (ME 7).

Wie die dargestellte schematische Anordnung der drei Handlungsstränge sowie der sieben Handlungssegmente deutlich macht, konzentriert

Billy-Nena-Handlungsstrang

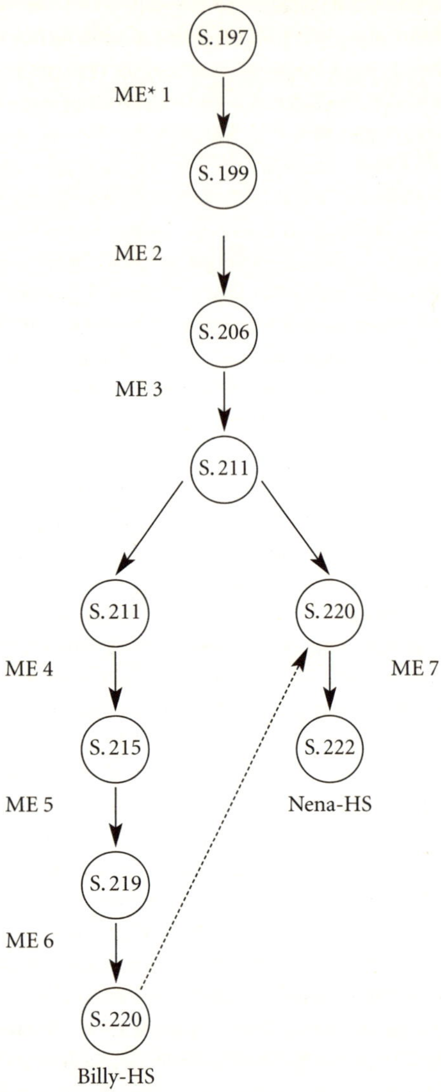

* ME = Mikroerzählung

sich die erzählte Geschichte überwiegend auf die Figur Billy Sánchez, da die Aktionsmöglichkeiten seiner Frau nach ihrer Einlieferung in ein Pariser Krankenhaus naturgemäß äußerst eingeschränkt sind und ihr zwei Tage später eintretender Tod ihren Mann einsam und allein in der fremden Hauptstadt zurücklässt. Damit gewinnt auch die relativ umfangreiche letzte Mikroerzählung Plausibilität, da hier retrospektiv und in geraffter Form über Nenas Schicksal berichtet wird.

3.2.2 Das ungleiche Paar: Billy Sánchez und Nena Daconte

Strikter noch als in den anderen Erzählungen der *Zwölf Geschichten aus der Fremde* reduziert sich das Personal nahezu ausschließlich auf die beiden noch jugendlichen Hauptfiguren. Die knapp 18-jährige **Nena Daconte war fast noch ein Kind; sie hatte die Augen eines glücklichen Vogels und eine Melassehaut, die noch in der düsteren Dämmerung eines Januarabends die Gluthitze der Karibik ausstrahlte.** (197) Als Tochter einer der ersten Familien der Stadt Cartagena de Indias hat sie ein Schweizer Internat besucht, spricht vier Sprachen, verkörpert exotische Schönheit und strahlt herausfordernde Sinnlichkeit sowie sexuelle Attraktivität aus, die auch in der Art ihres Saxophonspiels derart zum Ausdruck kommt, dass sie **den Rock bis zu den Oberschenkeln gerafft, die Knie gespreizt und mit einer Sinnlichkeit [spielte], die nicht zum Wesen der Musik zu gehören schien.** (202 f.)

Die Grenzpolizisten sehen in Nena eine **Zaubererscheinung** (198) und ihr Mann Billy verzehrt sich in seinem Pariser Hotel nach dem **Wunderwesen** (213), dem somit in direkter Art als auch durch Fremdspiegelungen ein unwirkliches, wunderbares, ja märchenhaftes Wesen zugeschrieben wird. Ihre außergewöhnliche Schönheit wird von denjenigen verbürgt, die Gelegenheit hatten, sie nach dem Tod zu sehen, und die versicherten, **daß sie nie eine schönere Frau gesehen hätten, weder tot noch lebendig.** (222) Und auch der Stich durch den Dorn einer Rose erweckt Assoziationen an die Märchenfigur Dornröschen.

Ihr ein Jahr jüngerer, ebenso schöner, aber noch infantiler, unreifer Bräutigam war im **Gegensatz zu seiner Frau […] groß und athletisch und hatte die eiserne Kinnlade schüchterner Schläger.** (197) Wie Nena aus einer sehr angesehenen Familie stammend, ging ihm aufgrund rücksichtslos ausgeübter Gewalttaten ein **traurige[r] Ruf als Schlägertyp** (202) voraus, hinter dem sich jedoch für Nena ein **erschrockenes und zärtliches Waisenkind** (202) verbarg. Sie hatten dieselbe Grundschule besucht und **auf Geburtstagsfeiern gemeinsam manche Piñata zerschlagen.** (200)

Nach Nenas Rückkehr aus dem Schweizer Internat kommt es zu einem überraschenden Wiedersehen zwischen den beiden in ihrer Heimatstadt, das ausschließlich von eruptiv ausbrechender Sinnlichkeit und gegenseitiger Provokation geprägt ist. Nachdem sich Nena in einer Strandkabine entkleidet hat, dringt Billy im Stile eines römischen Gladiators mit Brachialgewalt in die Kabine ein.

> Nena Daconte blieb aufrecht und reglos stehen und tat nichts, um ihre völlige Nacktheit zu verbergen. Billy Sánchez vollführte also sein jungenhaft einfältiges Ritual: Er zog die Leopardenhose herunter und zeigte ihr seinen respektablen aufgerichteten Stecken. Sie sah gerade und ohne Erstaunen hin.
> ›Ich habe schon welche gesehen, die waren größer und steifer‹, sagte sie und bezwang ihre Angst. ›Überleg also gut, was du tust, bei mir mußt du noch besser sein als ein Neger.‹ (200 f.)

Mit dieser krud-naturalistisch geschilderten Wiederbegegnungsszene beginnt ein Liebesverhältnis zwischen den beiden, das ausschließlich von hemmungsloser, wild-animalischer Triebhaftigkeit geprägt ist, eine *amour fou*, in der Nena offenbar ihrer bislang unterdrückten Sexualität freien Lauf lässt und Billy Zug um Zug sein Banditendasein auf- und sich nur noch seiner Leidenschaft für Nena hingibt.[106]

3.2.3 Diskursanordnung

Gleichwohl konzentrieren sich die Handlungsstränge der Erzählung nicht ausschließlich auf die Darstellung der sich rasch entwickelnden Liebesbeziehung zwischen den beiden. Denn deren triadische Anordnung wird auf der Diskursebene so vorgenommen, dass die in der karibischen Heimat liegenden Voraussetzungen für die in Frankreich eintretende Tragödie in der zweiten Mikroerzählung als Rückblende episch integriert werden. Ebenfalls als chronologische Inversion wird der Bericht des asiatischen Arztes (siebte Mikroerzählung) über das Schicksal Nena Dacontes eingefügt, der die Ereignisse gleichsam im Stile einer Kriminalerzählung als Auflösung des Falles abschließt, ohne allerdings Gründe für Nenas rätselhaften Tod anzuführen. Diese zweifache zeitliche Umstellung bewirkt eine Konzentration des auktorialen Erzählers auf diejenigen Mikroerzählungen, in denen zunächst die gemeinsame Fahrt der Jungvermählten von der spanisch-französischen Grenze nach Paris und dann Billys Konfrontation mit den ihm unbegreiflichen Lebensumständen in der Metropole dargestellt werden.

Vergleicht man die Anordnung der Handlungsstränge auf der Ebene der Geschichte mit der der Erzählstränge auf Diskursebene, so ergibt sich das höchst aufschlussreiche Resultat, dass aus dem dreigliedrigen, triadischen Handlungsgefüge eine homologe Anordnung im Erzähldiskurs wird. Steht die im zeitlichen Vorgriff geschilderte Abkühlung der Liebe zwischen den Jungvermählten auf dem Weg in die französische Hauptstadt (ME 1/3) im polaren Gegensatz zur leidenschaftlich ausgelebten Sexualität in der Karibik (ME 2), so wird Billys Entfremdung in Paris (ME 4–6) durch Nenas Tod bis zur Katastrophe und damit zur endgültigen physischen Trennung der beiden gesteigert (ME 7). Somit verhalten sich die ersten beiden Erzählstränge in ähnlicher Weise zueinander wie die folgenden. Während dort ein klarer Gegensatz zu erkennen ist, lässt sich hier eine Steigerung vom ›Absterben‹ der karibischen Mentalität bis zum physischen Tod Nena Dacontes in den homolog angeordneten Erzählsträngen nachweisen. Diese Anordnung markiert auch die Erzählschwerpunkte in der Geschichte.

Schematisch gesehen, ergibt sich für die Diskursanordnung der Handlungsstränge und Mikroerzählungen folgendes Bild:

Erzählstränge:

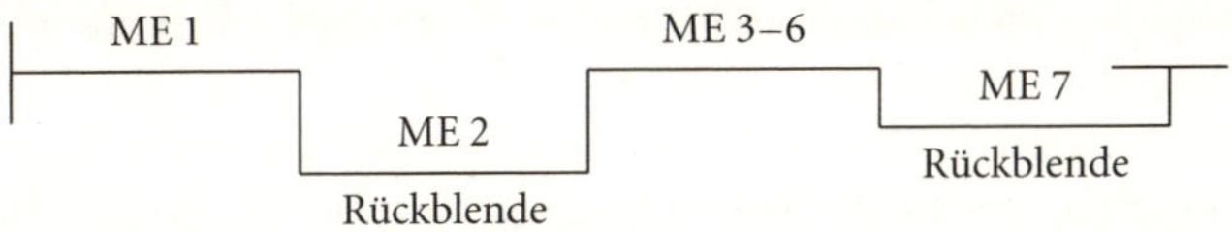

Auf der Ebene der Erzählgegenwart erstrecken sich damit die Handlungen über die erste und die dritte bis sechste Mikroerzählung, in denen die Fahrt und der Aufenthalt in Paris geschildert werden. Die beiden Rückblenden erfüllen im Hinblick auf die Chronologie des Geschehens unterschiedliche Funktionen. Während in der ersten (ME 2) die unabdingbare Grundlage, das Fundament und die Verstehensbasis für die spätere Entwicklung auf der Fahrt nach Paris gelegt werden, holt der Bericht des asiatischen Arztes in der zweiten Rückblende (ME 7) diachron das nach, was synchron zu Billys Irrgängen in der französischen Metropole zur gleichen Zeit mit Nena im Krankenhaus und nach ihrem Tod geschehen ist.

Der Erzähleingang markiert dabei nicht nur den Beginn des Diskurses, sondern zugleich die Grenze, den Wendepunkt einer Entwicklung, die drei Monate vorher in Lateinamerika begonnen hat. Denn mit dem Übergang vom mediterranen Spanien zum als kalt empfundenen Frankreich, der bedeutungsschwer und geschickt als Grenzüberschreitung gestaltet wird, vollzieht sich ein radikaler Wechsel, ein tief greifender Umschwung, der beider Leben von Grund auf verändern sollte. Ausgangs- und Endpunkt der Handlung stehen also in einem starken Kontrast zueinander.

3.2.4 Zwei Lateinamerikaner im kalten Europa

Nicht zufällig wird die Erzählung mit einer scheinbaren Nebensächlichkeit eröffnet – mit Nenas blutendem Ringfinger. Damit ist ein märchenhaftes Motiv apostrophiert, das signifikante Relevanz für die gesamte Erzählung gewinnt. Weil nämlich die Blutung nicht nur Zeichen für eine eigentlich geringfügige Verletzung ist, sondern als Mehrfachkodierung gesehen werden muss, wird dieses Motiv an exponierten Stellen eingesetzt.

Lässt sich der Blutfluss kurz nach der Grenze in Frankreich noch relativ problemlos eindämmen, so wird er mit zunehmender Distanz vom Ausgangsort Madrid immer heftiger. Hinter Orléans blutet der Finger von neuem, **so daß Nena Daconte den Arm aus dem Fenster hinaushängen ließ, überzeugt, daß die eisige Luft der Äcker das Blut stillen würde.** (208) Dies aber erweist sich als vergeblicher Versuch. Und als sie die Pariser Vororte erreichen, **wurde der Finger zu einem uneindämmbaren Blutquell, und sie hatte wirklich das Gefühl, daß ihre Seele durch die Wunde entwiche.** (208)

Mit dieser vom Erzähler selbst vorgenommenen Bedeutungszuweisung und -erweiterung wird die blutende Wunde in eine Dimension gerückt, die über den unmittelbaren Zusammenhang des Geschehens hinausgeht. In der Kälte der Winternacht erlischt die karibische Glut in Nena Daconte, wird ihr sexuelles Begehren abgetötet und stirbt ihre kurze, leidenschaftliche Liebe. Denn kurz vor Paris verweigert sie sich erstmals im Laufe der Beziehung ihrem Mann, der mit ihr im Schnee schlafen will.

> **Das einzige, was sie in diesem Augenblick bedauerte, war, daß sie eine ganze Nacht ohne Liebe vertan hatten. Die Antwort ihres Mannes kam ohne Zögern.**
> **›Ich habe gerade daran gedacht, daß es toll wäre, im Schnee zu bumsen‹, sagte er. ›Gleich hier, wenn du willst.‹** [...]
> **›Es ist besser, bis Paris zu warten‹, sagte Nena Daconte. ›Schön mollig und in einem Bett mit sauberen Laken, wie verheiratete Leute.‹**
> **›Es ist das erste Mal, daß du mich zurückweist‹, sagte er.**
> **›Klar‹, sagte sie. ›Es ist ja auch das erste Mal, daß wir verheiratet sind.‹**
> (207 f.)

Dieser prononciert geführte Dialog enthüllt die vollständige Dimension des sich um den blutenden Finger rankenden Geschehens. Nicht nur wird damit der unerklärliche Tod Nena Dacontes angekündigt, sondern darüber hinaus das Absterben der lateinamerikanischen Mentalität. Billys Abschied von seiner Frau im Krankenhaus umweht schon der Hauch des Todes, als er die Hand Nenas ergreift, die **sich schlaff und kühl anfühlte. Auch aus ihren Lippen war alle Farbe gewichen** und sie **schenkte ihrem Mann ein blei-**

ches Lächeln. (210) Die von dem Brautpaar in Kolumbien exzessiv ausgelebte animalisch-triebhafte Liebe ist im kalten Frankreich ebenso erloschen wie die Freiheit, zu jeder Zeit das Gewünschte, nicht das Nützliche zu tun. An die Stelle gefühlsbetonter, heißblütig bestimmter Aktionen ist vernunftgeleitetes Handeln getreten.[107]

3.2.5 Die Zerstörung des Wunderbaren als Verfremdung

Mit Beginn der vierten Mikroerzählung (211–215) wird das handelnde Personal nahezu ausschließlich auf Billy Sánchez reduziert, dessen orientierungsloses, kopfloses Agieren zum Gegenstand der drei folgenden Handlungssegmente wird. Denn mit der Einlieferung Nena Dacontes in das Krankenhaus hat die Erzählung nach der Grenzüberschreitung von Spanien nach Frankreich erneut einen Wendepunkt erreicht, nach dem nicht mehr das gemeinsame Schicksal der Brautleute, sondern nur noch die zunehmende Entfremdung des Bräutigams im für ihn unbegreifbaren Paris zum Zentrum des Geschehens wird. Dieser Prozess vollzieht sich in mehreren Etappen und erstreckt sich auf unterschiedliche Situationen. Steht Billy zum einen der Bewältigung alltäglicher Situationen im Hotel, im Restaurant und auf den Straßen von Paris völlig hilflos gegenüber (ME 4), so wird er in Begegnungen mit den Menschen im fremden Land völlig desillusioniert (ME 5). Mehr noch: Er muss erfahren, dass die von ihm in seiner Heimat praktizierten Verhaltensweisen sich gegen ihn wenden und er somit seine Identität verliert. Derart seiner gewohnten Lebensweise beraubt, wird seine endgültige Niederlage im Krankenhaus vorbereitet (ME5).

Zunächst hat er nach dem Verlassen des Hospitals **keine Ahnung, was er mit sich selber anfangen sollte.** (211) Die Unbegreifbarkeit der ihn umgebenden Wirklichkeit beginnt im spartanisch eingerichteten Hotel Nicole, das eher einer Absteige gleicht und mit dem gebuchten Luxus-Hotel Plaza-Athénée nichts gemein hat. Die sterile, antiseptisch empfundene Atmosphäre ähnelt der einer Klinik. **Das Ganze war schlimmer als alt, nämlich geizig, aber doch sehr sauber und hatte einen gesunden Hauch eben eingenommener Medizin. Billy Sánchez hätte das ganze Leben nicht ausgereicht, die Rätsel dieser auf das Talent der Knauserigkeit gegründeten Welt zu entschlüsseln.** (212)

Auf völliges Unverständnis stoßen bei ihm das Pariser Parksystem sowie der gut gemeinte Ratschlag des Hotelportiers, das ihm unter die Windschutzscheibe seines Autos gesteckte Strafmandat zu bezahlen. Vor dem Hintergrund seines Verhaltens in der Heimat erweisen sich für ihn solche **rationalistischen Kniffe [...] als unbegreiflich, der noch vor kaum zwei Jahren mit dem Dienstwagen des Oberbürgermeisters in ein Vorstadtkino**

eingedrungen war und im Beisein unbeeindruckter Polizisten Menschen lebensgefährlich verletzt hatte. (214) In scharfer Opposition zu seinen Gepflogenheiten, bei denen er einen Rechtsbruch oder ein gesetzwidriges Verhalten nicht zu erkennen vermochte, beugt er sich dem fremden Ordnungssystem, erlebt die vergangene Wirklichkeit des prallen, sinnlichen Lebens nur mehr als bloße Reminiszenz[108] und entdeckt die drohende Entfremdung seiner existenziellen Identität.[109]

Über die Fremdheit der ihn völlig verunsichernden Umgebung hinaus muss Billy Sánchez in zwei Begegnungen, denen eigens ein separates Handlungssegment (216–219) zugewiesen wird, ihn demütigende Erfahrungen machen, die ihn vollends seiner karibischen Lebens- und Denkweise entfremden. Die erste Niederlage erlebt er, als er versucht, am Freitag vor dem einzigen Besuchstag der Woche durch den Hintereingang in das Krankenhaus einzudringen, in dem Nena Daconte um ihr Leben kämpft. In gewohnt arroganter Manier hat er für einen Wärter, der sich ihm in den Weg stellt, nur Verachtung übrig und unterschätzt dessen körperliche Widerstandskraft.

> **Billy Sánchez versuchte, ihn mit einer Kettenschlägerbewegung abzuschütteln, worauf der Wärter auf französisch einen Fluch auf seine Scheißmutter ausstieß, ihm mit einem gekonnten Klammergriff den Arm auf den Rücken drehte und Billy Sánchez, der fast schwebte und außer sich war vor Schmerz, unter tausend Verfluchungen seiner Scheißhurenmutter zur Tür schleppte und ihn wie einen Sack Kartoffeln mitten auf die Straße warf.** (216)

Diese für ihn überraschende Reaktion des Wärters ist umso demütigender, als er sich nicht nur am Morgen vorgenommen hat, **sein Leben selber in die Hand zu nehmen** (215), sondern auch gerade durch diejenigen Mittel darin gehindert wird, zu seiner Frau zu gelangen, die er in seiner Heimat erfolgreich angewendet hat. Billy Sánchez versteht zum ersten Mal, dass er mit seiner Lebensphilosophie und seiner Art, Probleme zu lösen, in der Fremde kläglich scheitert, ja diese sich sogar gegen ihn wendet.

Auch sein zweiter Versuch, die Wartezeit bis zum Besuchsdienstag abzukürzen, endet mit einer herben Ernüchterung. Als er sich daran erinnert, was Nena Daconte in seiner Situation getan hätte, sucht er nach einem erfolglosen Telefonat mit der Botschaft seines Landes diese auf, in der er einem Beamten begegnet, der nicht die Mentalität seiner Landsleute besitzt, sondern gänzlich die Lebens- und Denkweise des Gastlandes übernommen hat. Billy Sánchez wird in sanfter, aber unmissverständlicher, keinen Widerspruch duldender Art darauf hingewiesen, seine Absichten aufzugeben.

> **Er hatte Verständnis für Billy Sánchez' Unruhe, rief ihm jedoch, ohne seine Sanftmut zu verlieren, in Erinnerung, daß sie sich in einem zivilisierten Land befänden, dessen strenge Vorschriften auf uralten und weisen Einsich-**

ten beruhten, im Unterschied zum barbarischen Amerika, wo man nur den Portier zu bestechen brauchte, um in ein Krankenhaus eingelassen zu werden. ›Nein, mein lieber junger Herr‹, sagte er. Es bleibe nichts anderes übrig, als sich der Vernunft zu beugen und bis zum Dienstag zu warten. (217 f.)

Billys Konfrontation mit Institutionen, ihren Repräsentanten und Handlungsweisen, die, selbst wenn sie seine eigenen hätten sein können, in der Fremde sich gegen ihn wenden, gipfelt in der vollständigen Löschung seines ursprünglichen Wesens. Als er nämlich nach seinem Besuch in der Botschaft ein Café betritt, versucht er, seine verwirrten Gedanken zu ordnen und sich grundlegend neu zu orientieren. **Während er nachdachte, sah er sich selber von den zahlreichen Spiegeln an den Wänden oft und aus verschiedenen Blickwinkeln reflektiert, und er fand sich verängstigt und einsam und dachte zum ersten Mal in seinem Leben an die Wirklichkeit des Todes.** (218 f.)

Damit gewinnt die ihn umgebende Wirklichkeit der Fremde endgültig Oberhand über die wunderbare Realität, in der er sich noch jenseits der französischen Grenze befunden hatte. Über die Anspielung und die zukunftsgewisse Vorausdeutung auf den Tod Nena Dacontes hinaus – sie ist bereits am Tage vorher gestorben – erfährt er in dieser polyperspektivistischen Selbstspiegelung das Ende seiner lateinamerikanischen Identität. Die Fremde hat ihn besiegt, und darum verzichtet er in den drei folgenden Tagen auf weitere Versuche, auch nur in die Nähe seiner Frau zu gelangen.

Stattdessen tilgt er mit einer metaphorisch zu verstehenden, über sich selbst hinausweisenden (Ersatz-) Handlung auch noch seine Erinnerungen an seine Frau und sein Schicksal, das seit dem Grenzübertritt nach Frankreich über ihn hereingebrochen ist. In einem für ihn völlig untypischen Hang zur Ordnung entdeckt er am folgenden Montag die eingetrockneten Blutflecken auf Nenas Nerzmantel. **Den Nachmittag verbrachte er damit, ihn mit der parfümierten Seife zu waschen, die er in der Reisetasche fand, bis es ihm gelungen war, ihn wieder in jenen Zustand zu bringen, in dem er in Madrid ans Flugzeug gebracht worden war.** (219) Damit endet sowohl seine sechs Tage währende Wartezeit bis zum Besuchstag als auch sein Entfremdungsprozess, der in der symbolischen Auslöschung seiner Erinnerungen an Nena Daconte und das ihr widerfahrene Schicksal gipfelt. Der hilflose Versuch, die Ereignisse seit der Abfahrt von Madrid in dieser Säuberungsaktion gleichsam wegzuwischen, ungeschehen machen zu können, zeigt die tief greifende, existenzielle Irritation, in der sich Billy Sánchez befindet.

Vor dem Hintergrund seiner völligen Entfremdung sind auch die Schilderungen der Billy umgebenden Besonderheiten in der Stadt an der Seine zu sehen. Auf dem Weg zur Botschaft beeindruckt ihn lediglich, **dass die**

Sonne zum ersten Mal seit seiner Ankunft so hell war wie in der Karibik und der Eiffelturm über die Stadt hinaus in einen strahlenden Himmel ragte. (217) Nach seinem Besuch jedoch beobachtet er auf einer Parkbank an der Seine **einen reglosen Angler mit regloser Rute und reglos in die Strömung hängender Schnur** [...]. (218) Zwischen diesen beiden miteinander korrespondierenden Stellen verdichtet sich metaphorisch Billys Prozess des Absterbens seines heimatlichen Lebensgefühls. Scheinen vor seinem Eintritt in die Botschaft – wenn auch nur mehr als Wetterparallelismus – charakteristische Eigenschaften seiner Heimat am Himmel auf, die einen erfolgreichen Ausgang seines Besuches versprechen könnten, sieht er nach dem Verlassen der Landesvertretung lediglich Zeichen kraftlosen, erschlafften Lebens. Der dreifache Gebrauch des Adjektivs **reglos** in einem Satz unterstreicht in exponierter Weise den vollständigen Verlust von Lebensvitalität und – begreift man die Epitheta im Zusammenhang mit Billys Erfahrungen vor und nach seiner Hochzeit nicht unbegründet als Phallussymbole – sexueller Potenz.

Damit sind sowohl sein Entfremdungsprozess vor dem Dienstag, an dem er Nena Daconte im Krankenhaus wiederzusehen hofft, als auch seine kurze Ehe durch den Tod seiner Frau zu einem abrupten Ende gelangt.

Weil er seine Heimat verlassen und **noch keinen Begriff von der Kälte** (204) hat, die ihn seit seiner Abfahrt von Madrid begleitet und **in ihm ein Gefühl der Verlassenheit** (205) hervorruft, scheitert der Versuch, in der abweisenden Fremde seine lateinamerikanische Mentalität auszuleben. Begrüßte er noch in der spanischen Hauptstadt vor der Abfahrt nach Frankreich den ersten Schnee mit Jubel, so haben sich am Ende der Erzählung die Verhältnisse völlig umgekehrt: Nachdem er im Krankenhaus die niederschmetternde Nachricht vom Tode Nena Dacontes und der ergebnislosen Suche nach ihm erhalten hat, nimmt er auf den Pariser Straßen nicht einmal die festliche Stimmung wahr, **denn es war der erste starke Schneefall in zehn Jahren.** (222)

Entscheidend für die poetische Gestaltung der Entwicklung, die Billy Sánchez in nur weniger als einer Woche in einem fremden Land durchläuft, für die hier waltende **List der Poesie**, ist auf Diskursebene die gewählte Erzählperspektive. Alle Ereignisse werden aus seinem Blickwinkel geschildert, den auch der auktoriale Erzähler übernimmt. Solcherart fallen die Perspektive ›mit‹ und die Perspektive von ›hinten‹ zusammen, sodass von einer Identität der beiden Perspektiven in dieser Erzählung gesprochen werden kann. Sie macht es allererst möglich, ohne Irritation oder Vorbehalt ein Paris der rationalen Kälte, der pragmatischen Vernunft sowie des Verlustes erotischer, sexueller Vitalität darzustellen. So verwundert es nicht, wenn die Liebe zwischen den Jungvermählten nach dem Überschreiten der Grenze sukzessiv abstirbt, Nena Daconte ihre karibische Seele, symbolisch gestaltet durch den nicht zu stillenden Blutverlust auf dem Weg nach Paris, aushaucht und Billy Sánchez seiner existenziellen Identität bis zur Katastrophe beraubt wird.

Somit erweist sich der viel zitierte magische Realismus (vgl. Kap. 4) als ein sprachlich-künstlerisches Verfahren der Verfremdung. Weil nämlich in den Mikroerzählungen vier bis sieben keine andere Perspektive als die der männlichen Hauptperson verwendet wird, übernimmt der Leser zwangsweise diesen Blickwinkel und erfährt Paris, die Stadt der Liebenden, als Ort gefühlloser, kalter und abweisender Verhältnisse bis in die Darstellung der unwirtlichen Wetterverhältnisse. Genauso wie Billy Sánchez, ohne sein Glück verstehen zu können, Nena Daconte als Wunderwesen aus einer anderen, märchenhaften Welt wahrnimmt, weil er die ihre nicht kennt, genauso wenig begreift er die seiner Heimat völlig entgegensetzte Fremde mit ihren andersartigen Gesetzmäßigkeiten und Gepflogenheiten. Das Wunderbare und die Fremde basieren auf einem Verfahren veränderter Wahrnehmung in der Koinzidenz personaler und auktorialer Perspektivik, die ein ›Neues Sehen‹ vermeintlich bekannter Dinge hervorruft.

Autobiografische Aspekte geben Aufschluss über die fundamentale Verfremdung und die andersartige Perspektive auf die französische Hauptstadt. In der Zeit des algerischen Befreiungskrieges ging Márquez 1955 für die kolumbianische Zeitung ***El Espectador*** als Korrespondent nach Paris, stieg im heruntergekommenen Hotel de Flandres ab und lernte während seines Aufenthaltes in der Stadt zum ersten Mal in seinem Leben Schnee kennen. Aufgrund seines arabischen Aussehens wurde er für einen Algerier gehalten, inhaftiert und misshandelt. Das angeblich hoch zivilisierte Abendland empfing Márquez mit kalter Brutalität und Rationalität. Er, der im Denken des Philosophen Descartes Verstandeskalkül und logische Klarheit bewundert, muss erkennen, dass diese französisch-abendländische Geistesart seiner karibischen Mentalität diametral entgegengesetzt ist, die sich durch **barocke Sinnlichkeit, emotionalen Reichtum und Mangel an Utilitarismus**[110] auszeichnet. So wird für Márquez aus der Stadt der abendländischen Kultur höchst subjektiv das völlig verfremdete und ihn entfremdende **Paris de mierda.**[111]

3.3 »Der glückliche Sommer der Frau Forbes«

Wie die zuvor analysierte Erzählung bestimmt die Suche nach der eigenen Identität und das Problem, sie zu erkennen, auch diese schon 1976 geschriebene Geschichte, die mit Recht als die doppelbödigste der hier untersuchten Werke bezeichnet werden kann. Nicht nur, dass die Konfrontation der Protagonisten mit der Fremde im *Glückliche[n] Sommer der Frau*

Forbes für nahezu alle Hauptfiguren zu existenziellen Irritationen führt, scheint darüber hinaus in dieser hoch komplexen Erzählung auch eine Art lateinamerikanisches Ressentiment durch, das den ›falschen‹ Repräsentanten europäischer Kultur ein vernichtendes Urteil ausstellt.

3.3.1 Ferienerlebnisse als Kriminalerzählung

Im Gegensatz zum komplizierten Spannungsverhältnis zwischen Oberflächen- und Tiefenstruktur, das in zentralen Punkten aufzuweisen und zu bestimmen sein wird, lassen sich Handlungs- und Erzählstränge dieser Erzählung einfach bestimmen. Zwei namenlose Brüder im Alter von neun und sieben Jahren verbringen auf der der Südspitze Siziliens vorgelagerten Insel Pantelaria unter der strengen, autoritären Aufsicht ihrer Gouvernante, der aus Dortmund stammenden Frau Forbes, ihre Sommerferien. Während die beiden Jungen im Juli mit ihren Eltern unbeschwerte Urlaubsfreuden genießen, verändert sich mit der Abreise der Eltern und der Ankunft der im doppelten Sinne engagierten Erzieherin Ende des Monats nicht nur die festliche Stimmung im Ferienhaus, sondern es wird sogar zum Schauplatz einer kriminellen Handlung, die – geboren aus der Fantasie der Kinder – schneller und auf andere Weise Wirklichkeit wird als die erwartete wunderbare oder gar märchenhafte. Denn am Ende des ungefähr dreiwöchigen **Regiments** (179) unter Frau Forbes geht der sehnlichste Wunsch der gequälten Kinder in Erfüllung: Sie selbst haben Frau Forbes zwar nicht – wie geplant – vergiften können, dafür aber wird sie das Opfer eines nicht restlos aufgeklärten Liebestodes, den sie durch 27, ihr **mit der Wut einer ruhelosen Liebe zugefügt**[en] und **mit der gleichen Leidenschaft empfangen**[en] (186) Messerstiche stirbt.

Damit ist die simple Zweisträngigkeit der Handlung umrissen, die eine Grenze, eine Zäsur mit der Ankunft der Frau Forbes erfährt. Der damit einhergehende fundamentale Wechsel in der Figurenkonstellation schafft allererst das Konfliktpotenzial zwischen der Hauslehrerin und den Kindern, während die Identität des Ortes gewahrt bleibt. Auf Diskursebene jedoch wird der Leser mit dem für Márquez schon typischen Erzähleingang konfrontiert, der zu einer notwendigen chronologischen Inversion führt und eine *triadische Erzählstruktur* begründet: Auf die Unheil und Tod andeutende Eingangssituation, die durch eine an den Türrahmen genagelte Muräne geprägt ist, folgt die Schilderung der sich zuspitzenden Konflikte zwischen den beiden Jungen und Frau Forbes bis zu dem von ihnen provozierten **Bruch** (176), bevor der Ich-Erzähler in einer zweiten Episode (176–180) kontrastiv und als Rückblende die Vorgeschichte nachholt, um schließlich im dritten Erzählstrang (180–186) die ›Palastrevolution‹ der Kinder und ihre Konsequenzen schonungslos darzulegen. Damit ergibt sich folgende Anordnung der Erzählstränge, die die chronologische Umkehrung der Episoden eins und zwei aufweist, sodass die drei Mikroerzählungen (ME) folgende Anordnung finden:

Erzählstränge:

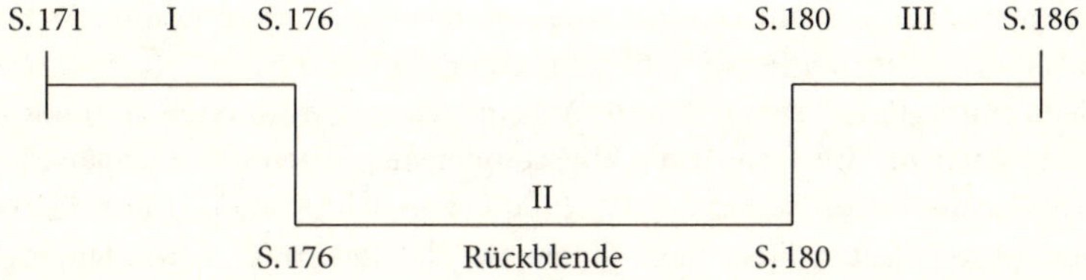

Schiebt man die zweite Mikroerzählung vor die erste, so lässt sich die Zweisträngigkeit der Handlung leicht rekonstruieren, die auf Diskursebene zu drei Erzählsträngen transformiert ist. Erst nach der Wiederaufnahme des unterbrochenen ersten Handlungsstranges (180) erfährt die Handlung jene Wendung in die Verbrechensdimension, die die Erzählung auch, aber nicht ausschließlich zu einer Kriminalerzählung werden lässt.

Die durch die Rückblende hervorgerufene chronologische Inversion bedeutet nicht nur eine Verschiebung des zeitlichen Ordnungsgefüges aus Gründen des Spannungsaufbaus, sondern wesentlich die Basisbildung für die unerträglichen Konflikte zwischen den Kindern und Frau Forbes, die Grundlegung von Antagonismen, Rissen und Brüchen in der Titelfigur, die Schaffung ihrer problematischen Beziehungen zu anderen Protagonisten sowie deren Ausstrahlung auf die eskalierende Situation im Ferienhaus. Denn nur die Rückblende enthält den Gegenpol, die Folie oder die Ausgangssituation für die Veränderung der Gesamtsituation im Ferienhaus, die mit der Ankunft und »Herrschaft« der Frau Forbes Ende Juli beginnt und mit ihrem Tod etwa drei Wochen später endet. Der Zeitraum des Haupthandlungsstranges wird also begrenzt durch den von der Ankunft der Frau Forbes zerstörten Gleichgewichtszustandes zu Beginn der Handlung und die Schaffung eines neuen Gleichgewichtszustandes am Ende mit dem Tod der Hauslehrerin. Somit konzentriert sich der gesamte Haupthandlungsstrang der Erzählung (171–176 und 180–186) auf Frau Forbes, deren Aktionen grundlegende Auswirkungen auf die beiden Kinder und letztlich auch auf sie selbst hervorrufen.

3.3.2 Frau Forbes – das autoritäre Zentrum des Personals

Für die beiden Jungen auf der Ferieninsel Pantelaria wird schon die erste Begegnung mit Frau Forbes zu einem Furcht einflößenden Ereignis: **Bei ihrer Ankunft trug sie trotz der südlichen Hitze Militärstiefel und ein Kostüm mit übereinandergeschlagenen Revers; das Haar unter dem Filzhut**

war wie bei einem Mann geschnitten. Sie roch nach Affenharn. (178) Das martialische, an eine Gefängnisaufseherin erinnernde Aussehen dieser androgynen, **eisernen und herbstlich matten** (174) Frau in **kriegerische[r] Tracht**, die keine **Spur von Zärtlichkeit an sich** (178) hat, korrespondiert mit ihrem herrischen, autoritären Wesen, um den Kindern in ihrer Eigenschaft als Gouvernante mit **pädagogische[r] Besessenheit** (171) nicht nur Benimmregeln zu vermitteln und Anstandsunterricht zu erteilen, sondern auch versucht, **mit Gewalt die abgestandensten Sitten der europäischen Gesellschaft einzutrichtern.** (177) Frau Forbes schränkt nicht nur die nahezu ungezügelten Freizeitaktivitäten der ihr anvertrauten Kinder drastisch ein, sondern traktiert sie auch mit Shakespeare-Interpretationen, rezitiert ständig Passagen aus Schillers *Jungfrau von Orleans* und führt mit gnadenloser Strenge ein Buch mit den Betragenskonten der beiden Jungen für gutes Benehmen.

Diese vordergründige Erscheinungsweise der Erzieherin steht in diametralem Gegensatz zu **jene[m] wirkliche[n] Leben einer einsamen Frau [...], das sie sich tagsüber untersagt hatte.** (179) In den Nächten nämlich schwimmt sie heimlich im offenen Meer, bereitet nach ihrer Rückkehr in einem **Backfischnachthemd** (179) köstliche Desserts und Kuchen, die sie im Wohnzimmer mit einer Flasche Wein und in einer **Art aufsässiger Leidenschaft** (180) verspeist, während sie sich im Fernsehen freizügige, für Minderjährige verbotene Filme anschaut. Diese gespaltene Persönlichkeit der Frau Forbes und ihr Doppelleben begründen offenbar für die Kinder einerseits den **Riß in ihrer Autorität** (179), andererseits bilden sie die Angriffsflächen für die destruktiven Attacken der Brüder, derer sie sich fortan erwehren muss. Darüber hinaus unterhält sie eine nicht näher dargestellte Liebesbeziehung, die sie schließlich mit dem Leben bezahlt. Diese tiefenstrukturelle Dimension in der erzählerischen Darstellung der Hauslehrerin erzeugt jenen beständigen Antagonismus in ihrem Auftreten sowie in ihrer Persönlichkeit, der – latent vorhanden – in kritischen Situationen aufbrechen muss und zu radikalen Änderungen mit Katastrophendimension führt. Davon sind sowohl sie selbst als auch die unmittelbar in ihrem Wirkungskreis agierenden Figuren betroffen.

Die Ursache der tief greifenden Veränderung in der Figurenkonstellation ist jedoch nicht ausschließlich in Frau Forbes selbst, sondern komplementär auch in ihrer Stellvertreterfunktion zu suchen. Denn sie führt nichts anderes aus als das, was die Eltern der Jungen ihr aufgetragen haben. Vor allem der Vater, **ein Schriftsteller aus der Karibik mit mehr Flausen als Talent [...], hatte den phantastischen Vorsatz gefaßt, daß bei seinen Söhnen nicht die geringste Spur seiner eigenen Vergangenheit zurückbleiben sollte.** (177) Er selbst nämlich, der geblendet ist **von der Asche europäi-**

scher Ruhmestaten, heischt **sowohl in seinen Büchern als auch im wirklichen Leben immer übereifrig um Vergebung für seine Herkunft.** (177) Die ausschließliche, radikale Reduktion der Vaterfigur auf ihre zerrissene Lebens- und ›künstlerische‹ Identität sowie die damit einhergehenden Idiosynkrasien lassen das Zerrbild eines vermeintlich gebildeten Vaters entstehen, das den oberflächlichen Bewunderer europäischer Kultur als einen von Minderwertigkeitskomplexen geplagten Verräter seiner karibischen Wurzeln entlarvt. Mehr noch: Er und seine ihm nahezu bedingungslos ergebene Frau, eine bescheidene ehemalige Lehrerin, frönen dem kulturellen Zeitgeist, die Wiege der europäischen Kultur aufzusuchen, indem sie **selber mit vierzig Modeschriftstellern an einer fünfwöchigen Kulturkreuzfahrt zu den Inseln der Ägäis** (178) teilnehmen. Derart als Kulturbanausen dekuvriert und dem beißenden Spott des Erzählers preisgegeben, überlassen sie nach ihrer Abfahrt das erzieherische Feld Frau Forbes.

Ihr Erziehungsauftrag ist damit klar bestimmt: Einerseits soll sie den Kindern das vermitteln, was deren Vater für europäische Kultur hält und sie sich selbst oktroyiert hat, andererseits den Jungen europäische Umgangsformen vermitteln, die diametral entgegengesetzt zu deren karibischer Mentalität stehen. Statt in den Patios ihrer Heimatstadt **Mangofrüchte zu stehlen und in den glühenden Straßen von Guacamayal Hunde mit Ziegelsteinen totzuschlagen** (178), werden sie nunmehr mit europäischer Dichtung und den Umgangsformen in den so genannten besseren Kreisen konfrontiert, ohne auch nur im Entferntesten Verständnis für solche Maßnahmen zu entwickeln. Sie bleiben ihnen fremd wie die Anschauungen ihrer Eltern, die ihnen auch deren ›Statthalterin‹, Frau Forbes, nicht zu vermitteln vermag.

Frau Forbes und die Eltern der Kinder erfüllen also innerhalb der Figurenkonstellation dieselbe tiefenstrukturelle Funktion: Sie sind nicht nur ›falsche‹ Repräsentanten der von ihnen vertretenen Kulturen, sondern verraten darüber hinaus auch ihre eigene kulturelle Identität – die Eltern, weil sie von der angeblichen Minderwertigkeit ihrer lateinamerikanischen Herkunft und Kultur überzeugt sind und damit sich selbst verleugnen, Frau Forbes, weil sie in ihrer gespaltenen Persönlichkeit nachts ein Leben führt, das **die andere Frau Forbes für einen Skandal gehalten hätte** (179). Diese **andere Frau Forbes** demonstriert lediglich Kulturbeflissenheit, vertritt Angenommenes ohne innere Überzeugungskraft und versucht es nur kraft ihrer erbarmungslosen Autorität durchzusetzen. Als doppelt entfremdete Figur, die sich mit pervertierter Überzeugtheit anmaßt, europäische Kulturwerte zu vertreten und ihr eigenes Leben nur wie etwas Verbotenes heimlich und verzerrt führt, errichtet sie ein autoritäres System ohne die erforderliche Anerkennung durch die Kinder, die diese ihr konsequent verweigern. Es entsteht somit eine Situation wie in der **Sonntagsmesse, nur ohne den Trost singender Menschen.** (174)

Dem rücksichtslosen **Regime** (172) Frau Forbes' sind auch die beiden anderen Figuren der Erzählung unterworfen: Oreste, der Tauchlehrer der Kinder, über den die Hauslehrerin gesagt hat, sie **könne sich keinen schöneren Menschen vorstellen als ihn** (172), wird zugleich ein Opfer ihrer Herrschsucht wie ihrer ungestümen, heimlichen Liebe, für deren Seelenlosigkeit sie ebenfalls mit ihrem Leben bezahlt. Auch wenn Orestes Identität als Mörder der Frau Forbes nicht eindeutig nachzuweisen ist, so erscheint sie jedoch aus mehreren Gründen höchst plausibel. Sein auf die griechische Mythologie zurückgehender Name spielt hierbei eine wichtige Rolle (vgl. Kap. 3.3.4).

Auch die als Köchin und gute Seele des Hauses gekennzeichnete Fulvia Flaminea kann dem Einfluss der Gouvernante nicht entrinnen. Verzauberte sie in Anwesenheit der Eltern noch jedes Essen zu einem Fest und bediente alle **unter lautem Schwatzen reihum mit einem Hang zur Unordnung, der das Herz erfreute** (173), so kommt sie nunmehr täglich **mit der ewigen Nudelsuppe jenes abscheulichen Sommers herein** (173), die schließlich äußerer Anlass für die Eskalation der Situation im Ferienhaus wird. Als verständnisvolle Aufsichtsperson, die dem Ferienglück der Kinder nicht im Wege stehen will[112] und gemeinsam mit Oreste **magischer Bestandteil** des **glücklichen Sommers** (177) ist, bleibt ihre Funktion unter dem Regime von Frau Forbes lediglich auf die Zubereitung der Mahlzeiten reduziert, um eine **übertriebene Vertraulichkeit mit dem Dienstpersonal** (178) erst gar nicht aufkommen zu lassen.

Alle Figuren werden also von Frau Forbes fremdbestimmt, sodass ihr Einfluss in sich widersprüchliche, antagonistische Situationen hervorruft, die von den Handlungsträgern nur widerwillig respektiert, nicht aber akzeptiert werden. Die erzieherische Ersatzfunktion erhält die Hauslehrerin durch die Abreise der Eltern, die sich derart ihrer Verantwortung entziehen und ihre Autorität auf den **Feldwebel aus Dortmund** (177) gedankenlos übertragen. Sie beherrscht alle im Ferienhaus versammelten Figuren:

Figurenkonstellation:

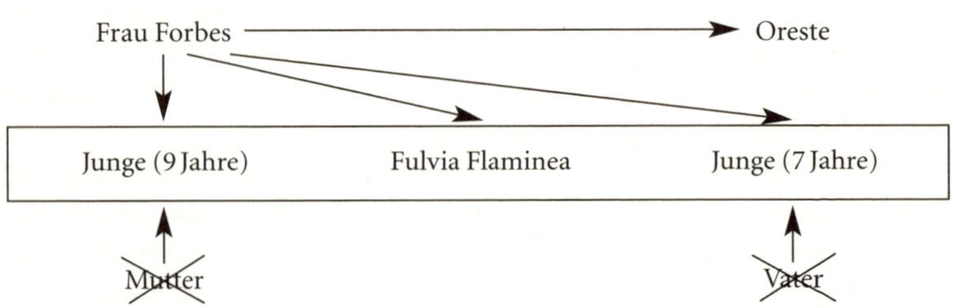

3.3.3 *Syntagmatische Diskursanalyse – der dreifache Antagonismus und seine Auflösung*

Die spezifische Anordnung der Erzählstränge als triadisches Modell mit zentraler Rückblende (vgl. Kap. 3.3.1) schafft die Grundlage für das *Diskursprogramm* der Erzählung, nach dem sie ›funktioniert‹. Weil nämlich durch die Präsenz der Frau Forbes das gesamte Personal fremdbestimmt ist, die Situationen, in die es sich begeben muss, von fundamentalen Widersprüchen gekennzeichnet sind und die je spezifischen Lebensweisen und kulturellen Mentalitäten zurückgedrängt werden, kommt es in dieser Erzählung darauf an, diesen *dreifachen Antagonismus* aufzuheben.

Der Prozess verläuft – wie bei MÁRQUEZ häufig – über mehrere Stationen, die nicht nur – syntagmatisch – die Erzählstränge der Handlung konstituieren, sondern auch – paradigmatisch – unterschiedliche Bedeutungsebenen freilegen. Zunächst soll die Diskursanordnung einer näheren Analyse zugeführt werden. Wird in der ersten Mikroerzählung (ME 1) die antagonistische Situation der Kinder in ihrer ganzen Schärfe bis zum Bruch mit Frau Forbes dramatisch entfaltet, so wird dieser Zustand mit der sommerlichen Ferienidylle (ME 2) kontrastiert, die die Jungen in Gegenwart der Eltern im Monat Juli erlebt haben. Nachdem diese sich durch ihren kulturellen Eskapismus aus der Verantwortung gestohlen haben und deren personaler Antagonismus schonungslos aufgedeckt worden ist, steigert sich der eingangs geschilderte Bruch der Brüder mit Frau Forbes zur ›Revolution‹, der die **ruhmlose[…] Kapitulation** (182) der Gouvernante und schließlich ihren Liebestod nach sich zieht, in dem sie (durch Oreste) zum Sühneopfer für die von ihr verratene Kultur und Liebe wird.

Der Erzähleingang wird durch eine Verschärfung der ohnehin schon angespannten Situation im Ferienhaus bestimmt. Auf die Wahrnehmung der Unheil und Tod signalisierenden gekreuzigten Muräne folgt der Aufstand der Kinder am Abend, die sich weigern, von dem gekochten Fisch zu essen. Des kleinen Bruders **Entschlossenheit** und **Mut** (175), sich dem Befehl zum Weiteressen zu widersetzen, führen zur Solidarisierung zwischen den Jungen und zum Abbruch des Abendessens, dem die Strafen, auf den Nachtisch verzichten zu müssen und nicht fernzusehen, auf dem Fuße folgen. Damit wird ein weiteres Mal deutlich, dass für die Kinder an die Stelle von Freiheit, Abenteuer, Glück und Fantasie erzieherischer Drill und angeblich europäische Kultur bzw. deren Vermittlung getreten sind.

Dieser Gegensatz wird umso deutlicher, als in der folgenden Rückblende der glückliche Sommer der Brüder vor Ankunft der Frau Forbes geschildert wird. Mit ihrem Vater tauchten sie stundenlang auf den Grund des Meeres, mit Oreste durften sie so lange schwimmen, wie sie wollten, und Fulvia Flaminea war ihnen **die größte Offenbarung.** (176) Schlagartig wird ihnen mit dem Auftreten der Hauslehrerin klar, **daß das Fest zu Ende war.** (178)

Um jedoch den alten, glücklichen Gleichgewichtszustand wiederherzustellen, beschließen sie in ihrer kindlich-naiven Vorstellung, Frau Forbes mit dem angeblich giftigen Wein aus einer antiken Amphore umzubringen, die sie bei ihren Unterwassererkundungen gefunden haben. Sie füllen den Inhalt in die von Frau Forbes benutzte Weinflasche um und erwarten ihren Vergiftungstod. Da sie sich jedoch auch noch nach mehreren Tagen bester Gesundheit erfreut, inszenieren die beiden Jungen einen Eklat, eine ›Palastrevolution‹, die zum endgültigen Zerwürfnis führt. Beim Abendessen verweigert der jüngere Bruder die dargereichte Suppe.

> **Sobald wir den Befehl zum Anfangen erhalten hatten, schob er den Teller mit der Nudelsuppe mit einer herausfordernden Bewegung von sich.**
> **›Ich habe die Schnauze gestrichen voll von dieser Würmerplempe‹, sagte er.**
> **Es wirkte, als habe er eine Granate auf den Tisch geschleudert. Frau Forbes erbleichte, kniff die Lippen zusammen, bis sich der Rauch der Explosion zu verziehen begann, und ihre Brillengläser wurden trübe von Tränen. Dann nahm sie die Brille ab, rieb sie mit der Serviette trocken und legte sie, ehe sie aufstand, mit der ganzen Bitterkeit einer ruhmlosen Kapitulation auf den Tisch.**
> **›Macht, wozu ihr Lust habt‹, sagte sie. ›Mich gibt es nicht.‹** (182)

Dieser auch sprachlich als kriegerische Attacke dargestellte Wendepunkt in der Erzählung leitet das Ende der Herrschaft von Frau Forbes ein. Kampflos räumt sie das ›Schlachtfeld‹, nachdem die Kinder das Autoritätsverhältnis zerstört haben, und begeht gleichsam symbolischen Selbstmord, indem sie ihrer Aufgabe entsagt und nicht nur ihre geliehene Autorität, sondern auch ihre antagonistisch geprägte Persönlichkeit aufgibt. Derart für das weitere Geschehen funktionslos geworden, folgt auf diesen ›Selbstmord‹ der tatsächliche ausgeführte Mord an Frau Forbes, mit dem die entfremdeten, antagonistischen Situationen im Ferienhaus aufgehoben werden und sich die Erzählung dem Genre der Kriminalerzählung nähert. Letztlich bleibt aber die Identität des Täters ungeklärt, weil es bezeichnenderweise nicht um die Aufklärung eines Verbrechens geht. Mit der ›Revolution‹ der Kinder gegen Frau Forbes und ihrem gewaltsamen Tod ist der im Erzähleingang zerstörte Gleichgewichtszustand wiederhergestellt und der glückliche Sommer der Brüder kann ohne ihre Peinigerin fortgesetzt werden.

Die Kinder setzen damit nicht nur ihre karibische Mentalität durch, sondern erringen auch gleich einen doppelten Sieg: die Erlösung von Frau Forbes und die Wiedereinsetzung der Kraft ihrer märchenhaften Fantasie, die das Ersehnte – wenn auch auf andere Weise – hat Wirklichkeit werden lassen. Hier hat das Wünschen also noch geholfen und eine neue Welt, die eigentlich die Wiederherstellung der alten ist, entsteht im Gefolge eines Som-

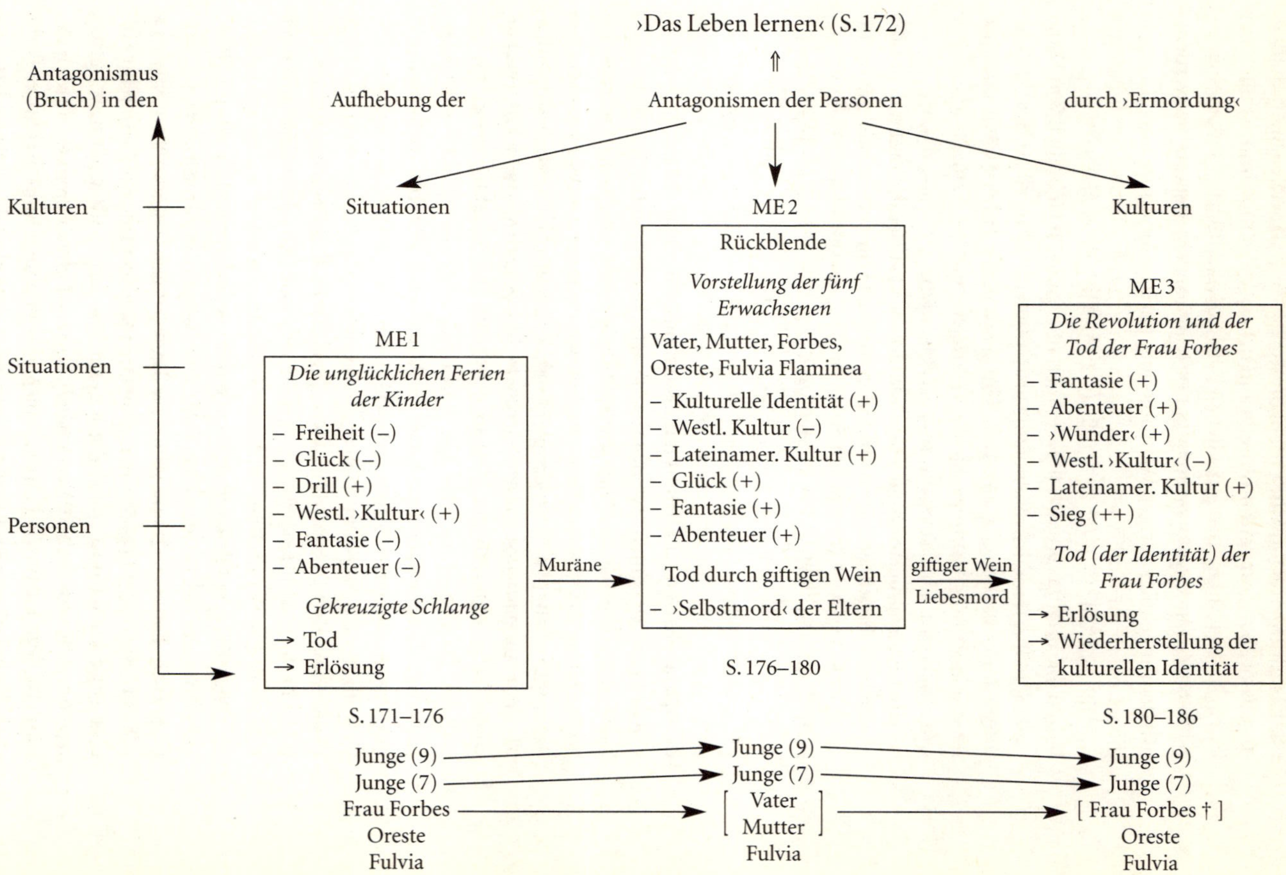
›Das Leben lernen‹ (S. 172)
Antagonismus (Bruch) in den
Kulturen
Situationen
Personen
Aufhebung der
Antagonismen der Personen
durch ›Ermordung‹
Situationen
ME 2
Kulturen
ME 1
Die unglücklichen Ferien der Kinder
– Freiheit (–)
– Glück (–)
– Drill (+)
– Westl. ›Kultur‹ (+)
– Fantasie (–)
– Abenteuer (–)
Gekreuzigte Schlange
→ Tod
→ Erlösung
S. 171–176
Muräne
Rückblende
Vorstellung der fünf Erwachsenen
Vater, Mutter, Forbes, Oreste, Fulvia Flaminea
– Kulturelle Identität (+)
– Westl. Kultur (–)
– Lateinamer. Kultur (+)
– Glück (+)
– Fantasie (+)
– Abenteuer (+)
Tod durch giftigen Wein
– ›Selbstmord‹ der Eltern
S. 176–180
giftiger Wein
Liebesmord
ME 3
Die Revolution und der Tod der Frau Forbes
– Fantasie (+)
– Abenteuer (+)
– ›Wunder‹ (+)
– Westl. ›Kultur‹ (–)
– Lateinamer. Kultur (+)
– Sieg (++)
Tod (der Identität) der Frau Forbes
→ Erlösung
→ Wiederherstellung der kulturellen Identität
S. 180–186
Junge (9)
Junge (7)
Frau Forbes
Oreste
Fulvia
Junge (9)
Junge (7)
[Vater Mutter]
Fulvia
Junge (9)
Junge (7)
[Frau Forbes †]
Oreste
Fulvia

mergewitters, schien doch das **Nachmittagslicht [...] wie eben erschaffen, und das Leben war schön ohne Frau Forbes.**[113] (184) Damit ist auch der letzte der drei Antagonismen – der zwischen den Kulturen – aufgehoben.

Diese Zusammenhänge soll die Skizze auf S. 101 dieser Arbeit verdeutlichen.

3.3.4 »Frau Forbes« paradigmatisch – das Motiv- und Symbolgeflecht

Durch die Verwendung spezifischer Verfahren, die im Gebrauch von Ding- und Namenssymbolen bestehen, werden tiefenstrukturell weitere Bedeutungszusammenhänge hergestellt. Um diese in ihren konkreten Funktionen zu bestimmen, müssen sie als überdeterminiert erkannt und auf ihre Leistung in der Erzählung hin analysiert werden.

Überdeterminierte Dinge oder Namen weisen über die ihnen denotativ zugewiesenen Bedeutungen auf andere Bereiche hinaus. Versteht man unter dieser Eigenschaft einen Überschuss an semantischen Termen, der **mehr – für den »Text« nachweisbar relevante – [...] Terme umfaßt, als für seine Determination notwendig wären**[114], dann ergeben sich Bedeutungs- und Verweisungszusammenhänge zu anderen Texten. Diese manifestieren sich als gemeinsame semantische Schnittmengen, die Sinn- und Funktionsparallelitäten schaffen und im Ausgangs- oder Primärtext, in dem sich Überdeterminierungen nachweisen lassen, tiefenstrukturelle Textebenen begründen. Solche Texttiefenstrukturen können **angesehen werden als ›plan of a text, just as our behaviour seems to be determined by underlaying ›plans‹ (intentions etc.)‹, psychologisch gesprochen als Mitteilungs- und Wirkungs*intention* eines Sprechers, [eines Textes], die sich im Verlauf einer Textproduktion manifest expliziert.**[115] Die Anzahl von tiefenstrukturellen Textebenen ist abhängig von der Menge und der Art überdeterminierter Bestandteile in einem Text, die überdies ein wechselseitiges Beziehungsgeflecht (Intertextualität) konstituieren, das die gesamte Bedeutungs- und Sinnebene eines Textes determiniert. Um solche Tiefenstrukturen offen zu legen und deutlich zu machen, müssen die die Überdeterminierung manifestierenden Texte hinsichtlich ihres gemeinsamen Vorrates an semantischen Termen untersucht werden.

Von sinnstiftender Bedeutung erweisen sich in diesem Zusammenhang verschiedene verfremdet dargestellte und damit überdeterminierte Ereignisse oder Requisiten. Die schon im Einleitungssatz genannte *gekreuzigte Muräne*, die – wie Frau Forbes doziert – **im Altertum eine Speise für Könige gewesen sei und [daß] die Krieger um ihre Galle gekämpft hätten, weil diese überirdischen Mut verlieh** (174), ist gleich zweifach überdeterminiert. Zum einen wird ihre **schwarz[e] und phosphoreszierend[e]** Farbe in den Handlungs- und Bedeutungskontext eingebracht, zum anderen die

Form, in der sie an den Türrahmen befestigt ist: als gekreuzigter, schlangenähnlicher Fisch.

Mit diesen Epitheta (schwarz; phosphoreszierend; gekreuzigt; besonders wertvoll, weil Mut verleihend) wird erzähltechnisch – und damit syntagmatisch – nicht nur auf den Tod von Frau Forbes als zukunftsgewisse Vorausdeutung verwiesen, kauft sie sich doch in einem Touristenladen einen einteiligen Badeanzug, **der schwarz war und wie Robbenfell glänzte** (179), sondern sie stiften – paradigmatisch – mit der Kennzeichnung als gekreuzigtes Tier auch einen signifikanten Zusammenhang, eine Bedeutungsverklammerung für den Verlauf und das Ende der Geschichte. Die dem Epitheton ›gekreuzigt‹ inhärierende Bedeutung verweist im abendländisch-christlichen Kulturkreis auf Tod und Erlösung. Durch die gekreuzigte Muräne wird schon im Erzähleingang auf diese beiden Zustände hingewiesen, die später gleichsam als semantisches Programm mit der Ermordung der Erzieherin und der Befreiung der Jungen von einer unerträglichen Tyrannei eintreten. Erst durch ihren symbolischen und tatsächlichen Tod – doppelbödig als aufopfernde Hingabe an die Vermittlung vermeintlich abendländischer Kultur und Aufgabe ihrer Gouvernantenpflichten, die ihr von den Eltern der Jungen auferlegt worden sind, angelegt – können die Jungen aus ihrer unverschuldeten Unglückssituation erlöst werden, aus der sie sich vor allem durch den Mut (!) des jüngeren Bruders anfangs und grundlegend selbst befreien können. Der Tod der Frau Forbes und die Erlösung der Kinder stehen also in einem engen, ja kausalen Zusammenhang in der Erzählung und begründen eine erste tiefenstrukturelle Sinnebene.

Ergänzt wird dieser Verstehenskontext durch eine zweite Texttiefenstruktur, die den Zusammenhang zwischen Schuld und Vergeltung verdeutlicht. Dieser wird mit der Namensgebung des Tauchlehrers Grund gelegt. Der Name Oreste verweist nicht zufällig auf die griechische Mythologie[116] und die gleichnamige Dramentrilogie des griechischen Tragödiendichters Aischylos – die *Orestie*.[117] Auch hier geht es nicht um eine vordergründige Parallelisierung oder falsche Identifikation, sondern um Bedeutungsverwandtschaft. Zusammen mit seiner Schwester Elektra rächt Orestes den feigen Mord seiner Mutter Klytaimnestra und ihres Liebhabers Aigisthos an seinem heimkehrenden Vater Agamemnon und der Seherin Kassandra. Er rächt mit diesem Doppelmord die Schuld, die seine Mutter auf sich geladen hat. Unterstellt man nicht unbegründet, dass Oreste der heimliche Liebhaber der Frau Forbes und ihr Mörder ist, kann sie sich doch schließlich **keinen schöneren Menschen […] als ihn** (172) vorstellen, der **eine winzige Badehose sowie einen Ledergürtel mit sechs Messern verschiedener Form und Größe** (172) trägt und nach ihrer Ermordung mit den Kindern unter Wasser in einem Blutrausch **mehr als eine Stunde lang marodierte** (183), dann wird mit ihrem gewaltsamen Tod der Verrat bestraft, den Frau Forbes an ihrer persönlichen Identität, ihrer Beziehung zu Oreste und stellvertretend an der europäischen Kultur begangen hat. Wenn auch ihr schrecklich-brutales Ende vordergründig als Strafe für eine unerfüllte Liebe gesehen werden kann, so obsiegt letztlich im Konfliktzusammenhang zwischen der von ihr nicht-authentisch vertretenen europäischen Identität und der karibischen Mentalität der unverfälschte Lebensmut der lateinamerikanischen Jungen, die in der Konfrontation mit der fremden Kultur **nach zwei Wochen unter Frau Forbes' Regime [...] gelernt [hatten], dass es nichts Schwierigeres gab als das Leben.** (172) Ihr kulturelles Selbstverständnis erweist sich als das vitalere und überlegenere im Verhältnis zur **Asche europäischer Ruhmestaten** (177).

In diesem Kontext ist auch eine weitere verfremdende Überdeterminierung eines Merkmals der Frau Forbes zu sehen. Häufig Passagen aus Schillers Drama *Die Jungfrau von Orleans* rezitierend, ergibt sich mit diesem Epitheton eine dritte Texttiefenstruktur, die im vergleichbaren Schicksal der beiden Titelfiguren begründet liegt. In Johannas umfangreichem Monolog in der ersten Szene des vierten Aktes erkennt und beklagt sie ihr existenzielles Problem, das darin besteht, dass sie ihren göttlichen Auftrag zur Rettung Frankreichs nicht erfolgreich auszuführen vermag, weil sie sich liebend zum englischen Heerführer Lionel hingezogen fühlt. Kreatürliche Fallibilität und göttliche Sendung widerstreiten hier genauso wie der elterliche Auftrag zur kulturellen Erziehung der Kinder und die sexuellen Ausschweifungen der Frau Forbes mit ihrem Liebhaber Oreste. Der Tod der Frau Forbes kann also durchaus als Konsequenz tragischer und damit unlösbarer Verstrickungen gesehen werden, der auf dieser tiefenstrukturellen Ebene als Sühne für ihren doppelten Verrat – gegenüber ihrem Auftrag und gegenüber ihrer Liebe – unvermeidbar ist.

Nicht zuletzt verweist die Wahl des Schauplatzes für die erzählten Begebenheiten auf diese Konfrontation, die der gesamten Situation als vierte tiefenstrukturelle Ebene eine gemeinsame Klammer verleiht. Im Ersten Punischen Krieg (264–241 v. Chr.) zwischen den Römern und den Karthagern spielte die Insel Pantelleria – im Text in der alten Schreibweise **Pantelaria** genannt – auf halber Strecke zwischen Sizilien und dem afrikanischen Festland eine bedeutende Rolle um Karthago. Sie nahm als phönizischer Vorposten eine Schlüsselstellung im Kampf der Römer um die Vormachtstellung im Mittelmeer ein, sodass auf dieser Insel auch zwei verschiedene, miteinander rivalisierende Kulturen – die europäische und die afrikanische – ihren Krieg austrugen. Pantelleria besaß also nicht nur strategische, sondern auch kulturpolitische Bedeutung für die von den Römern dominierte antike Welt. Auch im Zweiten Weltkrieg fiel 1943 während der amerikanischen Invasion in Italien als erstes diese Insel nach dreiwöchigem Bombardement in die Hand der alliierten Streitkräfte. Auf diese beiden historischen Ereignisse wird verwiesen, wenn zum einen die von den Kindern in ihren Tauchgängen geborgenen römischen Vasen und Amphoren, zum anderen die gesichteten Torpedos und Bomben der seinerzeit angreifenden Amerikaner eigens erwähnt werden. Der Insel Pantelleria kommt damit eine überragende Bedeutung in Kämpfen um die politische und kulturelle Vormachtstellung im westlichen Mittelmeerraum zu, in denen sich die kriegsähnlichen Auseinandersetzungen um den europäischen oder nicht-abendländischen Herrschaftsanspruch zwischen Frau Forbes und den Kindern spiegeln.

»Der glückliche Sommer der Frau Forbes« (intertextuelle Relationen)

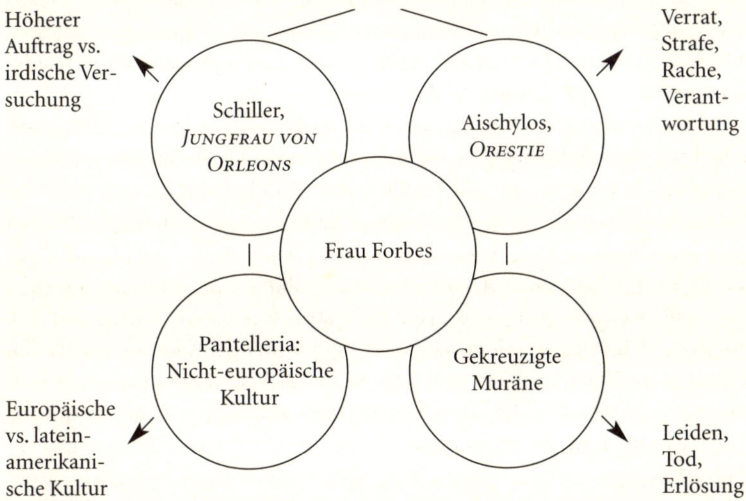

Wie die oben dargestellte Skizze zu veranschaulichen sucht, wird die Figur der Frau Forbes durch mannigfaltige Epitheta und textexterne Bezüge überdeterminiert. Dieses bewusst eingesetzte Verfahren manifestiert im Erzähltext verschiedene tiefenstrukturelle Bedeutungsebenen, deren sinnstiftenden Zusammenhang es präziser zu bestimmen gilt. Als dominierende Ebene kristallisiert sich im Laufe der Untersuchung immer deutlicher der Konflikt zwischen der abendländischen und der karibischen Kultur heraus, der jeweils durch Stellvertreterfiguren – nämlich Frau Forbes und Oreste – ausgetragen wird. Vorübergehende Verlierer und endgültige Gewinner sind in dieser Auseinandersetzung die beiden Jungen, deren ungetrübte Urlaubsfreuden zunächst durch die Gouvernante zerstört, dann aber mithilfe Orestes wiederhergestellt werden. Dieser interkulturelle Konflikt markiert in der Texttiefenstruktur die fundamentale und damit thematische Ebene.

Die Gründe für diesen Sieg und damit für das Motivationsgefüge der Handlung gründen in der Multifunktionalität der Figur der Frau Forbes. Einerseits dominiert und zugleich verfremdet vom ›kulturellen‹ Auftrag des Vaters der beiden Jungen, andererseits den ›backfischhaften‹ Versuchungen unterdrückter Träume ausgeliefert, vermag sie die Ziele ihrer Bestimmungen nicht zu erreichen, sondern verrät sie sogar und verstrickt sich in Schuld, die der Sühne durch Oreste harren. Er vollzieht die Strafe für diese Taten in Verantwortung für sich und die Brüder, deren Mentalität der seinen recht nahe kommt. Derart erweist sich der Tod der Frau Forbes als Vergeltung für den Frevel, den sie begangen und der in der Figur des rächenden Oreste in einem engen Verweisungszusammenhang mit der *Orestie* des Aischylos steht. Und nicht zuletzt vollzieht sich dieses dramatisch-tragische Geschehen an einem Ort – der Insel Pantelleria –, dessen geschichtsträchtige Dimension durch den Kampf zwischen zwei verschiedenen Welten und Kulturen bestimmt ist.

Das komplizierte Geflecht von Oberflächen- und Tiefenstruktur mit seinen unterschiedlichen Ebenen macht es möglich, die Erzählung unterschiedlichen Genres zuzuordnen. Die Kinder erleben aus ihrer Perspektive das Geschehen zugleich als Abenteuer- und Kriminalhandlung, deren Ausgang märchenhafte Züge trägt, da er sich in Wahrheit anders darstellt als sie ihn sich vorgestellt haben: eben nicht als Erfüllung ihrer Wünsche, sondern als Resultat eines Verbrechens. Auf tiefenstruktureller Ebene ergeben sich durch die Überdeterminierungen allerdings andere Dimensionen, die den zentralen Konflikt zu dem eines Kampfes zwischen antagonistischen Kulturen erheben, in dem der Sieg der lateinamerikanischen über die blutleere, lebensfremde und lebensfeindliche sowie verfremdet repräsentierte europäische Kultur als Strafe für einen Verrat an der kulturellen Identität gesehen werden kann. Auf der Ebene kultureller Auseinandersetzungen vollzieht sich eine Vergeltung für die vermeintliche ›Minderwertigkeit‹ karibischer Identität, die mit ihrer Superiorität einen späten, aber vollständigen Sieg über eine falsch verstandene und repräsentierte abendländische Kultur feiert. In diesem Sinne muss die Erzählung als mehrfach kodierter Text gelesen werden – eine kulturkritische Erzählung im Gewand einer vermeintlichen Kriminalerzählung.

4 Der magische Realismus – ein verfremdetes, neues Sehen

Kein anderer Begriff zur vermeintlich spezifischen Kennzeichnung der Werke MÁRQUEZ' wird so inflationär und damit unscharf verwendet wie der des magischen Realismus'. Mit ihm meint man die Grundsignatur seiner Romane und Erzählungen, ihre faszinierende Ausstrahlung auf die Leser und das Geheimnis seines Erfolges bezeichnen zu können. Dabei werden so unterschiedliche Werke wie *HUNDERT JAHRE EINSAMKEIT*, *LIEBE IN DEN ZEITEN DER CHOLERA* oder eben auch die *CHRONIK EINES ANGEKÜNDIGTEN TODES* unter einen einheitsstiftenden, genretypologischen Begriff subsumiert – eben den des magischen Realismus.

Versucht man jedoch, die konstitutiven Merkmale dieses Begriffs zu bestimmen, wird man mit einem weit gespannten Bedeutungsspektrum konfrontiert. Unterschiedliche Literaturwissenschaftler und Kunsthistoriker haben aus divergierenden Perspektiven mit voneinander abweichenden Zielsetzungen verschiedene Deutungen dieses Phänomens vorgenommen.[118] Wenn im Folgenden eine Annäherung an die Bedeutung dieses vom Kunsthistoriker Franz Roh[119] geprägten Begriffs vorgenommen wird, so geschieht dies auf der Grundlage der in den vorangehenden beiden Kapiteln analysierten Werke.

Von einem Einbruch einer anderen, übernatürlichen, wunderbaren oder magischen Welt in die der dargestellten Wirklichkeit kann – wie immer wieder postuliert worden ist – weder in der *CHRONIK* noch in den drei untersuchten *GESCHICHTEN AUS DER FREMDE* die Rede sein.[120] Und auch ein Riss, der eine Separation der dargestellten Wirklichkeit in zwei unterschiedliche Welten hervorrufen könnte, ist nicht festzustellen. Dies setzt nämlich voraus, dass überhaupt von der Existenz wenigstens zweier unterschiedlicher Welten ausgegangen werden muss. Eine solche ontologisch orientierte Betrachtungsweise verschleiert den Blick vor der Tatsache, dass Fragen nach der Seinsweise fiktiver Wirklichkeiten im Hinblick auf literarische Texte unangemessen scheinen. Eine genuin literarwissenschaftliche Frage wäre die nach den spezifischen Darstellungsweisen, den speziellen künstlerischen Verfahren angesichts eines Phänomens, das eindeutig auf der Diskursebene solcher Texte anzutreffen ist.

Vielversprechend für eine präzise Bestimmung des Phänomens des magischen Realismus' jenseits des Anspruchs, mit ihm eine bestimmte literarhistorische Epoche oder ein Genre narrativer Texte bezeichnen zu wollen, sind Ansätze, die ihn als künstlerisches Verfahren, als eine bestimmte

Schreibweise sowie eine spezifische Haltung des Erzählers der dargestellten Wirklichkeit gegenüber begreifen. Die große Nähe eines so verstandenen magischen Realismus' zum Phänomen des Fantastischen macht sich Amaryll B. Chanady in ihrer Untersuchung[121] zunutze, in der sie ihrerseits auf Ergebnisse rekurriert, die Tzvetan Todorov in seiner Arbeit zur fantastischen Literatur[122] vorgelegt hat. Fundamentales Kriterium des Fantastischen ist für ihn die Ungewissheit, die **Unschlüssigkeit, die ein Mensch empfindet, der nur die natürlichen Gesetze kennt und sich einem Ereignis gegenübersieht, das den Anschein des Übernatürlichen hat.**[123] Die genauere Verortung dieser Unentschiedenheit führt zum impliziten Leser, der in Form der Identifikation mit einer oder mehreren Hauptpersonen in den fantastischen Diskurs integriert ist. **Das Fantastische impliziert also die Integration des Lesers in die Welt der Personen. Es definiert sich aus der ambivalenten Wahrnehmung der berichteten Ereignisse durch den Leser selbst.**[124] Diese Ambiguität löst beim impliziten Leser bis zum Ende der dargestellten Wirklichkeit nicht behobene Zweifel aus, ob die Ereignisse einer realen oder einer übernatürlichen Welt zuzuordnen, mit kausalen oder völlig neuartigen Gesetzen zu erklären sind. Die Unentscheidbarkeit dieser Frage für den impliziten wie für den realen Leser bleibt das konstitutive Kriterium für das Phänomen des Fantastischen.

Für das Phänomen des magischen Realismus hingegen bleibt es unerheblich, ob sich die dargestellte Wirklichkeit aus zwei oder gar mehr Welten zusammensetzt, ob zwischen einer realen und einer übernatürlichen Welt differenziert werden muss. Gemeinsam mit dem Fantastischen besitzt der magische Realismus die wahrnehmungspsychologisch begründete Perspektive des Erzählers auf die berichteten Ereignisse, die so dargestellt werden, dass der implizite wie der reale Leser mit Sichtweisen konfrontiert wird, die erheblich von seiner bisherigen Erfahrung abweichen. Es kommt somit zu einer Inkongruenz zwischen Erzähler- und Leser-Position. Solche Abweichungen können in zweifacher Hinsicht als Differenz zum Gewohnten gesehen werden: zum einen in der Einnahme einer ungewohnten Perspektive auf dargestellte Ereignisse, zum anderen im Gebrauch einer von der Normalsprache abweichenden literarisch-künstlerischen Sprache. Eine solch zweifache Verfremdung begründet genau das, was Viktor Šklovskij (vgl. Material 6) das **Neue Sehen** genannt hat – ein künstlerisches Verfahren, das den Leser aus seiner automatisierten Wahrnehmung reißt und eine andere Sichtweise auf bislang vermeintlich bekannte Dinge ermöglicht.

Diese dem Verfahren inhärierende abweichende Perspektive vom Gewohnten bestimmt das Phänomen des magischen Realismus' jedoch noch nicht hinreichend. Zwar eröffnet er dem Leser die Möglichkeit, mit gänzlich fremdartigen Sichtweisen auf die Welt konfrontiert zu werden, ohne sie als selbstverständlich hinzunehmen, gleichwohl lösen sie aber keine Irritationen beim Erzähler oder Leser hinsichtlich ihrer Andersartigkeit bzw. Sachangemessenheit aus. Es kommt also nicht darauf an, ob solche Ereignisse in einer realen oder übernatürlichen Welt angesiedelt sind, sondern entscheidend darauf, dass sie aus ihrer gewohnten Wahrnehmung gerissen werden. Das Ziel der Verfremdung durch den magischen Realismus liegt in erster Linie in einer überraschenden Enthüllung bislang nicht wahrgenommener Einzelheiten oder einer Dekuvrierung eines komplexen Geschehens.

Die gezielt gesteuerte Unmöglichkeit, seitens des Lesers an der Wahrhaftigkeit solch dargestellter Begebenheiten zu zweifeln, liegt darin begründet, dass er sich mit der vom Erzähler gewählten Perspektive, auch wenn sie noch so verfremdend ausfällt, zu identifizieren gezwungen sieht, weil eine andere Sichtweise auf die fiktive Wirklichkeit nicht geboten wird. Deren Darstellung evoziert im Leser eine Erfahrungsdifferenz, weil sich eine fremdartige, bislang nicht bekannte oder ungewöhnliche Sicht auf geschilderte Ereignisse eröffnet, sodass erst in der Konfrontation seiner Alltagserfahrung mit der künstlerischen Wahrnehmung die Perzeption erschüttert wird. Über die vom Erzähler gewählte Perspektive hinaus ist es vor allem die literarische Sprache, die diesen Verfremdungsprozess auslöst. In den nachfolgend angeführten Beispielen aus den untersuchten MÁRQUEZ-Werken kann dieses Verfahren des **Neuen Sehens** nachgewiesen werden.

Als grundlegend für den Enthüllungsprozess in der *CHRONIK* wurde das polyperspektivistische oder gar periskopisch genannte Erzählen herausgestellt (s. Kap. 2.5.3). Weil sich die Erzählhaltung von Kapitel zu Kapitel ändert und aus den je spezifischen Blickwinkeln unterschiedlicher Personen identische Ereignisse erzählt werden, ist der Leser mit einem Ensemble teils disparater, teils widersprüchlicher Rezeptionen fiktiver Wirklichkeit konfrontiert. Auf diese Weise entsteht eine **Beweglichkeit** des Erzählerstandpunkts, die **nicht mehr mit der Ortsveränderung einer Handlungsfigur verknüpft** ist. Der **Standpunkt des [Erzählers] ist in seiner Bewegung völlig frei und unabhängig.**[125]

So sieht Plácida Linero, die Mutter des Opfers Santiago Nasar, die Ursache für die von ihr verhinderte Rettung ihres Sohnes nicht in der Tatsache, dass sie im letzten Moment vor dessen Ermordung den Riegel vor das bis dahin offene Portal schiebt, sondern in der Unfähigkeit, ihren Traum am Morgen des Schicksalstages nicht richtig gedeutet zu haben (9, 122). Zweifel an dieser für Nicht-Lateinamerikaner abstrusen Perspektive und Begründung des Unheils kommen ihr nicht. So erkennt Clotilde Armenta angesichts des Auftretens der Brüder Vicario in ihrem Geschäft die enorme Gefahr, die von ihnen für Santiago Nasar ausgeht, und organisiert ein dichtes Netz von Warnungen, die das unbekümmerte Opfer erreichen sollen. Der Bürgermeister Lázaro Aponte hingegen sieht dieselbe Situation aus seiner Perspektive weniger dramatisch und meint, seinen Beitrag zur Entschärfung der Situation beigetragen zu haben, wenn er den Brüdern die Schlachtmesser wegnimmt. So ahnt Luisa Santiago, die Mutter des Ich-Erzählers, hellsichtig den Tod ihres Patenkindes zehn Minuten vor dessen Ermordung, während das Opfer sich ahnungslos von seinen arabischen Freunden Cristo Bedoya und Yamil Shaium verabschiedet. Und während Angela Vicario, nachdem sie noch in der Hochzeitsnacht von ihrer Mutter brutal verprügelt worden ist, den vermeintlichen Namen ihres Verführers gegenüber ihren Brüdern preisgibt, ohne Beweise anführen zu können, bestätigt sie gegenüber dem Untersuchungsrichter ihre früher gemachte Aussage sibyllinisch mit den Worten: **Er war mein Täter** (124) und gibt damit zu erkennen, dass sie das einmal von ihr initiierte Spiel der Vergeltung, das Familie und Dorfbewohner von ihr verlangen, mitspielt.

Der Leser hat in all diesen Begebenheiten keine andere Möglichkeit der Sichtweise als die, die ihm von den verschiedenen Personen ermöglicht wird. Eine Entscheidung für die authentische wird ihm vorenthalten, ja sie soll sogar unmöglich werden, damit er sich auf *eine* Perspektive nicht festlegen kann und so ein Verfremdungsprozess bei ihm ausgelöst wird, der die Verantwortungslosigkeit der am Geschehen beteiligten Personen erst erkennbar werden lässt und zugleich dessen tragische Dimension enthüllt.

Auch in den drei exemplarisch ausgewählten Erzählungen aus den *Zwölf Geschichten aus der Fremde* lässt sich der Mechanismus, die Funktionsweise des magischen Realismus' – und gerade hier besonders deutlich – nachweisen. Nachdem in den drei Erzählungen die Hauptpersonen eine jeweils verschieden gestaltete Grenze überschritten haben, beginnt in einem veränderten Ordnungssystem – und nicht in einer völlig anderen Welt – der Prozess der Verfremdung, der zumeist einer der Desillusionierung ist. Ausgelöst wird er durch ungewöhnliche, bislang unbekannte Erfahrungen, mit denen sich die zentralen Personen konfrontiert sehen.

So beginnt der Verfremdungsprozess von María de la Luz Cervantes in *›Ich bin nur zum Telefonieren gekommen‹* mit ihrer sukzessiv sich einstellenden Erkenntnis, dass dem Wunsch zu telefonieren aus der Perspektive des Anstaltspersonals eine völlig andere Bedeutung zukommt als in der Alltagswelt, bevor sich die Pforten des Hospitals für Geisteskranke hinter ihr geschlossen haben. Und auch ihre Leidenschaft für das Rauchen erhält für María einen völlig veränderten Stellenwert unter den Lebensbedingungen im Krankenhaus, wie sie schmerzhaft erfahren muss. Die auf María sonderbar wirkenden Erfahrungen gipfeln in der völligen Entfremdung zwischen ihr und ihrem Ehemann Saturno, der seinerseits den Bruch der

Beziehung zu María bereits vollzogen hat. Mit diesen Veränderungen wird der Leser ohne Irritationen in der Erzählung selbst konfrontiert, weil die Erzählperspektive auf das dargestellte Geschehen sich nicht ändert und ein möglicher Vorbehalt des Erzählers – wie beim Fantastischen – angesichts der Veränderungen ausbleibt, der sich in Wendungen wie *Es schien Maria, als ob […]* oder *Es war ihr, als ob […]* sprachlich manifestieren müsste. Er kann nur die im Text eingenommene Perspektive übernehmen.

Noch Verwirrenderes geschieht mit dem Leser in der Erzählung *Die Spur deines Blutes im Schnee.* Nachdem die Hauptfiguren Billy Sánchez und Nena Daconte die spanisch-französische Grenze passiert haben, beginnt der Entfremdungsprozess zwischen den Jungvermählten, der parallel zu der sich stets vergrößernden Dornrosenwunde Nenas, aus der sich – völlig unrealistisch – ein zunehmender Strom von Blut ergießt, geführt und für völlig normal erachtet wird. Gesteigert wird dieser Prozess noch durch die vollständige Selbstentfremdung Billys, als er sich im abweisenden und kalten Paris ohne Nena zurechtfinden muss. Die mit der Selbstentfremdung Billys einhergehende Verfremdung der französischen Hauptstadt erlebt der Leser aus der vom Erzähler gewählten Perspektive, der seinerseits die Perspektive Billys sich zu eigen macht, sodass hier die Perspektive ›mit‹ und die Perspektive ›von hinten‹ zusammenfallen. Nur vor dem Hintergrund andersartiger Erfahrungen mit der Seine-Metropole gerät das Bild einer solcherart verfremdet dargestellten Stadt ins Wanken und löst einen enthüllenden und zugleich erhellenden Desillusionierungsprozess beim Leser aus.

Im *Glücklichen Sommer der Frau Forbes* evoziert der lateinamerikanische Blick der beiden Kinder auf die veränderte Feriensituation nach dem Wechsel der Bezugspersonen von den Eltern zu Frau Forbes zwar fundamentale Verhaltensänderungen bei den Jungen. Diese werden jedoch ohne Perspektivenwechsel geschildert. Selbst merkwürdigste Handlungen der Erzieherin oder fantastische Vorstellungen der Brüder, wie sie sich der verhassten Autoritätsperson entledigen könnten, werden ungebrochen dem Leser vermittelt, dem somit ein völlig verändertes, eben ein **Neues Sehen** auf die europäische Kultur und ihre falschen Repräsentanten ermöglicht wird.

Wenn das Verfahren des magischen Realismus' von Márquez in Werken, deren Begebenheiten sich sowohl in der karibischen Welt als auch auf dem europäischen Kontinent zutragen, angewendet wird, dann darf begründet von einem strukturbildenden Prinzip seines literarischen Schaffens gesprochen werden. Insofern ist dem Rezensenten der *Geschichten aus der Fremde,* Jens Jessen, zuzustimmen, wenn er feststellt, dass vor allem diese Erzählungen geeignet seien,

> ein altes Mißverständnis aufzuklären. Man hat die Vermittlung des Wunderbaren und des Wirklichen in seinem Werk gerne mit dem Begriff des magischen Realismus belegt und diesen durch die exotische Wirklichkeit Lateinamerikas erklärt, zu deren Bestandteilen das Wunderbare offenbar gehöre. Davon kann jedoch keine vernünftige Rede mehr sein, wenn sich die europäische Wirklichkeit genauso phantastisch und unverständlich darstellen läßt. Der magische Realismus ist bei García Márquez nicht die Antwort auf magische Wirklichkeiten (falls es solche geben sollte). Er ist vielmehr eine literarische Perspektive.[126]

Mehr noch: Über diese Perspektive hinaus wird der magische Realismus für MÁRQUEZ zu einem zentralen künstlerischen Verfahren, dessen dekuvrierende, desillusionierende Funktion sowohl in seinen der Karibik als auch Europa zugewandten Werken angewendet wird. Er ist deshalb – wie aufgewiesen wurde – eine **literarische Verfremdungstechnik, ein Trick, um unsere Denkgewohnheiten zu erschüttern.**[127] Diese Tendenz erstreckt sich gleichermaßen auf festgefahrene Anschauungen bezüglich seiner karibischen Heimat (*CHRONIK*) und auf die Sichtweise seiner Figuren im fremden Europa (*GESCHICHTEN*).

Unterrichtshilfen

1 Didaktisch-methodische Aspekte

Die im Eingangskapitel dargelegte Aktualität lateinamerikanischer – und auch südländisch-mediterraner – Literatur prädestiniert die untersuchten Werke García Márquez' für die Sekundarstufe II des Deutschunterrichtes. Weil nämlich gerade dieser Autor in repräsentativer Weise typische und fundamentale Probleme der Menschen Mittel- und Südamerikas in seinen Werken auf literarisch hohem Niveau darzustellen vermag, können sie exemplarisch für die Literatur des ausgehenden 20. Jahrhunderts im Literaturunterricht des Faches Deutsch eingesetzt werden.

Mit der *CHRONIK* sowie den drei ausgewählten *GESCHICHTEN AUS DER FREMDE* wird sowohl thematisch als auch literarästhetisch dem Anspruch Rechnung getragen, moderne, avantgardistische Werke in den verbindlichen Literaturkanon aufzunehmen, der die Lektüre wenigstens eines fremdsprachigen Werkes obligatorisch macht. Sowohl die poetische Dichte als auch die brisanten Themen der Texte sprechen für ein hohes Motivationspotenzial bei den Schülern, wie ein mehrfacher Einsatz im Unterricht gezeigt hat. Die hohe Komplexität der *CHRONIK* mit ihren vielfältigen Deutungsmöglichkeiten und die doppelten Böden, Mehrfachkodierungen und Texttiefenstrukturen in den eher einfach angelegten Erzählungen stoßen auf hohes Interesse bei den Schülern aufgrund altersaffiner Themen und Probleme, ästhetischem Vergnügen bei der Lektüre und ermöglichen einen nahezu barrierelosen Zugang zu den Texten.

Korrespondierend mit der dreifachen Zielsetzung der Interpretationen liegen die didaktischen Schwerpunkte zum einen auf dem problemorientierten, zum anderen auf dem gebildeästhetischen und zum dritten auf dem methodisch-pragmatischen Ansatz, sodass unterschiedliche Lernzieldimensionen angesprochen werden. Um nicht nur fachspezifisch inhaltliche Lernziele zu erreichen, sondern auch das fachübergreifende, allgemeine Lernziel der Wissenschaftspropädeutik – wenn man es ernst nimmt – zu berücksichtigen, wird den Schülern ein Regel geleiteter und Methoden bewusster Umgang mit Texten vorgestellt, meint doch der Begriff Wissenschaftspropädeutik fundamental die Beherrschung fachspezifischer Methoden. Diese werden explizit vermittelt, indem das Todorov'sche Kategoriensystem in pragmatischer Absicht am jeweils systematischen Ort und damit sukzessive eingeführt sowie auf die untersuchten Werke angewendet (*CHRONIK*) und übertragen (*GESCHICHTEN*) wird.

Diesen Überlegungen und Zielsetzungen tragen die Unterrichtshilfen in dem Sinne Rechnung, als sie als Kombinationsvorschläge angelegt sind. Darum wird auch auf die Zuordnung einzelner Stunden zu einem Leistungs- oder Grundkurs verzichtet. Vielmehr verstehen sich die unterbreiteten Unterrichtsvorhaben als Resultate unterschiedlicher Zusammenstellungen. Sie bestehen maximal aus insgesamt vier Sequenzen oder Modulen, die in Summe 28 Stunden umfassen und für deren Reihenprinzip folgende Formel verwendet werden kann:

Chronik + (Erzählung 1 oder Erzählung 2 oder Erzählung 3)

Die Textzusammenstellung für zu planende Unterrichtsvorhaben ist also variabel handhabbar und richtet sich nach didaktischen Themenschwerpunkten und unterrichtsökonomischen Gesichtspunkten (Anzahl der zur Verfügung stehenden Stunden). Um jedoch der wesentlichen *methodischen* Zielsetzung der Reihe gerecht zu werden, sollte sichergestellt sein, dass die *Chronik* grundsätzlich Bestandteil eines wie auch immer zusammengestellten Textkorpus' wird, sodass auf der Basis der Analyse dieses Romans die folgenden Erzählungen mit zunehmender Selbstständigkeit der Schüler erschlossen werden können und so der Methodentransfer gesichert ist. Für den durchaus denk- und planbaren Fall, dass die drei Erzählungen ohne Berücksichtigung der *Chronik* Gegenstände eines Grundkurses werden sollen, wäre darauf zu achten, dass mit der unterrichtlichen Behandlung der ersten Erzählung die erzählanalytischen Kategorien Todorovs vermittelt werden.

Für das Gelingen von Unterrichtsvorhaben sind klare, inhaltlich konkretisierte Lernziele genauso unabdingbar wie gesicherte Lernvoraussetzungen. Kenntnisse über fast schon klassisch zu nennende Detektiverzählungen aus dem Unterricht der Sekundarstufe I wie Dürrenmatts *Der Richter und sein Henker*, Poes *Die Morde in der Rue Morgue*, Stevensons *Dr. Jekyll und Mr. Hyde* oder E. T. A. Hoffmanns *Das Fräulein von Scuderi* wären genauso hilfreich wie die Beherrschung entsprechender Strategien zur Analyse epischer Texte (Handlungsstrukturierung, Figurenkonstitution, Figurenkonstellation, Erzählperspektiven usw.). Auch die Übung in bestimmten Sozialformen und Unterrichtsmethoden wie Partner- und Gruppenarbeit bzw. Ergebnis- und Referatvortrag gehört zu den wünschenswerten Vorgaben. Handlungs- und produktionsorientierte Verfahren werden in den nachfolgend vorgestellten Unterrichtssequenzen insofern berücksichtigt, als sie in die Erarbeitung der Texte eindeutig funktional eingebunden sind und nicht isoliertes, methodisch-didaktisches Accessoir bleiben, vermögen sie doch textanalytische Arbeit nicht zu ersetzen. Gleichwohl sind sie immer dann nützlich, wenn mit ihrem Einsatz die methodische Selbstständigkeit der Schüler, vertiefende Erkenntnisse oder aber andere Zugehensweisen zu Texten zu erreichen sind.

2 Unterrichtsreihen

Als oberstes Lernziel der zu bildenden Unterrichtsvorhaben lässt sich analog zur Zielsetzung der Interpretationen ein doppeltes ausweisen: Mit einem problemorientierten Schwerpunkt sollen sich die Schüler mit auszuwählenden Werken Márquez' auseinander setzen, in denen sie als Leser wie die handelnden Personen mit keineswegs unbekannten Problemen in einer fremden Welt konfrontiert werden, wobei diese Intention mit der Vermittlung und Vertiefung eines methodischen, Regel geleiteten Arbeitens an narrativen Texten verknüpft ist.

Um dieses doppelte Ziel zu erreichen, werden folgende Unterrichtsvorhaben vorgeschlagen:

1. Thema: Begegnungen mit der Fremde

- LK: Chronik und alle drei Erzählungen (mindestens jedoch *Die Spur deines Blutes im Schnee* und *Der glückliche Sommer der Frau Forbes*)
- GK: *Chronik* und eine der drei Erzählungen
- GK: Alle drei Erzählungen aus den *Zwölf Geschichten aus der Fremde* (vornehmlich in der dargebotenen Reihenfolge)

2. Für Unterrichtsvorhaben, die auch weitere Werke García Márquez' oder anderer Autoren berücksichtigen, sind folgende Zusammenstellungen möglich:

- *Chronik* und *Nachricht von einer Entführung*
- *Chronik* und *Die böse Stunde*
- *Chronik* und Coelhos *Elf Minuten*

3. Projekte

- *Chronik* und die Verfilmung von 1987 durch Francesco Rosi (wobei Rosis Film als eigenständiges Kunstwerk mit spezifischen Schwerpunkten zu würdigen wäre)
- Erzählung ›*Ich bin nur zum Telefonieren gekommen*‹ und Verfassen eines Drehbuches für eine Verfilmung dieser Erzählung

3 Unterrichtssequenzen

Wo wird welcher Text behandelt?

Sequenz	Text	vorgeschlagene Stundenanzahl
1.	*Chronik eines angekündigten Todes*	13
2.	›*Ich bin nur zum Telefonieren gekommen*‹	5
3.	*Die Spur deines Blutes im Schnee*	5
4.	*Der glückliche Sommer der Frau Forbes*	5
		28 (insgesamt)

Verwendete Abkürzungen:

A = alternative Themen- und Aufgabenstellung
GA = Gruppenarbeit
GK = Grundkurs
LK = Leistungskurs
EA = Einzelarbeit
HA = Hausaufgabe
LV = Lehrervortrag
Mat. = Material
PA = Partnerarbeit
PRO = produktionsorientierte Themen- oder Aufgabenstellung
SV = Schülervortrag
UG = Unterrichtsgespräch
KRef = Kurzreferat
TA = Tafelanschrieb

1. Sequenz (13 Std.)

Stunden	Thema	Didaktische Aspekte (Inhalte/Ziele)
1./2.	Reflexionen über die Lektüre des Romans *Chronik eines angekündigten Todes*: – Festlegung eines methodischen Vorgehens zur Analyse des Romans – Zusammensetzung der Romanhandlung aus Verbrechens- bzw. Detektionsstrang und Rekonstruktionsgeschichte	1. Artikulation der Wirkungen, die der Roman auf die Schüler ausgeübt hat 2. Methodenreflexion um ein Regel geleitetes Vorgehen zur Analyse des Romans sicherzustellen 3. Organisation des Arbeitens an der *Chronik* festlegen; Handlungsstränge des Romans rekonstruieren
3.	Einführung der erzählanalytischen Kategorien Todorovs und deren Anwendung auf die *Chronik* (vgl. Kap. 2.1)	1. Fähigkeit festigen und erweitern, um einen anspruchsvollen methodologischen Text adäquat zu rezipieren 2. Methodentransfer durchführen um eine Anwendung des Theoretischen in praktischer Hinsicht einzuleiten 3. Fundamentale Differenz zwischen Realität und Fiktion erkennen und daraus methodische Konsequenzen ziehen

Methodische Realisierung/ Verlauf	Hausaufgabe
1. SV: Schüler benennen ihre Eindrücke nach der Lektüre des Romans, die stichwortartig festgehalten werden (Clustering) 2. UG: Systematisierung der gesammelten Beobachtungen zum Roman nach übergeordneten Gesichtspunkten PA: Einen Fragen- und Analysekatalog ausarbeiten UG: Einbringen der Vorschläge: Wer hat Angela Vicario verführt? Handelt es sich bei der *Chronik* um einen Kriminalroman? Warum gibt es ein so umfangreiches Personal? Hat die extreme Fragmentierung der Handlung eine Bedeutung? Wo liegt der Schwerpunkt hinsichtlich der dargestellten Begebenheiten? Welche Textintention lässt sich herauskristallisieren? 3. UG: Bestimmung von ›Experten‹-Gruppen für wichtige Figuren des Romans: (1) Santiago Nasar, (2) Angela und Pura Vicario, (3) Pablo und Pedro Vicario, (4) Bayardo San Román, (5) Cristo Bedoya und Yamil Shaium, (6) Clotilde Armenta, (7) Lázaro Aponte und Pater Carmen Amador, (8) Victoria Guzmán und Divina Flor – Aufgabe für jede Gruppe, sich als ›Anwalt‹ für die jeweilige(n) Person(en) in Charakter und Handlung zu bewähren A/PRO: Festlegung der Untersuchung im Metaplanverfahren EA: Rekonstruktion der Handlungsstränge des Romans, die sich nicht aus seiner Kapiteleinteilung bestimmen lassen (Parallelen zu bekannten Kriminalromanen) UG: Unterscheidung der Romanhandlung in Verbrechens- bzw. Detektionsstrang und Untersuchung des gesamten Romans als Rekonstruktionsgeschichte (vgl. Skizze in Kap. 2.2.1). Wichtige Nebenhandlungen (um Clotilde Armenta und Cristo Bedoya) werden herausgestellt, kleinere Handlungseinheiten als Handlungssplitter bezeichnet.	Arbeitsteilige HA (für die 4./5. Stunde): Acht ›Experten‹-Gruppen bereiten ihre Aufgaben in Form eines Mindmappings vor. A/PRO vor Beginn der Sequenz: Führen eines Lesetagebuchs, in dem die wichtigsten Eindrücke festgehalten werden, und Erarbeitung des Textes (s. Mat. 2) zur Gegenüberstellung von Realität und literarischer Fiktion
1. SV: Ergebnisse der HA vorstellen, indem zugleich Erläuterungen zu schwierigen Begriffen gegeben werden UG/PA: Systematisierung der Kategorien unter die beiden Oberbegriffe **histoire** und **discours** (Mat. 1 a, b). Reflexion über das analytische Arbeiten und Festlegung des methodischen Vorgehens 2. UG: Analyse der *Chronik* hinsichtlich der zugrunde liegenden Geschichte, der Rekonstruktion der Handlungsstränge (schon in der 1. Stunde geleistet) und des Romanpersonals beginnen KRef: Abgrenzung zwischen Wirklichkeit und Fiktion vornehmen (anhand des Textes von Lang über die realen und literarischen Begebenheiten, Mat. 2) A/PRO (auch als HA): Verfassen Sie einen Klappentext zur *Chronik*, der auf wesentliche Elemente des Romans hinweist 3. UG: Abweichungen und Übereinstimmungen zwischen Realität und Fiktion werden festgehalten um daraus Schwerpunkte	

Stunden	Thema	Didaktische Aspekte (Inhalte/Ziele)
4./5.	Bestimmung wesentlicher Merkmale der Hauptpersonen (Figurenkonstitution) und ihrer Beziehungen zueinander (Figurenkonstellation)	Auf der Grundlage konkreter Textstellen Hauptpersonen hinsichtlich ihrer natürlichen und sozialen Merkmale bestimmen: Erweiterung der Fähigkeit, textanalytisch zu arbeiten
6.	Matrizierung der Figurenkonstellation (Kap. 2.3.1) und Konfliktbestimmung (Kap. 2.4)	Neue methodische Verfahren umsetzen; Konflikte erarbeiten und als Dynamisierung distinktiver Merkmale verstehen; Matrizierung bewerten
7./8.	Einstieg in die Diskursanalyse: Bestimmung der Romankomposition auf der Grundlage der Kapiteleinteilung	1. Romananalyse auf Diskursebene nach dem Prinzip ›Von den größeren zu den kleineren Einheiten‹ vornehmen: Bestimmung der Romanstruktur als symmetrisch angeordnete Komposition 2. Zeitverhältnisse im Erzählkontinuum exakt bestimmen; genaue Darlegung der chronologischen Inversionen und ihrer Funktionen

Methodische Realisierung/ Verlauf	Hausaufgabe
für Analyse und Interpretation herzuleiten (Primat der Diskursanalyse, weil Stoff beschränkt und einfach zu überblicken ist). Betrachtung des Personals grundlegend	
SV/GA: Die ›Experten‹-Gruppen bringen ihre Ergebnisse aus den Mindmaps ein, auf denen anhand konkreter Textstellen die Figuren in ihren distinktiven Merkmalen festgelegt sind (s. Kap. 2.2.1 bis 2.2.5). Auflistung der Merkmale als TA oder auf OHP A/PRO: Anfertigen und Präsentieren von Steckbriefen über die Hauptpersonen, die auf einer Wandzeitung zusammengestellt werden	
LV: Ordnungssystem einer nicht-mathematischen, zweidimensionalen Matrix wird durch Nennung seiner Komponenten vorgestellt. Dabei bleibt die Matrix leer UG: ›Experten‹-Gruppen nehmen Zuordnungen der von ihnen betreuten Figuren in das Koordinatensystem vor und artikulieren mögliche Schwierigkeiten (Entwicklung von Figuren in der Romanhandlung, Problem der Dominanz von Merkmalen, s. Matrix, Kap. 2.3.1) PA: Verhältnis zwischen Figuren in unterschiedlichen Zonen der Matrix untersuchen, auffällige, extreme Positionierungen feststellen und problematisieren UG: Bestimmung zentraler Relationen zwischen den Figuren, die als Konflikte zwischen ihnen aufscheinen. Vermittlung der Vorstellung, dass Konflikte als Dynamisierung, als ein Sich-in-Bewegung-Setzen distinktiver Merkmale verstanden werden können. Kritische Betrachtung der Matrix: Was leistet sie, was nicht?	Bestimmung der den fünf Kapiteln zugewiesenen Handlungen
1. SV: Einbringen der HA-Ergebnisse und Fixierung als TA UG: Vergleich zwischen den dargestellten Begebenheiten auf Handlungs- und Diskursebene unter dem Aspekt der Chronologie der Ereignisse. Erkenntnisse: massive Eingriffe in das Erzählkontinuum, Finalstellung der Tötung Santiago Nasars (Kap. V); Gruppierung der Handlung um das Opfer (Kap. I), den Bräutigam und die Hochzeit (Kap. II), die Täter (Kap. III), die Braut und ihre Zukunft (Kap. IV) 2. PA: Bestimmung der Zeitverhältnisse zwischen den einzelnen Kapiteln UG: Aufweis der chronologischen Inversionen als Rückblende (Kap. II), als Vorgriff (Kap. IV) und Zentrierung (Kap. V). Dadurch Mittelpunktstellung der Tötung Santiago Nasars, die nur aus Spannungsgründen an das Ende des Romans gerückt wird. Ermittlung der symmetrischen Anordnung der erzählten Begebenheiten. Symmetrieachse verläuft nahezu durch die Mitte von Kap. III (Skizze, Kap. 2.5.1)	Bestimmung der Zeiträume der in den fünf Kapiteln dargestellten Ereignisse A/PRO: Schreiben Sie auf der Grundlage der achronologisch dargestellten Romanhandlung einen linear verlaufenden Bericht über die zentralen Ereignisse.

Stunden	Thema	Didaktische Aspekte (Inhalte/Ziele)
7./8.	Bestimmung der Erzählperspektiven	1. Unterschiedliche Erzählperspektiven erkennen und benennen Anwendung der Kategorie der Perspektivik auf einen konkreten Textabschnitt
9./10.	Verfahren der Zeitgestaltung in der *Chronik*: Funktionen der Zeitgestaltung	1. Umfang der erzählten Zeit und der Erzählzeit bestimmen 2. Verhältnisse zwischen Erzählzeit und erzählter Zeit analysieren 3. Sicherung von Ergebnissen in einer grafischen Darstellung 4. Strukturskizzen auswerten und Fragestellungen entwickeln 5. Probleme der Zeitgestaltung im Roman erkennen und durch Anwendung auf den Text lösen
11.	Bestimmung der spiralförmigen Erzählweise als dichte Folge von Pro- und Analepsen	1. Rückblenden und Vorgriffe als fundamentales Prinzip des Erzählens erkennen 2. Funktionen des spiralartigen Erzählens bestimmen

Methodische Realisierung/ Verlauf	Hausaufgabe
EA: Analyse der Erzählperspektiven auf mikrostruktureller Ebene: Untersuchung des Schlusses von Kap. II (**Nur Pura Vicario wußte** [...] **›Santiago Nasar‹, sagte sie.**, 49 f.) UG: Präsentation der Ergebnisse: ständiger Wechsel zwischen der Perspektive ›mit‹ (personaler Erzähler): Montage direkter Rede (Angela V.; Pedro V.) und der Perspektive ›von hinten‹ (auktorialer Erzähler): **Die Zwillinge, von ihrer Mutter** [...] (49); übergeordnete Perspektive des arrangierenden Ich-Erzählers ([...] **erzählte mir Angela Vicario.** (49) Benennung des Phänomens als polyperspektivistisches und periskopisches Erzählen	
1. SV: Festlegung der Zeiträume, über die in den fünf Kapiteln erzählt wird 2. UG: Erarbeitung der Verhältnisse zwischen der Dauer des Erzählens (Seitenumfang) und dem Zeitraum des erzählten Geschehens in den fünf Kapiteln (Aussparung, extreme Raffung, geringe Raffung) 3. Methodenreflexion: Wie lassen sich diese Verhältnisse für den gesamten Roman grafisch darstellen? UG/SV: Sukzessive Erarbeitung der Strukturskizze ›Zeiträume in der *CHRONIK*‹, Kap. 2.5.1, als TA oder am OHP 4. PA: Formulierung von Problemen, die die Skizze aufwirft. Welche auffälligen Besonderheiten lassen sich erkennen? A/PRO: Verfassen Sie einen Bericht aus der Perspektive Clotilde Armentas an den Untersuchungsrichter über die Ereignisse der Nacht 5. SV/UG: Sammeln wichtiger Besonderheiten: Konzentration des Romans auf den Zeitraum am Montag zwischen 0 Uhr und 7.10 h, extrem ungleiche Verteilung der Ereignisse auf der Diskursebene, Überschneidungen der Erzählstränge (Kap. I, III, V); chronologische Inversionen, Verdichtung des V. Kap. auf nur 45 Minuten erzählter Zeit, Personenvielfalt, Einstieg in Form der in-medias-res-Technik	Detaillierte Analyse des Erzähleingangs von Kap. III (Wie wird erzählt?)
1. SV: Einbringen der HA-Ergebnisse: Gliederung des Erzähleingangs in vier Handlungssplitter und chronologische Inversion, Bestimmung ihrer Anordnung auf Diskursebene 2. UG: Übertagung der Ergebnisse in drei Strukturskizzen, die den spiralförmigen, chronologisch inversiven Aufbau des Erzähleingangs veranschaulichen (Skizzen in Kap. 2.5.1, Erzählzeit und ihre Organisation); Einführung der Begriffe Prolepse und Analepse; Zentrierung auf die Rechtfertigung des Mordes durch die Brüder Vicario; Übertragung der Ergebnisse auf die Komposition des Romans: Nicht die Tat, sondern ihre Umstände und Motive stehen im Zentrum des Geschehens	Drei S bereiten KRefs zu den Mat. 3, 4 und 5 mit entsprechenden hand-outs vor.

Stunden	Thema	Didaktische Aspekte (Inhalte/Ziele)
12./ 13.	Motivgeflecht, Themabestimmung und Intention des Romans	1. Problemlösendes Arbeiten nach der Erarbeitung fördern
		2. Sekundärtexte und deren Ergebnisse in die eigene Arbeit integrieren
	Versuch einer literarischen Wertung und Kritik am Vorgehen zur Werkanalyse	Roman und das eigene Vorgehen zu seiner Analyse kritisch beurteilen

2. Sequenz (5 Std.)

Stunden	Thema	Didaktische Aspekte (Inhalte/Ziele)
1./2.	›*Ich bin nur zum Telefonieren gekommen*‹: Eintritt der Hauptfigur María in eine für sie fremde Welt, Festlegung der Handlungsstruktur, Konflikte und Figurenkonstellation in beispielhaft vorgeschlagenen Konzepten	1. Einstieg: Begegnung mit der eigentümlichen Atmosphäre, in die María eintaucht 2. Fundamentale Voraussetzungen für eine mögliche Fortführung der Handlung festlegen
		3. Kreativ-methodische Fertigkeiten weiterentwickeln um von einem Erzähleingang auf Personen, Konflikte, Handlungsstruktur und Problemlösung begründet schließen zu können
		1. Handlungs- und Erzähllogik auf ihre Stimmigkeit überprüfen

Methodische Realisierung/ Verlauf	Hausaufgabe
1. UG: Rückgriff auf die 1. Std.: Können die dort gestellten Fragen nunmehr beantwortet werden? Kein Detektivroman, sondern Rekonstruktion eines Verbrechens und seiner besonderen Umstände; Frage nach der Bedeutung, der Textintention des Werkes. 2. KRef: S referieren die wesentlichen Aussagen der im unmittelbaren Zusammenhang mit dem Roman stehenden Texte (Mat. 3, 4 und 5) UG/Diskussion: Welche Aspekte bilden das thematische Zentrum des Romans: Doppelmoral, Verantwortung, Schicksal, Gewalt oder *machismo*? Verbindung zu entsprechenden künstlerischen Verfahren herstellen. Dazu die zu Beginn gebildeten Expertengruppen befragen. Kritischer Rückblick auf Werk und methodisches Vorgehen A/PRO: Gerichtsverhandlung mit den Angeklagten Pablo und Pedro Vicario; Ankläger und Verteidiger stammen aus einem westeuropäischen Land	

Methodische Realisierung/ Verlauf	Hausaufgabe
1. LV: Präsentation des Erzähleingangs (95–97) bis zur Textstelle: **Der Bus fuhr an, ohne ihr für mehr Zeit zu lassen.** (97) 2. SV/UG: Spontane Reaktionen auf den präsentierten Erzähleingang: Missgeschick Marías (Autopanne); bedrückende Stimmung im Omnibus; Frage nach der Identität der weiblichen Fahrgäste; Rätsel des Ortes, an dem María angekommen ist; Wunsch zu telefonieren um ihren Mann zu informieren 3. PA/PRO: Welche plausiblen und begründeten Projektionen für eine sinnvolle Fortführung der Handlung sind möglich? SV: Unterschiedliche Vorschläge vergleichen und auf ihre innere Kohärenz/Wahrscheinlichkeit überprüfen. Denkbar wären: María wird in ein Gefängnis/Kloster/Hospital eingeliefert; welche Versuche unternimmt sie, den Aufenthalt dort zu beenden? Welche Rolle spielt dabei ihr Mann? Gelingt es ihr zu telefonieren? UG: Mögliche Handlungssegmente für Konfliktanbahnung, Höhepunkt und Konfliktlösung werden – wenn nötig alternativ – festgelegt A: KRef (nur LK): Eco, Umberto (1992): *Die Grenzen der Interpretation*, München, 11–17; Thema: Interpretation und Projektion als Einschränkung von Sinn 1. SV/UG: Diskussion mehrerer Konzeptvorschläge hinsichtlich der Handlungsstruktur: Marías Trennung von ihrer gewohnten Umgebung – Hilfe, Rettung durch ihren Mann? – Rückkehr in die alte oder Aufenthalt in der neuen Umgebung? Konflikt: Auswirkung der Veränderung auf die Beziehung der Eheleute?	Lektüre der Erzählung unter dem Aspekt der Handlungs- und Erzählstruktur sowie auffälliger künstlerischer Verfahren

Stunden	Thema	Didaktische Aspekte (Inhalte/Ziele)
1./2.		2. Anwendung poetologischer Prosakategorien auf die Erzählung
3.	Handlungs- und Diskursstruktur der Erzählung ›*Ich bin nur zum Telefonieren gekommen*‹ sowie Ermittlung der Leitmotivik	1. Transferleistung von der eigenen Projektion zur analytischen Durchdringung des Erzähltextes 2. Erarbeitung I: Bestimmung der Funktion der chronologischen Inversion (Rückblende) als Motivierung des Geschehens 3. Erarbeitung II: Analyse der Diskursebene hinsichtlich der beiden zentralen Leitmotive des Telefonierens und des Rauchens
4./5.	Von der Leitmotivtechnik zur Themabestimmung	1. Auffinden der zentralen Leitmotive des Telefonierens und Rauchens 2. Erarbeitung: Leistungen/Funktionen, die den zentralen Leitmotiven zugewiesen werden können 3. Sicherung: Ergebnisse durch exemplarische Anwendung festigen 4. Vertiefung der Ergebnisse durch Problemerweiterung 5. Problemlösung: Ermittlung des zentralen Konfliktes und des Themas der Erzählung

Methodische Realisierung/ Verlauf	Hausaufgabe
Thema: Beziehungs- oder Sinnkrise der Eheleute (TA parallel zum Unterrichtsverlauf) 2. UG: Vorläufige Fixierung der Handlungsstruktur im Sinne des triadischen Modells: Grundlegung, Zuspitzung und Lösung des Konfliktes zwischen den beiden Hauptfiguren in drei Handlungssträngen. Polyvalenz des Themas (Ehe-, Beziehungs- oder Sinnkrise) zwingt zur Offenheit hinsichtlich seiner Festlegung	A/PRO: Entwerfen Sie einen Erzählschluss im Sinne des literarischen Kitsches.
1. SV: Einbringung der HA: Analyse der Erzählung auf den Ebenen der Handlungs- und Diskursstruktur: Dreigliedrigkeit der Handlung, die auf Diskursebene in chronologischer Inversion gestaltet wird. Vergleich mit den HA-Ergebnissen SV/UG: Erarbeitung und Fixierung der Handlungs- und Erzählstränge mithilfe der Strukturskizzen zu Handlungs- und Erzählsträngen (Kap. 3.1.1 und 3.1.3) als TA/auf OHP. 2. PA: Unterschiede zwischen Handlungs- und Erzählstranganordnung herausarbeiten um die Bedeutung der beiden Rückblenden (102–106) zu bestimmen. Berücksichtigung des Verhältnisses zwischen María und Saturno, Marías Erfahrung mit Männern, Saturnos Eifersucht. 3. UG: Sensibilisierung für zentrale künstlerische Verfahren, hier: Rekurrenzen, Wiederholungen. Fokussierung auf die zentralen Leitmotive; Einbringung der Definition des Begriffes Leitmotiv nach Wilperts *Sachwörterbuch der Literatur*	Untersuchung der Leitmotive im Hinblick auf ihre Distribution und Leistung/ Funktion für den Konflikt und das Thema der Erzählung
1. SV: Vergleichende Betrachtung vorgetragener Schülerarbeiten. Sammlung der festgestellten Leitmotive des Rauchens und Telefonierens im Erzähltext 2. GA (arbeitsteilig): Untersuchung der beiden Leitmotive auf ihre Funktionen durch Bestimmung der Kontexte, in denen sie verwendet werden 3. UG: Überprüfung der Resultate anhand von Analysen zentraler Textstellen in der Erzählung (z. B. 98, 108 f., 112) 4. LV: Bedeutungsrückung und Verfremdung als Verfahren semantischer Überdeterminierung (Mat. 6) PA: Übertragung und Anwendung der theoretischen Ausführungen auf den Höhe- und Wendepunkt der Erzählung (108 f.) 5. UG: Analyse miteinander korrespondierender Episoden/Erzählstränge: Rückblenden und Wendepunkt, Ausgangs- und Endsituation Diskussion: Worin liegt der zentrale Konflikt in der Beziehung zwischen María und Saturno? Welche Textintention lässt sich in thematischer Hinsicht daraus ableiten?	Vorbereitende HA: Lektüre der Erzählung *Die Spur deines Blutes im Schnee* und des Märchens *Dornröschen* der Brüder Grimm

3. Sequenz (5 Std.)

Stunden	Thema	Didaktische Aspekte (Inhalte/Ziele)
1./2.	1. Aufweis der Handlungsstruktur der Erzählung *Die Spur deines Blutes im Schnee* durch Segmentierung	1. Kritische Sichtung von HA-Ergebnissen als Grundlage für die Festlegung eines methodischen Verfahrens zur Textanalyse 2. Die Vorteile erkennen, einen Erzähltext zu analysieren
	2. Bestimmung des Basisproblems und des Themas der Erzählung	3. Methodentransfer zur Bestimmung von MEs (= Mikroerzählungen) in einem narrativen Text 2. Funktionsbestimmung der Handlungssegmente der ME hinsichtlich ihrer inhaltlich-thematischen Relevanz für die Erzählung 3. Analyse sog. Gelenkstellen um zentrale Ereignisse und Entwicklungen zu erkennen und zu interpretieren
3.	1. Karibisches Lebensgefühl im Kontrast zum rational geprägten Europa	1. Bestimmung von Oppositionen in zeitlicher, örtlicher, personaler und motivischer Hinsicht
	2. Der magische Realismus – zutreffend für die Werke von Márquez?	2. Fähigkeit zur Analyse nicht-fiktionaler Texte festigen 3. Konfrontation mit einem problematischen Begriff zur Kennzeichnung literarischer Werke
4./5.	Die künstlerischen Verfahren der Verfremdung sowie des ›Neuen Sehens‹ und ihre Funktionen	1. Fähigkeit nicht-literarische (expositorische) Texte hinsichtlich ihrer wesentlichen Aussagen zu erfassen

Methodische Realisierung/ Verlauf	Hausaufgabe
1. SV: Vergleich zwischen dem handlungskonstitutiven Ereignis (Dornenstich) im Märchen und der Erzählung sowie den divergierenden Folgen für Dornröschen (100-jähriger Schlaf und Erlösung) und Nena Daconte (abruptes Ende der Liebe und Tod) 2. UG: Bestimmung der Auswirkungen, die die blutende Wunde Nena Dacontes nach sich zieht. Notwendigkeit, die einzelnen Stationen dieser Entwicklung anhand einer Handlungssegmentierung aufzuweisen 3. PA: Analyse der Handlungsstruktur durch Bestimmung der Segmente durch Mikroerzählungen (ME 1 bis ME 7) 4. SV: Präsentation der Ergebnisse und ihre Übertragung auf eine Strukturskizze (3.2.1) 2. UG: Interpretation der Strukturskizze unter der Fragestellung, welche Veränderungen von Station zu Station sich für die Hauptfiguren Billy Sanchez und Nena Daconte ergeben: Entfremdung zwischen den Eheleuten (ME 1 und ME 3) und Billys von sich selbst (ME 4 bis ME 6) 3. PA: Exemplarische Interpretation der 3. ME (206–211). Leitfrage: Wie verändert sich das Verhältnis zwischen den Jungvermählten und welche Gründe können dafür genannt werden? SV: Einbringen der Ergebnisse: Nenas Zustand verschlechtert sich, blutende Wunde ist nicht zu stillen, Lebensgefahr für Nena. Parallel dazu nimmt das sexuelle Verlangen ab, weil das Paar die karibische Leidenschaft in Frankreich sukzessive verlässt UG: Überleitung zur Themabestimmung: Der Tod der Liebe und der lateinamerikanischen Vitalität im kalten, abweisenden Europa	Vorbereitende HA: Erarbeitung der Funktionen der 2. ME (= Mikroerzählung) als Folie, auf der die Gegensätzlichkeit zwischen Ausgangs- und Endsituation der Handlung bestimmt werden kann. A/PRO: Entwerfen Sie eine Reiseroute von Cartagena de Indias/Kolumbien nach Paris mit den entsprechenden Klimazonen.
1. SV: Ergebnisse geben die primär auf Sexualität basierende Beziehung zwischen Billy und Nena wieder. Extreme Betonung des Animalisch-Kreatürlichen, das auch in Nena zum Ausbruch kommt UG: Vergleich zwischen Ausgangs- und Endsituation (ME 3 zu ME 7): Vitalität, *amour fou* vs. Tod der Liebe und Nenas; völlige Selbstentfremdung Billys außerhalb der karibischen Welt 2. EA: Erbeitung zentraler Aussagen einer Rezension (Mat. 7) 3. UG: Problematisierung und vorläufige Festlegung der Bedeutung des Begriffs ›magischer Realismus‹ als künstlerisches Verfahren	Vorbereitende Lektüre des Aufsatzes von Šklovskij (Mat. 6)
1. SV: Wiedergabe der wesentlichen Aussagen des Aufsatzes von Šklovskij als Textzusammenfassung: Gegenstand literarwissenschaftlichen Arbeitens ist der Aufweis der Literarizität. Verfremdung durch ›Neues Sehen‹ als Mittel der Literatur	Lektüre der Erzählung *Der glückliche Sommer der Frau Forbes*

Stunden	Thema	Didaktische Aspekte (Inhalte/Ziele)
4./5.		2. Methodisch-praktische Umsetzung des Erkannten auf literarische Texte
		3. Funktionalisierung der Ergebnisse hinsichtlich des Themas der Erzählung

4. Sequenz (5 Std.)

Stunden	Thema	Didaktische Aspekte (Inhalte/Ziele)
1./2.	1. Analyse des *Glücklichen Sommers der Frau Forbes* auf Handlungs-, Diskurs- und Figurenebene	1. Motivation durch Konfrontation mit einem Autor-Zitat
		2. Methodenreflexion zur Bestimmung des analytischen Zugriffs auf die Erzählung
		3. Erarbeitung I: Durchführung der Analyse
		4. Sicherung I: Ergebnissicherung und Vertiefung durch Strukturskizzen

Methodische Realisierung/ Verlauf	**Hausaufgabe**
2. GA: Anwendung des Erkannten auf drei verschiedene Textstellen: Billys Versuch in das Krankenhaus einzudringen (214); Billys Besuch in der Botschaft (215); Billy an der Seine (216) A/PRO: Aufzeichnung eigener Vorstellungen über einen Paris-Aufenthalt und Vergleich mit Billys Erfahrungen SV: Ergebnisse werden eingebracht: 1. Gruppe: Verfremdung des üblichen Verhaltens Billys in seiner Heimat, das sich nun gegen ihn wendet; 2. Gruppe: Konfrontation mit einem kolumbianischen Botschaftsangehörigen, der die europäische Mentalität angenommen hat; 3. Gruppe: Verlust der sexuellen Vitalität, die in der Darstellung des Anglers zum Ausdruck kommt 3. UG: Übertragung der Teilergebnisse auf die gesamte Erzählung: Welche Bedeutungen lassen sich für die Verfremdung und das ›Neue Sehen‹ hinsichtlich des Themas der Erzählung ermitteln? Diskussion: Kann die Erzählung als modernes Märchen, als kulturkritischer Beitrag oder als melodramatische Liebesgeschichte aufgefasst werden unter Berücksichtigung der bislang erzielten Ergebnisse?	

Methodische Realisierung/ Verlauf	**Hausaufgabe**
1. Impuls durch Präsentation des García Márquez-Zitats: **Eine Kurzgeschichte zu schreiben ist ebenso anstrengend, wie einen Roman zu beginnen. Denn in dem ersten Absatz eines Romans muß man alles festlegen: Struktur, Ton, Stil, Rhythmus, Länge und manchmal sogar den Charakter irgendeiner Figur.** (S. 11 in *Zwölf Geschichten aus der Fremde*) 2. SV: Anwendung der Zitataussage auf den ersten Abschnitt der Erzählung, Methodenreflexion um den analytischen Zugriff auf die Erzählung in Analogie zum bisherigen Vorgehen festzulegen: Atmosphäre des Erzähleingangs (Figuren und Figurenmerkmale, Beziehung zwischen den Figuren, Bedeutung der gekreuzigten Meerschlange, Handlungs- und Diskursstruktur) 3. GA: arbeitsteilige Erarbeitung der Figurenkonstitution und -konstellation (Frau Forbes als autoritäres Zentrum des Personals), der Handlungs- und Diskursstruktur (Zwei- und Dreisträngigkeit) sowie besonderer, auffälliger Einzelheiten von interpretatorischer Relevanz A/PRO: Schreiben Sie einen Brief der beiden Jungen an ihre Eltern, in dem Sie ihre unerträgliche Situation schildern. 4. SV/LV: Einbringung der Ergebnisse, die teilweise in Strukturskizzen übertragen werden (Erzählstränge, Kap. 3.3.1, und Figurenkonstellation, Kap. 3.3.2)	Schriftliche Charakterisierung der Figur der Frau Forbes anhand der Konfigurationsskizze (Kap. 3.3.2) mit Zitatnachweisen

Stunden	Thema	Didaktische Aspekte (Inhalte/Ziele)
1./2.		
	2. Untersuchung künstlerischer Besonderheiten und Merkmale	5. Erarbeitung II 6. Sicherung II
3.	1. Multifunktionalität der Erzieherin in der Figurenkonstellation der Erzählung	1. Fähigkeit erweitern textanalytische Ergebnisse plausibel und nachvollziehbar zu präsentieren 2. Figurenrelationen anhand nachweisbarer Merkmale und konkreter Situation erarbeiten und darlegen 3. Abstraktionsleistungen zur Lösung zentraler interpretatorischer Probleme stärken
	2. Untersuchung überdeterminierter Textstellen und ihrer Funktionen	4. Analytische Fähigkeiten schärfen, besondere künstlerische Verfahren in einem literarischen Text aufzuspüren 5. Sensibilisierung: Bedeutungsverweise und -zusammenhänge zwischen verschiedenen Texten erkennen zu können
4./5.	1. Internetrecherche zur Ermittlung der Texttiefenstrukturen	1. Fähigkeiten zu selbstständigen Recherchen via Internet erweitern 2. Transferleistungen auf den zu analysierenden Text vornehmen können 3. Ergebnissicherung durch Anfertigung einer Strukturskizze, die die Bedeutungszusammenhänge zwischen verschiedenen Texten (Intertextualität) veranschaulicht

Methodische Realisierung/ Verlauf	**Hausaufgabe**
UG: Erläuterungen zu den Strukturskizzen hinsichtlich ihrer Leistungen für Analyse und Interpretation 5. PA: Erarbeitung auffälliger Besonderheiten in der Erzählung und ihrer Bedeutungen/Funktionen 6. SV: Einbringung der Ergebnisse: Nennung der gekreuzigten Muräne, des vergifteten Weins, der seltenen Namen Fulvia Flaminea und Oreste sowie der Insel Pantelleria	
1. SV: Präsentation der HA-Ergebnisse zur Charakterisierung der Titelfigur als verfremdet dargestellte Frau (Merkmale: 178) 2. PA: arbeitsteilige Untersuchung der Beziehungen zwischen Frau Forbes und den Jungen, Oreste sowie Fulvia Flaminea A/PRO: Darlegung der Änderung der Figurenkonstellation, wenn die Figur Oreste eliminiert und die eines ermittelnden Kommissars eingeführt würde SV: Bestimmung der Relation Frau Forbes – Jungen: extreme Spannung, beiderseitige Entfremdung, hohes Konfliktpotenzial; Frau Forbes – Oreste: nicht transparent, mit hoher Wahrscheinlichkeit Liebesbeziehung; Frau Forbes – Fulvia Flaminea: vollständige Entfremdung der Köchin; Frau Forbes – alle Figuren: dominierende, autoritäre Herrschaft über das gesamte Personal 3. UG: Untersuchung des Schicksals von Frau Forbes und Darlegung der Gründe für ihren Tod (Konflikthöhepunkt und -lösung anhand der Szenen auf S. 182 und S. 185 f.) 4. PA: Sammlung von Texthinweisen, die auf den Tod von Frau Forbes deuten: gekreuzigte Muräne, Doppelleben, Riss, Bruch in ihrer Persönlichkeit 5. UG: exemplarische Aufschlüsselung des Dingsymbols der gekreuzigten Muräne (Bedeutung der Kreuzigung Jesu Christi für ihn und die Menschheit: Leiden, Tod, Erlösung)	Internetrecherche zu Schillers *Jungfrau von Orleans*; Aischylos' *Oreste* (Hauptfiguren) und der Insel Pantelleria (geografische Lage, Geschichte und Bedeutung)
1. SV: Einbringung der Ergebnisse zu Schillers *Jungfrau*, Aischylos' *Orestie* und der Insel Pantelleria 2. GA: arbeitsteilige Bestimmung der wesentlichen Parallelen zwischen der Situation der Titelfigur und Johannas in Schillers Drama (Szene IV,1), Orestes und Orests in Aischylos' *Orestie* (Strafe für Verrat und Übernahme eigener Verantwortung) sowie der geokulturellen Lage Pantellerias in Geschichte und Gegenwart 3. UG: Erarbeitung der semantischen Schnittmengen zwischen den überdeterminierten Erzählsegmenten und den Verweisungstexten. Übertragung der Ergebnisse in eine Strukturskizze (vgl. Kap. 3.3.4)	

Stunden	Thema	Didaktische Aspekte (Inhalte/Ziele)
	2. Bestimmung der tiefenstrukturellen Ebenen als Zugang zum Verständnis der Erzählung	

4 Klausurvorschläge

Von den fünf nachfolgenden Klausurvorschlägen beziehen sich zwei auf die *Chronik* (LK oder GK) und drei jeweils auf eine der untersuchten Erzählungen. Sie sind so konzipiert, dass sie sowohl textanalytische als auch textübergreifende Aufgaben enthalten. Die Aufgaben sind so gestellt, dass sie – taxonomisch gesehen – jeweils der reproduktiven oder reorganiserenden, der Transfer- oder Anwendungsebene sowie der Problemlösungsebene zugeordnet sind.

Grundkurs

1. Textgrundlage: **Yamil Shaium war der einzige […] Kein Betrunkener frißt seine eigene Kacke.** (Gabriel García Márquez, *Chronik*, 103 f.)
   a) Ordnen Sie den Textauszug in seinen unmittelbaren Kontext ein.
   b) Analysieren Sie den vorliegenden Textauszug hinsichtlich
      – der eingesetzten Erzählperspektiven und ihrer Funktionen,
      – der nachweisbaren Motive für wichtige thematische Aspekte und
      – erkennbarer Rekurrenzen.
   c) Bestimmen Sie mithilfe des Textauszuges die Intention des Romans.

Leistungskurs

2. Textgrundlage: **Der Anwalt plädierte […] sie freigesprochen worden waren.** (Gabriel García Márquez, *Chronik*, 51)
   a) Ordnen Sie den vorliegenden Textauszug in seinen unmittelbaren Kontext ein.
   b) Analysieren Sie den Textauszug besonders im Hinblick auf die Zeitgestaltung auf der Ebene des Diskurses.
   c) Legen Sie die Bedeutung des Textauszuges hinsichtlich seiner thematischen Relevanz für den Roman dar.

Methodische Realisierung/ Verlauf	Hausaufgabe
4. PA: interpretierende Analyse der Strukturskizze: Welche Bedeutung kommt im Hinblick auf die zentrale Problematik der *Frau Forbes* den Verweisungen auf andere Texte zu? UG: Erörterung der Ergebnisse in Bezug auf Handlung und Situation der Frau Forbes (doppelte Entfremdung), der Jungen (Erlösung) und Oreste (Sühne für den zweifachen Verrat an Frau Forbes und Übernahme der Verantwortung für sich und die Kinder) LV: Einführung des Begriffes der Texttiefenstruktur (s. S. 98 f.) UG: Diskussion über die Funktionen überdeterminierter Dinge und Namen in der Erzählung (Strukturskizzen ›Das Leben lernen‹ und ›intertextuelle Relationen‹, Kap. 3.3.4). Bestrafung der schuldig gewordenen Frau Forbes durch den Verantwortung übernehmenden Oreste; Überlegenheit der karibischen Mentalität wegen ›falscher‹ Repräsentanten der europäischen Kultur	

3. Textgrundlage: **Die Befürchtung, daß María […] María zu vergessen** (Gabriel García Márquez, ›*Ich bin nur zum Telefonieren gekommen*‹, 104 f.)
   a) Ordnen Sie den Textauszug in seinen unmittelbaren Kontext ein.
   b) Analysieren Sie den vorliegenden Textauszug hinsichtlich
      – seiner Bedeutung für die Entwicklung der Beziehung zwischen María und Saturno,
      – der Entwicklung, in der sich Maria befindet und
      – der nachweisbaren Leitmotivtechnik.
   c) Legen Sie die Bedeutung des Textauszuges für die Komposition der Erzählung dar.
4. Textgrundlage: **Er benutzte nicht […] ans Flugzeug gebracht worden war.** (Gabriel García Márquez, *Die Spur deines Blutes im Schnee*, 216 ff.)
   a) Analysieren Sie den vorliegenden Textauszug hinsichtlich
      – seines mikrostrukturellen Aufbaus,
      – seiner Bedeutung für die Entwicklung der Figur Billy Sánchez und
      – der dafür eingesetzten sprachlich-künstlerischen Verfahren.
   b) Erörtern Sie die Bedeutung der Vernunft für die Beziehung zwischen Billy und Nena.
5. Textgrundlage: **Ab sieben schloß sie sich […] und versuchte umzukehren.** (Gabriel García Márquez, *Der glückliche Sommer der Frau Forbes*, 182 f.)
   a) Beschreiben Sie die dargestellte Situation, in der sich die beiden Jungen befinden.
   b) Analysieren Sie den vorliegenden Textauszug hinsichtlich
      – des Konfliktes zwischen den Brüdern und Frau Forbes,

– seiner Bedeutung für das zentrale Problem der Erzählung und
– der eingesetzten poetisch-künstlerischen Mittel.

c) Erörtern Sie, welchem Typus einer Erzählung die vorliegende aufgrund des vorliegenden Textauszuges begründet zugeordnet werden müsste

5 Materialien

Material 1 a

Tzvetan Todorov: Die Kategorien der literarischen Erzählung

Untersucht die ›Literarizität‹ und nicht die Literatur. Diese Formel wies vor fast fünfzig Jahren auf den Beginn der ersten modernen Richtung in der Literaturwissenschaft hin; den Russischen Formalismus. Mit diesem Satz versucht Jakobson den Gegenstand der literarischen Forschung neu zu definieren; die wahre Bedeutung des Satzes ist jedoch lange mißverstanden worden. Der Satz beinhaltet nicht, daß die bis dahin vorherrschende immanente Forschungsweise durch einen transzendenten (psychologischen oder philosophischen) Zugang ersetzt werden soll: d. h. die Forschung soll sich auf keinen Fall auf die Beschreibung eines Werkes beschränken, weil Beschreibung nicht das Ziel einer Wissenschaft sein kann (und es handelt sich hier um eine Wissenschaft im strengen Sinn). Richtiger ist die Deutung des Satzes, die sagt, daß in ihm das Werk statt auf einen andersartigen Diskurs auf einen literarischen Diskurs projiziert wird. Nicht das Werk, sondern das Wirkungsvermögen des literarischen Diskurses, das ihn ermöglicht hat, wird untersucht. So können Literaturstudien zur Wissenschaft von der Literatur werden. [...]

Das Werk hat [...] keine unabhängige Existenz. Es wird in eine literarische Welt schon vorhandener Werke integriert. Jedes Kunstwerk tritt in ein komplexes Beziehungsgeflecht mit Werken aus der Vergangenheit ein, die je nach Epoche andere Hierarchien bilden. Der Sinn von *Madame Bovary* liegt darin, daß der Roman gegen die romantische Literatur konzipiert wurde. Die Interpretation von *Madame Bovary* verändert sich je nach Epoche und je nach den Kritikern.

Wir versuchen hier, ein Begriffssystem vorzuschlagen, das einer Untersuchung des literarischen Diskurses dienen könnte. Wir haben auf der einen Seite Prosawerke und auf der anderen eine bestimmte Ebene im Werk ausgesucht, die vielen Werken gemein ist: die *Erzählung*. Wenn die Erzählung die meiste Zeit das dominierende Element in der Struktur des Prosawerkes ist, so ist es ebensooft nicht das einzige Element. [...]

Auf der allgemeinsten Ebene hat das literarische Werk zwei Seiten: es ist zugleich Geschichte und Diskurs. Es ist Geschichte, weil es eine bestimmte Realität evoziert, Geschehnisse, die geschehen sein könnten, Personen, die von diesem Gesichtspunkt aus mit Personen des wirklichen Lebens ineinander verschwimmen. Dieselbe Geschichte hätte uns mit anderen Mitteln berichtet werden können z. B. in einem Film; sie hätte uns im mündlichen Bericht eines Zeugen, ohne daß sie zu einem Buch gemacht worden wäre, übermittelt werden können. Aber das Werk ist zugleich Diskurs; es gibt einen Erzähler, der die Geschichte berichtet, auf der anderen Seite gibt es einen Leser, der sie aufnimmt. Auf dieser Ebene zählen nicht die berichteten Geschehnisse, sondern die Weise, in der der Erzähler sie uns vermittelt. [...]

Die Geschichte entspricht keiner idealen chronologischen Abfolge. Schon wenn es mehr als eine Person gibt, entfernt sich diese Abfolge weit von einer ›natürlichen‹ Geschichte. Soll diese Ordnung aufrechterhalten werden, so müßten wir bei jedem Satz von einer Person zur anderen springen, um zu sagen, was diese zweite Person ›in der Zwischenzeit‹ gemacht hat. Denn die Geschichte ist selten einschichtig; sie enthält meistens mehrere ›Fäden‹, und erst von einem bestimmten Augenblick an laufen diese Fäden zusammen.

Die ideale chronologische Abfolge ist eher ein Vorgang der Darstellung, der in neueren Werken ausprobiert wird; wir beziehen uns nicht auf diesen Vorgang, wenn wir von Geschichte sprechen. Der Begriff der Geschichte entspricht eher einem pragmatischen Bericht von dem, was sich abgespielt hat. Die *Geschichte* ist also eine Konvention, sie existiert nicht auf der Ebene der Geschehnisse selbst. Der Bericht eines Polizeibeamten über irgendeine Sache folgt genau den Normen dieser Konvention, er stellt die Geschehnisse möglichst präzise dar (während der Autor, der daraus die Intrige seiner Erzählung macht, irgendein unwichtiges Detail mit Schweigen übergeht, um es erst am Ende hervorzuheben). Diese Konvention ist so weit verbreitet, daß die besondere Umformung, die der Autor in seiner Darstellung der Geschehnisse vornimmt, genau mit ihr konfrontiert wird, und nicht mit der chronologischen Abfolge. Die Geschichte ist eine Abstraktion, denn sie wird immer von irgend jemanden wahrgenommen und erzählt, sie existiert nicht ›an sich‹.

[…]

Wir haben bis jetzt versucht, davon zu abstrahieren, daß wir ein Buch lesen, daß die infragestehende Geschichte nicht zum »Leben« gehört, sondern zur vorgestellten Welt, die wir nur durch das Buch kennen. Um den zweiten Teil des Problems zu untersuchen, gehen wir von einer entgegengesetzten Abstraktion aus: wir betrachten die Erzählung nur in ihrer Eigenschaft als Diskurs, als reale Rede, die vom Erzähler an den Leser gerichtet ist.

Wir teilen die Mittel des Diskurses in drei Gruppen ein: in die *Erzählzeit*, Ausdruck der Beziehung zwischen der Zeit der Geschichte und der des Diskurses; in die *Erzählaspekte*, oder in die Art, wie die Geschichte vom Erzähler wahrgenommen wird; und in die *Erzählmodi*, die von der Art des Diskurses abhängen, der vom Erzähler benutzt wird, um uns die Geschichte mitzuteilen. […]

Das Problem der Darstellung der Zeit in der Erzählung stellt sich aufgrund der Ungleichheit der Zeitlichkeit der Geschichte und der des Diskurses. Die Zeit des Diskurses ist in einem bestimmten Sinn eine lineare Zeit, während die Zeit der Geschichte mehrdimensional ist. In der Geschichte können sich mehrere Ereignisse zur selben Zeit abspielen; aber im Diskurs müssen sie gezwungenermaßen in eine Folge nacheinander eingesetzt werden; eine komplexe Figur wird auf eine gerade Linie projiziert. Daher die Notwendigkeit, die ›natürliche‹ Abfolge der Geschehnisse zu zerbrechen, selbst wenn der Autor ihr so nahe wie möglich bleiben will. Aber meistenteils versucht der Autor nicht, diese ›natürliche‹ Abfolge zu finden, da er die zeitliche Deformation zu bestimmten ästhetischen Zwecken gebraucht. […]

Die Aspekte der Erzählung betreffen die Art, wie die Geschichte vom Erzähler gesehen wird; die Modi der Erzählung betreffen die Art, in der der Erzähler sie uns vorstellt, sie uns darstellt. Auf diese Modi der Erzählung bezieht man sich, wenn man sagt, daß ein Schriftsteller uns die Dinge ›zeigt‹, während ein anderer sie uns ›nur sagt‹. Es gibt zwei Hauptmodi: die *Darstellung* und den *Bericht*. Beide Modi entsprechen auf einer konkreteren Ebene den zwei Begriffen, denen wir bereits begegnet sind: dem Diskurs und der Geschichte.

Vermutlich kommen die zwei Modi in der zeitgenössischen Erzählung aus zwei verschiedenen Quellen; aus der Chronik und aus dem Drama. Die Chronik oder die Geschichte ist ein reiner Bericht und der Autor ist ein einfacher Zeuge, der Tatsachen vermittelt; die Personen sprechen nicht; die Regeln sind die der historischen

Material 1 a

Gattung. Im Gegensatz dazu wird die Geschichte im Drama nicht vermittelt, sie spielt sich vor unseren Augen ab (selbst wenn wir das Stück nur lesen), es gibt keinen Bericht, die Erzählung ist in den Gesprächen der Personen enthalten. [...]

(aus: Todorov, Tzvetan, Die Kategorien der literarischen Erzählung, Frankfurt 1972, 263–294)

Material 1 b

Erzählung als Geschichte (histoire) nach Todorov

- Logik der Handlung
  - Wiederholungen
    - Antithese
    - Gradation
  - Parallelismus
- Personen und ihre Beziehungen
  - Grundprädikate von Beziehungen
    - Verlangen
    - Kommunikation
    - Anteilnahme
    - ↓
      - Oppositionsregel
      - Passivregel

– das triadische Modell
(Erzählung als Verkettung und Verschachtelung von dreigliedrigen Einheiten [Mikroerzählungen])

– das homologe Modell
Anordnung der histoire als proportionale Relation von vier Gliedern (A:B::a:b)

Personen
– Prädikate (distinktive Merkmale)
– Agenten (Handlungsträger)
– Aktionsregeln

Erzählung als Diskurs (discours) nach Todorov Material 1 c

Zeit der Erzählung
(Erzähl- und erzählte Zeit)

- zeitliche Deformation Verkettung, Alternanz, Einschub
- Produktionszeit, Rezeptionszeit

Erzählaspekte

- Erzähler > Person (Perspektive ›von hinten‹)
- Erzähler = Person (Perspektive ›mit‹)
- Erzähler < Person (Perspektive ›von außen‹)

Erzählmodi

- Personenrede (direkt)
- Erzählerrede (indirekt)
- Bericht
- Darstellung

Ablauf der Erzählung

- Verschiebung in der Geschichte (des Ordnungssystems) (etwa: alogischer, überraschender Schluss)
- Verschiebung des Diskurses (etwa: Wechsel der Erzählperspektive, der Erzählmodi etc.)
- Wert der Verschiebung (Funktionalisierung, Interpretationsansatz)
- Verhältnis zwischen inner- und außerliterarischem Ordnungssystem

Realität und Fiktion Material 2

Den Stoff zu seiner Geschichte *CHRONIK EINES ANGEKÜNDIGTEN TODES* hat Gabriel García Márquez der Wirklichkeit entlehnt. Eine Gegenüberstellung der tatsächlichen Ereignisse und ihrer Gestaltung in der Geschichte kann einen Einblick in die Technik dichterischen Schaffens vermitteln.

Reale Ereignisse	*Literarische Gestaltung*
In seiner Hochzeitsnacht entdeckt Miguel Reyes Palencia, daß seine Braut keine Jungfrau ist. Er bringt Margarita zu ihren Eltern zurück, nachdem er sie geschlagen und beschimpft hat. Seine Freunde geben ihm ein Messer, um sie zu töten. Dies lehnt er ab, gibt ihr aber das Messer, damit sie sich selbst das Leben nehmen soll.	Bayardo San Román heiratet und entdeckt in der Hochzeitsnacht, daß seine Frau nicht mehr Jungfrau ist. Er bringt Angela Vicario nach Hause zurück. Ihre Mutter Pura schlägt sie.
Das Mädchen wird gezwungen, den Namen ihres Verführers preiszugeben. Cayetano Gentile Chimento wird von ihrem Bruder verfolgt und getötet.	Das Mädchen wird gezwungen, den Namen ihres Verführers preiszugeben. Santiago Nasar wird von ihren Zwillingsbrüdern Pedro und Pablo verfolgt und getötet.
García Márquez kennt die Hauptperson dieser Tragödie, ist aber selbst nicht	Der Erzähler kennt die Hauptpersonen und ist bei der Hochzeit dabei. Wäh-

Zeuge der Ereignisse. Er verspricht seiner Mutter, die Geschichte nicht zu veröffentlichen, solange die Hauptpersonen leben.

rend des Verbrechens ist er im Bordell der María Alejandrina Cervantes. Nach vielen Jahren greift er die Geschichte (wieder) auf, interviewt die wichtigsten Personen der Geschichte, die noch am Leben sind. Er versucht aus den Aussagen der verschiedenen Augenzeugen die Geschichte wie ein Mosaik zusammenzusetzen. Den Text nennt er immer wieder eine Chronik.

(aus: Lang, Gerhard, Gabriel García Márquez, Crónica de una muerte anunciada, Münster 1991, 82 f.)

Material 3

Rossana Rossanda: Das Thema ist die Verantwortung, und das ist ein Thema der 70er Jahre *

Gabriel, ich habe die *Chronik eines angekündigten Todes* wie kein anderes Deiner Bücher außer *Hundert Jahre Einsamkeit* gelesen. Und je mehr ich las, desto weniger kam mir der Unterschied zwischen jenen übervollen 100 Jahren – jede Seite mit 10 Geschichten, 10 Leben, 10mal Tod – und diesem knappen Tag als Stildifferenz vor, desto mehr als Unterschied in der Weltanschauung. Im Gegensatz zum Klappentext ist das Hauptthema der *Chronik* nicht das Schicksal, sondern die Verantwortung. In *Hundert Jahre* hatte das Schicksal das Los der Menschen fest in die Hand der Natur gelegt; Macondo ist es nicht gelungen, Geschichte zu sein. Wer da rational vorgehen oder Geschichte machen wollte, verlor entweder den Verstand wie Arcadio oder alle seine Kriege wie Aureliano Buendia. Der Zerfall war unvermeidlich und setzt genau da ein, wo zwischen Mann und Frau nicht mehr ist als bloße Sexualität, d. h. Natur, und all das, was erträumt und erdacht worden ist, verlorengeht, selbst die Erinnerung, und Ursulas Haus verfällt. Stimmt's?
Ist in der *Chronik* die Tatsache, daß unmöglich ist, aufzuhalten, was alle wissen und nicht wollen, Santiago Nasars Tod, Schicksal? Das scheint mir nicht so. Das muß nicht so sein.
Von der Tücke des Schicksals wird nur die Mutter Santiagos geschlagen, weil es sie die Tür verriegeln läßt, die ihn gerettet hätte. In allen anderen Fällen läßt es den Menschen die Möglichkeit, ihre eigene Rolle zu spielen. Und das ganze Buch durchzieht unausgesprochen ein moralischer Vorwurf wegen der Untätigkeit, Trägheit und Ausflüchte derer, die ihre Rolle nicht spielen, oder?
Die Verantwortlichkeit für das Schweigen ist sogar noch stärker, denn in *Hundert Jahre Einsamkeit* stellen die uralten Gebräuche und Fabeln noch ›einen Wert‹ dar. Hier tun sie das nicht mehr. Sie sind nur mehr Wiederholung eines Ritus, an den niemand glaubt. Niemand glaubt mehr an Jungfräulichkeit und Ehre. Das Leben Santiagos, der beiden Brüder, Angelas und Bayardos wird aufs Spiel gesetzt für ein Nichts. Das Schweigen ist nur kampflose Kapitulation. Wenn wir es nicht genau wüßten – Du, der Du schreibst, und wir, die wir lesen –, würden wir es nicht glauben, daß Bayardo 20 Jahre später zu Angela zurückkehrt: nicht etwa, weil er ihre Briefe gelesen hat, sondern weil es der Zeit – und nur ihr – überlassen war, das zu vollenden, was schon zu Ende war: die Ehre als Ersatz für Identität. Nicht wahr?

---

* Aus *Il Manifesto*, Nr. 148, Mailand, 11. 7. 1982, 7. – Aus dem Italienischen von Conrad Ley.

Es ist das Problem dieser Stunden, von denen die *Chronik* handelt, daß – gäbe es nicht den Mythos, an den niemand mehr glaubt – keine Verhaltensregeln mehr da wären. Diese tote Regel diktiert die Verhaltensweisen der Lebenden und stellt sie vor das Dilemma: reden oder schweigen? Besonders die Frauen entscheiden sich fürs Reden, aber es sind Frauen, und was sie sagen, zählt nicht. Die zwei armen Brüder schreien geradezu ihren Vorsatz heraus, aber können sich nicht selbst davon befreien: sie würden sonst als Feiglinge dastehen. Wer sie befreien könnte – Lázaro Aponte, die Staatsgewalt –, schweigt aus Trägheit und Unsicherheit, nicht weil es das Schicksal so will. Oder?
Wenn der einzelne diesem nicht für alle zwingenden Schicksal gegenübersteht, kann er in der Rolle des Opfers nur die Kraft entwickeln, es zu ertragen. Aber nicht alle sind Opfer, viele sind Komplizen, auch Divina Flor oder Victoria Guzmán. Nur einer ist völlig Opfer, Santiago, der mit seinem Schicksal hervorragend umgeht, bis zum letzten Wortwechsel mit Deiner Tante. Es gibt jedoch noch ein anderes, spezifisch weibliches Opfer: Angela. Auch sie schlägt sich tapfer mit der einzigen Pflicht, die sie hat, sich nicht selbst zu belügen. Sie lügt nicht, wenn sie Santiago als den Verführer angibt: eine Feministin würde heute sagen, er oder ein anderer könnte es gewesen sein, der Mann ist ihr Feind oder Herr. Und tatsächlich fragt sich niemand, ob er es gewesen sei, noch glaubt es jemand. Eine andere entdeckt, wie »einsam auf der Welt die Frauen sind«. Und Du, wann hast Du das entdeckt? Du sagst das hier zum erstenmal. Seit wann weißt Du, daß es so ist?
Wenn das ganze Dorf wider Willen zusieht, wie Santiago stirbt, Angela und ihre Brüder sich zugrunde richten, Bayardo verschwindet, dann deshalb, weil dieser schon gestorbene Mythos der Ehre ihm nicht nur einige Regeln, sondern auch den Ersatz für Identität bietet. Es gibt keine andere. Wenn da Aureliano Buendia gewesen wäre, der eine andere Identät (etwas, woran man glauben kann, eine Idee, einen Wertmaßstab) hatte, wäre Santiago nicht tot. […]
Aber wenn ich es in unser Leben übersetze, finde ich dann nicht in diesen zehn Jahren außer jenen, die über den Mythos lachen, viele, die mit ihm leben, weil sie fürchten, jenen Kern an Wahrheit zu verlieren, der hinter jedem moralischen und sozialen ›Imperativ‹ steht? Schweigen wir nicht angesichts der Ereignisse der Revolutionen, denen wir unser Leben gewidmet haben, aus Angst, daß die Idee der Revolution zusammenbricht, und lassen es zu, daß sie ermordet wird und sich ermordet, denn sie ist schwach und zerbrechlich, weil sie ihrem Gegner gleicht? Wer glaubt, daß Revolution Utopie war, mag schweigen; wer es aber nicht glaubt, gleicht der nicht jenen, die angesichts des angekündigten und vermeidbaren Todes schweigen? Ich weiß, wie schwierig es ist, von einem ›realen Sozialismus‹ in Lateinamerika, besonders im Fall Kubas, zu sprechen. Aber wenn er für Lateinamerika das ist, was die Ehre in der *Chronik* ist, ist Lateinamerika dann nicht verloren? Was meinst Du?
Der Mythos ist tröstlich, die Wahrheit ist es nicht immer. Dem Weg der Revolution zu folgen, wenn die Revolutionen häßlich sind, ist nicht leicht. Aber können wir diesem Dilemma entgehen, wir, die wir noch immer an ihr festhalten? Oder bist du skeptisch geworden? Die *Chronik* sagt mir, daß Du es nicht bist. Und es ist unser Schweigen, das Du beschreibst.
›Was ist los mit Dir?‹ – können sie uns fragen. ›Sie haben mich getötet‹, können wir antworten.
Es umarmt Dich

Rossana

Paris, 9. Mai 1982

(aus: Koenigs, Tom [Hrsg.]: Mythos und Wirklichkeit, Köln 1985, 227–230)

Material 4 — Gabriel García Márquez: Das Thema ist das Schicksal, aber es ist keine Metapher für das Heute*

Antwort

1. Es ist mir noch nie gelungen, die Kritiker ganz zu verstehen. Und auch viele Leser nicht, die glauben, in Büchern bestimmte Dinge wiederzufinden, die in den Intentionen des Autors noch nicht einmal angelegt sind. Bei der *Chronik eines angekündigten Todes* war das, was mich gut 30 Jahre lang interessierte, ohne daß ich mich dazu entschloß, darüber zu schreiben, die kaum glaubliche Tatsache, daß das ganze Dorf wußte, daß Santiago Nasar getötet werden sollte, und er der einzige war, der es nicht wußte. Dies ließ mich nicht nur eine erstaunliche Geschichte schreiben, sondern eine tiefergehende Analyse der Gesellschaft, in der ich lebe, versuchen. Ansonsten war es ein Drama, wie es auch heute noch gang und gäbe ist, nicht nur in Lateinamerika, sondern auch in vielen Ländern der Welt, Italien eingeschlossen.

In den letzten Jahren dann entdeckte ich in dem Drama ein Element, das zweifellos das einzig neue und meiner Meinung nach etwas ganz Besonderes ist: die Brüder, die Santiago Nasar ermordet haben, wollten es gar nicht tun, sondern sahen sich durch sozialen Druck dazu gezwungen. Mehr noch: an jenem verhängnisvollen Morgen taten sie alles, damit irgend jemand sie daran hinderte, was ihnen jedoch nicht gelang. Diese Entdeckung war es, die mich schließlich dazu brachte, das Buch zu schreiben.

2. In keinem Moment habe ich das Schicksal als den bestimmenden Faktor des Buches angesehen, das scheint jedoch mehr als alles andere die Kritiker zu interessieren. Meiner Ansicht nach ist das, was in diesem Buch wie Schicksal aussieht, nichts anderes als ein mechanisches Element in der Erzählung. Wie in *König Ödipus* von Sophokles, wo der Schwerpunkt nicht in der Schicksalhaftigkeit der Ereignisse liegt, sondern in dem Drama des Menschen auf der Suche nach einer eigenen Identität und dem eigenen Geschick.

Die *Chronik eines angekündigten Todes* geht auf eine wirkliche Begebenheit zurück, die sich in Kolumbien 1950 genau so zugetragen hat, wie es in dem Buch erzählt ist. Die einzigen Veränderungen, die ich vorgenommen habe, waren nebensächlicher Art und folgen eher technischen als literarischen Erfordernissen. Meine Arbeit bestand darin, die fast unendliche Reihe winziger und miteinander verketteter Berührungspunkte zu entdecken und ans Licht zu bringen, die in einer Gesellschaft wie der unsrigen dies absurde Verbrechen ermöglicht haben. Alles war vermeidbar, und der soziale Verhaltenskodex, nicht das Schicksal, war der Grund dafür, daß es nicht verhindert werden konnte. In diesem Sinne hast Du recht: dies ist kein Drama des Schicksals, sondern der Verantwortung. Mehr noch: der kollektiven Verantwortung. Ich glaube sogar, das Buch endet damit, daß der Mythos des Schicksals unglaubwürdig wird, weil es nämlich Stück für Stück dessen grundsätzliche Bestandteile auseinandernimmt und zeigt, daß wir selbst die alleinigen Herren unseres Geschickes sind.

Je öfter ich mir jenen unheilvollen Tag ins Gedächtnis rufe, desto offensichtlicher erscheint mir das. Ich selbst war an jenem Tag nicht da, aber ich kannte die Örtlichkeiten sehr gut und auch die handelnden Personen; es waren mehr oder weniger alles Bewohner des Dorfes. Ich erinnere mich: meine erste Reaktion, als ich die Nachricht

---

* Aus *Il Manifesto*, Nr. 148, Mailand, 11. 7. 1982, 7. – Aus dem Italienischen von Conrad Ley.

erfuhr und von den Einzelheiten des Verbrechens hörte, war Wut, und zwar deshalb, weil mir alles vermeidbar schien. Seitdem fragt sich jeder Zeuge, mit dem ich darüber rede, weiterhin, wie es gekommen ist, daß er selbst es nicht verhindern konnte, und in allen habe ich eine Angst gespürt, das, was sie an jenem Tag gemacht haben, zu beurteilen, eine Angst, die mir irgendwie auf ein Schuldgefühl hinzudeuten schien. Und ich glaube, was sie an jenem Tag lähmte, war das Gefühl, bewußt oder nicht, daß jenes rituelle Verbrechen moralisch legitimiert war.

3. Es ist merkwürdig, daß Du das Verhalten der Mutter erwähnst, die im letzten Augenblick die Tür verriegelt, denn das war wirklich das einzige, was vom Schicksal vorherbestimmt scheint. Und das nicht nur im Buch, sondern auch in der Wirklichkeit. Aus diesem Grund war ich viele Jahre im Zweifel, ob ich es benutzen sollte. Aber sein reales Gewicht wog zu schwer.

Meiner Mutter, die wirklich Gevatterin und enge Freundin von Prudencia Linero war, mußte ich versprechen, das Buch nicht zu schreiben, solange Prudencia Linero lebte. »Sie würde vor Kummer sterben, wenn sie sich in dem Buch die Tür schließen sähe«, sagte mir meine Mutter. Ich wartete, bis sie gestorben war.

Die Wartezeit half mir zu verstehen, daß Santiago Nasars Mutter kein freies Glied im sozialen Räderwerk war, wie offenbar jene glaubten, die annahmen, daß ihr Sohn nicht ermordet worden wäre, wenn jene Tür nicht verriegelt gewesen wäre. Die Wahrheit ist, daß sie die Tür verriegelte, weil sie – wie sie mir vor ihrem Tod mehrfach erklärte – nie gedacht hätte, daß zwei elende Schweineschlächter sich trauen würden, einen reichen jungen Mann zu töten, Sohn von Leuten, die am Dorfplatz wohnten, was im Dorf als Zeichen eines besonderen sozialen Status galt. Sie glaubte, sie seien gekommen, um einen öffentlichen Skandal zu inszenieren, und schloß die Tür, damit sie es nicht drinnen im Haus täten. Aber diese Wahrheit ist in der Dynamik der Erzählung sehr schwach, deshalb griff ich auf eine poetische Mystifizierung zurück.

4. Einer der ersten, der das Buch las, sagte mir: ›Das ist nichts als eine schmutzige Affäre von Frauen.‹ Ein anderer wies mich daraufhin, daß es sich um ein Drama von Jugendlichen handle, denn tatsächlich ist keine der Hauptpersonen älter als 25, und nahm an, in dem Buch ging es darum, wie sehr die Vorurteile der Erwachsenen die Tragödie bestimmt hätten. Auf jeden Fall bin ich davon überzeugt, war es für die Tragödie entscheidend, daß Frauen an ihr beteiligt waren. Dies entspricht meiner Überzeugung, daß der machismo ein Produkt matriarchalischer Gesellschaften ist. Die Person, die das Drama aus dem Schatten regiert, ist Pura Vicario, Angelas Mutter, und ich glaube nicht, daß sie es aufgrund einer besonderen Berufung tat, sondern weil sie dachte, ihre Familie würde die soziale Ächtung nicht überleben, wenn ihre Söhne sie nicht von der Schmach befreiten. Angela entdeckt das später im Hafenhotel von Riohacha, als sie ihren Ehemann, der sie verstoßen hatte, wiedersah und entdeckte, daß sie ihn über alles liebte. Da verstand sie, daß allein ihre Mutter für ihr Unglück verantwortlich war. Und dann sah sie sie, so, wie sie war: ›Eine arme Frau, die mit ihren Fehlern einen lebenslangen Kult getrieben hatte.‹

Die Figur Clotilde Armenta, die es in Wirklichkeit nicht gab, habe ich erfunden, weil sie mir als Erwiderung auf die Mutter Angela Vicarios notwendig schien. Ich entwickelte sie Schritt für Schritt beim Schreiben, und bei jedem Schritt machte ich mir klar, daß das einzige, was sie tun konnte, um das Verbrechen zu verhindern, darin bestand, andere um Hilfe zu bitten, und zwar fast immer Männer. Das galt nicht nur für die Erzählung, sondern auch für die wirklichen sozialen Bedingungen des Dorfes. Auf dem Höhepunkt des Dramas mußte ich selbst wie durch Erleuchtung ent-

Material 4

decken, worin Clotilde Armentas Ohnmacht, das Verbrechen zu verhindern, ihre Wurzeln hat, und ich ließ sie ausrufen: ›Mein Gott, wie einsam sind wir Frauen in der Welt!‹ Erst damals wurde ich mir dessen bewußt, aber dabei wurde mir klar, daß ich es eigentlich seit langen Jahren wußte, ohne es mir selbst erklären zu können. Schließlich glaube ich, daß die Ungerechtigkeit und das Elend dieser Gesellschaft am klarsten darin zum Ausdruck kommt, daß die freieste Frau des Dorfes, vielleicht die einzige freie, Maria Alejandrina Cervantes war, die berühmte Hure.

5. Der wirkliche Anlaß, weshalb Bayardo zu seiner verstoßenen Ehefrau zurückkehrte, war nicht der im Buch genannte. Ich muß zugeben, daß in diesem Fall die Wirklichkeit aufschlußreicher ist. Zunächst einmal hat es die Briefe gar nicht gegeben. Also hast Du recht, wenn Du sagst, daß es nicht sie waren, die die Rückkehr Bayardo San Románs veranlaßt haben, sondern ›weil es der Zeit überlassen war, das zu vollenden, was schon zu Ende war: die Ehre als Ersatz für Identität‹. In Wirklichkeit war es der Mann, der alle möglichen geheimen Anstrengungen unternahm, um von Angela wieder akzeptiert zu werden, und es war sie, die ihn nicht akzeptierte, und zwar mit der Begründung, sie könne ihrer Mutter nicht einen solchen Schmerz zufügen, solange sie am Leben sei. Zweifellos war die Zeit für sie und ihren Ehemann nicht mit gleicher Geschwindigkeit und Intensität verstrichen.

Was mich jetzt interessiert, ist, daß dieser Aussöhnungsversuch den Überlebenden des Dramas sofort bekannt wurde; und diese verbreiteten ihn in einer Version, als wäre er tatsächlich gelungen; die beiden alten Ehegatten hätten wieder zueinander gefunden und glücklich bis an ihr Ende gelebt. Sie mußten spüren, daß alle diese Versöhnung brauchten, weil sie wie das Ende einer kollektiven Schuld wirkte, als sei die Katastrophe, an der sie alle schuld waren, nicht nur wiedergutgemacht, sondern auch für immer aus dem sozialen Gedächtnis getilgt. Nie habe ich daran gedacht – wie Du anscheinend meinst –, daß all dies eine Metapher für die Welt von heute sei.

Gabriel García Márquez

Paris, 8. Juli 1982

(aus: Koenigs, Tom [Hrsg.]: Mythos und Wirklichkeit, Köln 1985, 231–236)

Material 5

Gabriel García Márquez: Zwei oder drei Dinge über den ›Roman der violencia‹*

[...] Nicht alle Wege führen zum Roman

Der größte Irrtum, den jene begingen, die über die *violencia* zu schreiben versuchten, war vermutlich der, daß sie – aus Unerfahrenheit oder aus Ungeduld – das Pferd beim Schwanz aufzäumten. Erdrückt von dem Material, das ihnen zur Verfügung stand, verschlang sie bei der Beschreibung der Massaker die Erde, ohne daß sie sich die Zeit genommen hätten, zu fragen, ob aus menschlicher und daher literarischer Sicht die Toten oder die Lebenden wichtiger waren. Das erschöpfende Inventar der Geköpften, Kastrierten, vergewaltigten Frauen, verstreuten Geschlechtsteile und herausgerissenen Eingeweide und die ausführliche Beschreibung der Grausamkeit, mit der diese Verbrechen begangen wurden, war wohl nicht der Weg, der zum guten Roman führte. Das wirkliche Drama war nicht die Atmosphäre des Schreckens, die diese Verbrechen bewirkte. Der Roman waren nicht die Toten mit den herausgerissenen Eingeweiden, sondern die Lebenden, die in ihren Verstecken Blut geschwitzt

---

* Aus Eco, Revista de la Cultura de Occidente, Nr. 205, Bogotá, Nov. 1978, 104–108.

haben müssen in der Gewißheit, daß sich mit jedem Schlag ihres Herzens die Gefahr vergrößerte, selbst zu denen zu gehören, denen die Eingeweide herausgerissen würden. Diejenigen also, die die *violencia* gesehen hatten und lebendig genug geblieben waren, um sie erzählen zu können, bemerkten in ihrer Eile nicht, daß der Roman nicht hinter ihnen auf dem blutüberströmten Dorfplatz lag, sondern daß sie ihn in sich selber trugen. Alles andere – die armen Toten, die zu nichts mehr gut waren, als verscharrt zu werden – war nur dokumentarische Rechtfertigung.

Die Kunst, nicht die Haare zu Berge stehen zu lassen
Es gibt einen Roman, der meine obigen Tiraden gut illustriert: *Die Pest* von Albert Camus. Wer die Chroniken der mittelalterlichen Pestseuchen gelesen hat, versteht, welche Disziplin Camus sich auferlegen mußte, um nicht in Wahnsinnsbeschreibungen auszuufern. Man denke nur an die Saturnalien der Pestkranken von Genua, die sich ihre eigenen Gräber schaufelten, um sich neben ihnen dann allen Arten von Exzessen hinzugeben, bis die Pest sie dahinraffte und andere von der Pest Befallene sie schließlich mit Stöcken in ihre Gräber stießen. Man muß sich die erbitterten Kämpfe in Erinnerung rufen, mit denen die Sterbenden sich ein Loch in der Erde streitig machten, um zu erkennen, daß Camus genügend Material gehabt hätte, um uns zwei Nächte hintereinander die Haare zu Berge stehen zu lassen. Aber vielleicht ist es nicht des Schriftstellers Aufgabe auf Erden, seinen Mitmenschen die Haare zu Berge stehen zu lassen. [...]
Ein anderer großer Schriftsteller unserer Zeit – Ernest Hemingway – versuchte, einem Journalisten seine Methode zu erklären, indem er ihm erzählte, wie er *Der alte Mann und das Meer* geschrieben hat. Um zu diesem kühnen Fischer zu gelangen, hat der Autor ein halbes Leben unter Fischern gelebt; um ihn einen riesigen Fisch fangen zu lassen, hat er selbst viele Fische fangen müssen und viele Jahre lang sehr vieles lernen müssen, um die einfachste Geschichte seines Lebens zu schreiben.
Ein literarisches Werk ist, wie Hemingway sagte, wie ein Eisberg: die gewaltige Eismasse, die wir auf dem Wasser treiben sehen, ist unverwundbar, weil sie unter Wasser die sieben Achtel ihres Gesamtvolumens tragen.
Ähnlich der Roman *Die Pest*. Die Dramatik liegt nicht in den Ratten, die zum Sterben aus ihren Löchern auf die Straße kommen, und auch nicht im schwarzen Erbrechen und den eitrigen Lymphknoten eines Portiers, wenn die Bevölkerung Orans heimlich von der Pest dahingerafft wird. Camus irrt sich – im Gegensatz zu unseren *violencia-Schrift*stellern – nicht in seinem Roman. Er hat begriffen, daß nicht die alten, mit Leichen vollgestopften Straßenbahnen, die nach Einbruch der Dunkelheit durch die Stadt fuhren, das Drama waren, sondern die Lebenden, die von ihren Balkonen aus Blumen auf sie hinunterwarfen, weil sie wußten, daß vielleicht schon am nächsten Tag für sie ein Platz in der Straßenbahn reserviert war. Das Drama waren nicht die, die durch die Hintertür zum Friedhof entwischten – und für die die Angst vor der Pest endlich vorbei war –, sondern die Lebenden, die in ihren stickigen Schlafzimmern Blut schwitzten, ohne der belagerten Stadt entfliehen zu können. Kein Zweifel; Camus hat die Pest nicht erlebt. Aber er dürfte Blut geschwitzt haben in jenen schrecklichen Nächten der Okkupation, in denen er in seinem Versteck in Paris geheime Leitartikel verfaßte, während draußen die Schüsse der Nazis auf der Jagd nach Widerstandskämpfern zu hören waren.
Die Perspektive des Schriftstellers war in solchen Augenblicken keine andere als die der Bewohner von Oran in den endlosen Nächten der Pest oder der kolumbianischen Bauern während des Alptraums der *violencia.*

Material 5

Hinter dem Gewehr steht ein anderes Drama

Als Vorbild für den schrecklichen Roman, der in Kolumbien immer noch nicht geschrieben wurde, eignet sich vielleicht am besten der schöne Roman von Albert Camus. Eine kurze Episode der Menschheitsgeschichte, in der nicht einmal die Pesterreger definitiv böse und ihre Opfer nicht notwendigerweise gut sind. Wer irgendwann auf das Thema der kolumbianischen *violencia* zurückkommt, wird bedenken müssen, daß das Drama jener Zeit nicht nur das des Verfolgten war, sondern auch das des Verfolgers, daß wenigstens einmal der arme Polizist mit 80 Pesos monatlich vor der zerstückelten Leiche des armen Bauern steht und Angst vor dem Töten hat, aber weitertötet, um nicht selbst getötet zu werden. Es gibt nämlich kein menschliches Drama, das eindeutig einseitig ist.

Alles in allem haben uns die Augenzeugen der *violencia* einen wertvollen Dienst erwiesen, indem sie ihre Zeugnisse, so wie sie waren, drucken ließen. Man muß hoffen, daß sie denen gute Dienste leisten, die die *violencia* überlebt haben, und sich die Zeit nehmen, zu lernen; über sie zu schreiben, und in jedem Fall all den Kindern, die sie wie einen Kindheitsalptraum erlitten und jetzt im Schweigen heranwachsen, ohne sie zu vergessen. Das Erscheinen dieses großen Romans ist in einer zweiten Runde der Gewinner unvermeidlich, auch wenn manch ungeduldiger Freund meint, es sei dann zu spät, und der politische Inhalt, den dieser Roman auf jeden Fall und zu jeder Zeit haben wird, wäre zu nichts mehr nütze.

(aus: Koenigs, Tom [Hrsg.]: Mythos und Wirklichkeit, Köln 1985, 105–112)

Material 6

Viktor Šklovskij : Die Kunst als Verfahren

Wir wissen, daß jene Fälle der Wahrnehmung häufig sind, in denen Ausdrücke als etwas Poetisches, zum künstlerischen Ergötzen Geschaffenes wahrgenommen werden, die nicht im Hinblick auf eine solche Wahrnehmung geschaffen wurden; […] Somit kann eine Sache 1) geschaffen sein als prosaische und wahrgenommen werden als dichterische, 2) geschaffen sein, als dichterische und wahrgenommen werden als prosaische. Das zeigt, daß das Künstlerische, das, was sich auf die Poesie einer gegebenen Sache beziehen läßt, Resultat der Art unserer Wahrnehmens ist; künstlerisch nun, im engen Sinne, wollen wir Dinge nennen, die in besonderen Verfahren hergestellt wurden, deren Zweck darin bestand, daß diese Werke mit größtmöglicher Sicherheit als künstlerisch wahrgenommen würden. […]

Und gerade, um das Empfinden des Lebens wiederherzustellen, um die Dinge zu fühlen, um den Stein steinern zu machen, existiert das, was man Kunst nennt. Ziel der Kunst ist es, ein Empfinden des Gegenstandes zu vermitteln, als Sehen, und nicht als Wiedererkennen; das Verfahren der Kunst ist das Verfahren der ›Verfremdung‹ der Dinge und das Verfahren der erschwerten Form, ein Verfahren, das die Schwierigkeit und Länge der Wahrnehmung steigert, denn der Wahrnehmungsprozeß ist in der Kunst Selbstzweck und muß verlängert werden; die Kunst ist ein Mittel, das Machen einer Sache zu erleben; das Gemachte hingegen ist in der Kunst unwichtig. […]

Das Verfahren der Verfremdung bei L. Tolstoj besteht darin, daß er einen Gegenstand nicht mit seinem Namen nennt, sondern ihn so beschreibt, als werde er zum ersten Mal gesehen, und einen Vorfall, als ob er sich zum ersten Mal ereigne, wobei er in der Beschreibung des Gegenstandes nicht die gebräuchlichen Bezeichnungen für seine Teile verwendet, sondern sie so benennt, wie die entsprechenden Teile bei anderen Dingen. Ein Beispiel. In dem Artikel *Beschämend* verfremdet L. N. Tolstoj folgendermaßen den Begriff des Auspeitschens: ›Menschen, die Gesetze übertreten haben, entblößen, auf den Boden werfen und mit Gerten auf das Gesäß schlagen‹, einige Zeilen später: ›die entblößten Hinterbacken peitschen.‹ Zu dieser Stelle gibt es eine Anmerkung: ›Und warum gerade diese dumme, rohe Art, Schmerz zuzufügen, und nicht eine andere: mit Nadeln in die Schulter oder einer andere Stelle des Körpers stechen, Hände und Füße in den Schraubstock spannen, oder noch etwas in der Art.‹ Ich bitte für das harte Beispiel um Entschuldigung, aber es ist typisch für Tolstoj als Mittel, bis ans Gewissen vorzudringen. Die gewohnte Auspeitschung wird verfremdet sowohl durch die Beschreibung als auch durch den Vorschlag, ihre Form zu ändern, ohne von ihrem Wesen abzugehen. Die Methode der Verfremdung hat Tolstoj ständig verwendet: in einem Fall (im *Leinwandmesser*) spricht ein Pferd, und die Dinge werden verfremdet, indem nicht unsere Wahrnehmungsart, sondern die eines Pferdes angewendet wird.

Material 6

(aus: Striedter, Jurij [Hrsg.], Russischer Formalismus, München 1969, 3–35)

Jens Jessen: Der schöne Schläger und Europas kalte Wunder

Material 7

Gabriel García Márquez erzählt Geschichten aus dem Exil / Von Jens Jessen

Anfang der achtziger Jahre dieses Jahrhunderts lebte in München ein junger Chilene, der sich von wechselnden Wohngemeinschaften und wechselnden, meist älteren Frauen durchfüttern ließ, die glaubten, in ihm ein geflüchtetes Opfer des Pinochet-Regimes vor sich zu haben. Es zeigte sich freilich, daß seine schlecht heilenden Kopfverletzungen nicht von den Schergen des Diktators stammten, sondern allabendlich in lateinamerikanischen Studentenkneipen erneuert wurden, in denen er vor anderen Exilchilenen Pinochet zu loben pflegte, die ihn darob erbost verprügelten. Er verschwand aus dem Gesichtskreis seiner Gönner, nachdem er eine Stelle bei einem Wach- und Schließdienst gefunden hatte. Das letzte Mal wurde er Jahre später am Steuer eines nagelneuen Cabriolets gesehen. Auf die Frage nach dessen Herkunft antwortete er nicht ohne Stolz: Der Schlitten ist von meiner neuen Schlampe.
Zur selben Zeit, als München das geschätzte Ziel lateinamerikanischer Studenten war, ging in den Kneipen, in denen sich die Chilenen prügelten, auch die Geschichte von einer Kolumbianerin um, die den Spitznamen ›Die wiedereroberte Unschuld‹ trug. Nach einer vielbestaunten Zeit rasanten Männerkonsums war sie plötzlich in ein katholisches Mädchenpensionat gezogen. Sie wechselte die Kleidung, trug Schottenröcke und spielte die ahnungslose Tochter aus gutem Hause. Der Grund war, daß sie sich bei ihren letzten Heimatferien in Bogotá verlobt hatte. Sie trainierte sozusagen in München schon für die Zeit ihrer Rückkehr, um mit innerer Überzeugung als Jungfrau in die Ehe gehen zu können.
Die beiden Geschichten haben sich tatsächlich zugetragen. Sie stammen nicht von Gabriel García Márquez. Sie könnten aber in dem Band mit Erzählungen, in denen er die Erlebnisse von Lateinamerikanern in Europa schildert, mühelos ihren Platz finden. Auch von diesen Erzählungen beteuert ihr Autor, daß sie auf wirklichen Begebenheiten beruhen; auch sie sind in einem emphatischen Sinne *Geschichten aus der Fremde*, wie es der Titel sagt, denn ihre Helden werden niemals heimisch in der Alltagswelt des alten Kontinents, ob sie nun dort scheitern, zurückkehren oder sich mit Listen durchmogeln. Die Lebenswirklichkeiten bleiben unvereinbar. Nichts mehr von dem, was in Südamerika gegolten hat, läßt sich in Europa mit Gewinn einsetzen.

Material 7

In der letzten Erzählung des Bandes scheitert ein verwöhnter junger Kolumbianer, der in seiner Heimatstadt als Schläger gefürchtet war, in Paris schon an dem System von Straßenseite zu Straßenseite wechselnder Parkerlaubnisse. ›All diese rationalistischen Kniffe erwiesen sich für einen der erlauchtesten Sánchez de Avila als unbegreiflich, der noch vor kaum zwei Jahren mit dem Dienstwagen des Oberbürgermeisters in ein Vorstadtkino eingedrungen war und im Beisein unbeeindruckter Polizisten Menschen lebensgefährlich verletzt hatte.‹

Billy Sánchez gelingt es nicht einmal, eine Besuchserlaubnis in dem Pariser Krankenhaus zu ertrotzen, in dem seine Frau auf der Intensivstation verblutet. Von einem Beamten seiner Botschaft muß er sich belehren lassen, ›daß sie sich in einem zivilisierten Land befänden, dessen strenge Vorschriften auf uralten und weisen Einsichten beruhten, im Unterschied zum barbarischen Amerika, wo man nur den Portier zu bestechen brauchte, um in ein Krankenhaus eingelassen zu werden‹.

Es ist jedoch nicht die Perspektive dieses europaerfahrenen und europagebrochenen Botschaftsbeamten, der gleichsam schon vor der fremden Welt resigniert hat, die García Márquez bei seinen Erzählungen einnimmt. Der Witz und die Melancholie, ihre ganze erstaunliche und verstörende Poesie beziehen diese Geschichten daraus, daß sich ihr Autor entschlossen auf die Seite seiner meist strauchelnden, selten triumphierenden Landsleute schlägt. Er schildert Europa, wie sie es erleben. In der lateinamerikanischen Perspektive dieser Erzählungen erscheint Europa genauso wunderbar und phantastisch wie den europäischen Lesern die lateinamerikanische Wirklichkeit, die García Márquez in früheren Büchern beschwor.

Die Wunder Europas sind freilich kalt und seine Phantasmen ohne Barmherzigkeit. Die exilierten Südamerikaner müssen allen Mut, alle Tricks und alle eigene Wundermacht zusammennehmen, um zu überleben oder den Sprung zurück in die Heimat zu schaffen. Es ist in diesen Erzählungen ein wenig wie in einem Zweikampf mittelalterlicher Alchemisten: die weiße gegen die schwarze Magie, die Wunder der Neuen gegen die Wunder der Alten Welt. García Márquez schildert den Kampf mit Ironie und ohne moralische Billigung, aber voller Sympathie und Einfühlung selbst für die heuchlerischen Kniffe eines abgehalfterten Diktators, der in Genf seine eigenen Landsleute hereinlegt. [...]

Kurzum: In dem Europa dieser Exilanten geht es mindestens so phantastisch zu wie in der hundertjährigen Einsamkeit des tropischen Dorfes Macondo. Die neuen Erzählungen von García Márquez sind deshalb sehr geeignet, ein altes Mißverständnis aufzuklären. Man hat die Vermischung des Wunderbaren und des Wirklichen in seinem Werk gerne mit dem Begriff des magischen Realismus belegt und diesen durch die exotische Wirklichkeit Lateinamerikas erklärt, zu deren Bestandteilen das Wunderbare offenbar gehöre. Davon kann jedoch keine vernünftige Rede mehr sein, wenn sich die europäische Wirklichkeit genauso phantastisch und unverständlich darstellen läßt.

Der magische Realismus ist bei García Márquez nicht die Antwort auf magische Wirklichkeiten (falls es solche geben sollte). Er ist vielmehr eine literarische Perspektive. Sie läßt sich psychologisch einsetzen, um das Weltbild von Menschen zu schildern, die mit dem Magischen und Übernatürlichen rechnen. In diesem Sinne könnten viele Wundererzählungen des Buches in die wundergläubige Innenwelt der Figuren verlegt werden. [...]

Hier wie in der Mehrzahl der Geschichten wird der magische Realismus aber schon nicht mehr psychologisch eingesetzt. Hier ist er nicht mehr die Perspektive der Figuren, die an Wunder glauben (mit Ausnahme des Griechen, eines Europäers), sondern

er ist die Perspektive der Erzählung selbst, zu deren poetischer Wirklichkeit die Existenz von Wundern gehört. [...] Der magische Realismus ist, mit anderen Worten, in erster Linie eine literarische Verfremdungstechnik, ein Trick, um unsere Denkgewohnheiten zu erschüttern. Gabriel García Márquez will nicht auf die rationalistische Aufklärung des scheinbar Ungereimten hinaus, sondern er will das heimlich Ungereimte, das zumindest Unbekömmliche des rationalistischen Denkens zeigen. Er verfremdet die europäische Wirklichkeit so lange, bis sie ihr unmenschliches Antlitz zeigt: verzerrt von einem mechanistischen Denken, dem der Mensch und das Leben zum bloßen Uhrwerk wird. Für ein solches Denken steht Europa freilich nur noch als Schlagwort. Es kann auch Lateinamerikaner befallen. In einer Erzählung charakterisiert er den chilenischen Dichter Pablo Neruda mit folgenden Worten: ›Er bewegte sich durch die Menschen wie ein kranker Elefant, mit einem kindlichen Interesse für den inneren Mechanismus von jedem Ding, denn die Welt erschien ihm wie ein riesiges Aufziehspielzeug, mit dem man das Leben erfand.‹
In diesen Erzählungen hat García Márquez den magischen Realismus endgültig aus der exotischen Folklore der Tropen befreit und zurück nach Europa geführt, von wo er seinerzeit, in den zwanziger Jahren, seinen Ausgang nahm und die südamerikanische Literatur eroberte [...]. Der Reimport geht freilich für Europa nicht gut aus; und das nicht nur, weil es hierzulande kaum Erzähler gibt, die mit García Márquez mithalten könnten.
Vielmehr erscheint im Licht der Wunderwelten und des Wunderglaubens, mit denen sich die Figuren gegen die Fremde wappnen, Europa als eisiges Reich des Todes. [...] Darum muß Billys Frau in Paris verbluten: weil Paris die Hauptstadt des europäischen Rationalismus ist. ›Sie hatte‹, heißt es, ›wirklich das Gefühl, daß ihre Seele durch die Wunde entwiche.‹
In solchen allegorischen Überkonstruktionen, die man freilich nur aufspürt, wenn man es darauf anlegt, liegt die einzige Schwäche, die man einigen Erzählungen des Bandes vorwerfen könnte. Aber nur eine von ihnen trägt deutlich sichtbar jene Gedankenmechanik selbst zur Schau, die der Autor doch dem europäischen Rationalismus zum Vorwurf machen will. Es ist die Geschichte von dem ›glücklichen Sommer der Frau Forbes‹, wo Verkörperungen nördlichen Ordnungswillens (noch dazu eine deutsche Gouvernante) und südlich vitaler Erotik (ein italienischer Fischer) sich wenig dialektisch gegenüberstehen. Manches spricht dafür, daß, vielleicht dem Autor unbemerkt, in die Erzählung etwas von jenem typisch iberischen Ressentiment eingeflossen ist, das der Welt des Nordens rundheraus die Sinnlichkeit und damit die sexuelle Potenz bestreiten möchte: gewissermaßen als Revanche für die verlorene Weltmacht.
Doch bleibt dies der einzige Vorschein eines kleinen Ressentiments. García Márquez ist kein Satiriker. Er will die Menschen nicht entblößen, vielmehr unterstützt er sie bei allen noch so abstrusen Versuchen, ihre Blöße zu bedecken. Niemals hätte er sich über eine Kolumbianerin mokiert, die ihre Jungfräulichkeit geschwind zurückerobern muß, weil sie in der Heimat heiraten will. Mit allen Mitteln seiner Poesie hätte er ihr bei dem aussichtslosen Unterfangen geholfen. García Márquez ist voller Ironie; aber die Quelle, aus der sie sich speist, ist eine provozierende Gerechtigkeit. Selbst dem verwöhnten Playboy und Schläger Billy Sánchez de Avila verleiht er noch eine Anmut, die seine triviale Existenz adelt: ›Über die rechte Faust hatte er wie ein römischer Gladiator eine Eisenkette gerollt, die ihm als tödliche Waffe diente, und um den Hals hing ihm ein Medaillon ohne Heiligenbild, das im Einklang mit seinem erschreckten Herzen lautlos pulste.‹

Diese Erzählungen sind von einer überwältigenden und verzaubernden Menschlichkeit. Die Wunder in ihnen ereignen sich wie die Wunder Gottes: aus Barmherzigkeit. Mit ihnen verteidigt Gabriel García Márquez die Illusionen der Menschen gegen die Unerbittlichkeit eines Wirklichkeitsbegriffs, der die Unerbittlichkeit des Todes vorwegnimmt und damit das Leben schon bei Lebzeiten verkürzt.

(Jessen, Jens, Der schöne Schläger und Europas kalte Wunder, in: Frankfurter Allgemeine Zeitung v. 30. März 1993)

Anhang

Anmerkungen

[1] So betrug die spanischsprachige Startauflage der *Chronik* 1,5 Millionen Exemplare, von denen allein eine halbe Million in Spanien binnen zwei Wochen verkauft wurde.

[2] Exemplarisch seien hier angeführt: Haubrichs, Wolfgang (Hrsg.) (1978): Erzählforschung 3. Theorien, Modelle und Methoden der Narrativik, Göttingen; Ihwe, Jens (Hrsg.) (1972): Literaturwissenschaft und Linguistik, Bände 1 bis 3, Frankfurt am Main; Todorov, Tzvetan (1973): Poetik, in: Wahl, François (Hrsg.), Einführung in den Strukturalismus, Frankfurt am Main, S. 105–179; Titzmann, Michael (1977): Strukturale Textanalyse, München

[3] Wellbery, David E. (Hrsg.) (1985): Positionen der Literaturwissenschaft. Acht Modellanalysen am Beispiel von Kleists *Das Erdbeben in Chili*, München

[4] Vgl. Toro, Alfonso de (1992): Los laberintos del tiempo. Temporalidad y narración como estrategia textual y lectoral en la novela contemporánea, Frankfurt am Main; Toro, Alfonso de (1986): Die Zeitstruktur im Gegenwartsroman, Tübingen; Klinker, Carolyn S. (1993): Die Verfahren der Zeitbehandlung in literarischen Erzähltexten, Frankfurt am Main

[5] Bezug genommen wird vor allem auf folgende Arbeiten: Todorov, Tzvetan (1972): Die Kategorien der literarischen Erzählung, in: Blumensath, Heinz (Hrsg.): Strukturalismus in der Literaturwissenschaft, Köln, S. 263–294; Todorov, Tzvetan (1972 a): Poetik der Prosa, Frankfurt am Main

[6] Todorov, Tzvetan (1972): Die Kategorien der literarischen Erzählung, S. 265

[7] Ebd., S. 279

[8] Zitiert nach: Ploetz, Dagmar (2000): Gabriel García Márquez. Mit Selbstzeugnissen und Bilddokumenten, Reinbek, S. 100

[9] Diese genrekonstitutive Differenz entwickelte Todorov in seinem Aufsatz: Typologie des Kriminalromans, in: Todorov, Tzvetan (1972 a): Poetik der Prosa, S. 54–64, Frankfurt am Main

[10] Eine äußerst differenzierte Analyse der Handlungsstränge bietet Carolyn S. Klinker (1993), S. 220 ff.

[11] Klinker (1993): S. 222

[12] Ebd., S. 225 ff.

[13] Ebd., S. 262 ff.

[14] Ebd., S. 231 ff.

[15] Ebd., S. 232

[16] Hart, Stephen (1994): Gabriel García Márquez. Crónica de una muerte anunciada, London, S. 28 f.

[17] Vgl. das so genannte Falkenbuch Friedrichs II., das zwischen 1258 und 1266 entstanden ist. Cod. Pal. Lat. 1071

[18] Zu den Begriffen der Überdeterminierung und Texttiefenstruktur vgl. die Ausführungen auf S. 102

[19] Das Motto-Zitat von Gil Vicente lautet: **Liebesjagd ist Falkenjagd** und verweist eindeutig auch auf die Jagd nach Frauen und Liebe. Vgl. hierzu: Dill, Hans-Otto (1993): Gabriel García Márquez. Die Erfindung von Macondo, Hamburg, S. 290

[20] Dill, Hans-Otto, Ebenda, S. 291

[21] Über solche wird ein wenig später berichtet: **Divina Flor eilte voraus, um ihm die Tür zu öffnen, bemüht, sich zwischen den Käfigen mit den schlafenden Vögeln im Eßzimmer […] nicht einholen zu lassen, doch als sie den Sperrbalken der Haustür zurückschob, vermochte sie wieder einmal nicht der Hand des *blutrünstigen Sperbers* auszuweichen. ›Er griff mir derb an die Fotze‹, sagte Divina Flor zu mir. ›Das tat er immer, wenn er mich allein in den Winkeln des Hauses traf.‹** (16 f.; Hervorhebung d. Verf.)

[22] Die Bezeichnung Bojar, die vermutlich aus der Türkei stammt, geht zurück auf die Angehörigen der obersten Schicht in der Gefolgschaft der Kiewer Fürsten. Der Moskauer Großfürst und spätere Zar Ivan IV., der Schreckliche, entriss diesen lehensfreien Besitzern ihre Privilegien auf Grund und Boden und schwächte damit ihren beherrschenden Einfluss.

[23] Dill, Hans-Otto (1993): S. 291

[24] Auf den Aspekt des Hochmutes verweist auch das dem Roman vorangestellte Motto Gil Vicentes **La caza de amor es de altanería,** das wörtlich übersetzt heißt: Die Jagd nach Liebe ist Hochmut.

[25] Vgl. Hart, Stephen (1994): S. 33

[26] Vgl. Ebd., S. 31; vgl. auch: Lang, Gerhard (1991): Gabriel García Márquez, Crónica de una muerte anunciada, Münster, S. 82 f. (s. Material 2)

[27] Der immensen Bedeutung dieses überdeterminierten Namens wird vor allem im Hinblick auf ihre Funktion für die Handlung nachzugehen sein (Kap. 2.3).

[28] **›Da gibt's keinen Ausweg‹, sagte er [Pablo] zu ihm [Pedro], ›es ist, als hätten wir es schon hinter uns.‹** (63)

[29] Der Name Vicario leitet sich ab von Vikar, dem Stellvertreter eines Inhabers eines geistlichen (!) Amtes. Zur zweifelhaften Anspielung ihrer Vornamen auf die Apostel Petrus und Paulus vgl. Hart, Stephen (1994): S. 36

[30] Diese Figur tritt in mehreren Werken Gabriel García Márquez' auf, vor allem in seinem bekanntesten Roman *HUNDERT JAHRE EINSAMKEIT*, in dem das Schicksal der Familie Buendía über mehrere Generationen im Dorf Macondo erzählt wird.

[31] **Santiago Nasar machte sich anheischig, dies bis zum letzten Centavo auszurechnen, und sein Leben reichte gerade dazu aus. [...] [F]ünfundvierzig Minuten bevor er starb, [wies er nach], dass Bayardo San Románs Prognose gestimmt hatte.** (45 f.)

[32] An dieser Tatsache ändern auch nichts Mutmaßungen, denen sie 23 Jahre nach der Ermordung Santiagos in einem Gespräch mit dem Ich-Erzähler jede Grundlage entzieht: **Die landläufigste, vielleicht weil perverseste Lesart lautete: Angela Vicario wollte jemanden schützen, den sie wahrhaft liebte, und hatte daher Santiago Nasars Namen gewählt, weil sie nie gedacht hätte, dass ihre Brüder Hand an ihn legen könnten.** (90 f.) Im Gegenteil: Sie insistiert auf ihrer Anschuldigung: **›Gib dir keine Mühe, Vetter‹, sagte sie zu mir. ›Er war es.‹** (91)

[33] Vgl. Parkinson Zamora, Lois (1985): Ends and Endings in García Márquez's *CRÓNICA DE UNA MUERTE ANUNCIADA*, in: Latin American Literary Review 13, S. 104–116, S. 108

[34] Verschiedene Interpreten prüften ernsthaft die Frage, ob der Ich-Erzähler selbst der Verführer Angela Vicarios gewesen sein könnte, und führten vor allem ihre sibyllinische Formulierung gegenüber dem Untersuchungsrichter an, dem sie auf die Frage nach dem Verursacher des Unrechts (also Santiago Nasar) antwortet: **›Er war mein Täter‹.** (100) Diese Anschuldigung steht in unmittelbarem Zusammenhang mit der Nennung des Namens Santiago Nasar noch in der Hochzeitsnacht (50) und ist Teil ihrer Strategie, aus den möglichen Tätern den, den sie sich ausgewählt hat (*mein* Täter), zu benennen. Auf die Wahrheit einer solch schwer wiegenden Behauptung kann darum nicht geschlossen werden. Vgl. Hart, Stephen (1993): S. 37 f.

[35] Vgl. García Márquez, Gabriel (2004): *CHRONIK*, 46

[36] Aus dieser Haltung heraus schreibt Márquez 1996 seine Großreportage *NACHRICHT VON EINER ENTFÜHRUNG*

[37] Ähnliches konstatiert Hans-Otto Dill: **Gabriel García Márquez ist nicht nur Schriftsteller, sondern auch Journalist, dem es auf die Aufdeckung von soziologischen, kulturellen, psychologischen, politischen Hintergründen ankommt, kein Kriminalkommissar, der einen Fall löst. Folglich ist der Ich-Erzähler der Journalist Márquez, der seine professionellen Fähigkeiten aufbietet, um die Geschichte 24 [?] Jahre später zu rekonstruieren. Das heißt also, daß der Journalist Márquez nicht der textexterne Autor ist – das ist ja der Romancier Márquez – sondern eine literarische, textinterne Figur.** Dill (1993), S. 287

[38] Ebd., S. 288

[39] Zur Systematisierung der Figuren in eine tektonische oder atektonische Konfiguration vgl. Link, Jürgen (1974): Literaturwissenschaftliche Grundbegriffe, München, S. 253

[40] **›Teufel noch eins‹, sagte der Bürgermeister. ›Dann müssen sie mit anderen Messern zurückgekommen sein.‹** (109)

[41] Diese Einstellung dokumentiert auch Luisa Santiago, die über Pura Vicario zu berichten weiß: **›Sie [die Töchter] sind perfekt. [...] Jeder Mann wird mit ihnen glücklich werden, denn sie sind dazu erzogen worden, zu leiden.‹** (34)

[42] In dieser Situation hatte sie offenbar mit ihrem Leben abgeschlossen: **›Es war ganz einfach‹, sagte sie zu mir, ›denn ich war entschlossen zu sterben.‹** (92)

[43] Gegenüber dem Ich-Erzähler gesteht sie: **›[J]e mehr ich darüber nachdachte, desto klarer wurde mir, daß das Ganze eine Schweinerei war, die man niemandem antun konnte und am allerwenigsten dem armen Mann, der das Pech gehabt hatte, mich zu heiraten.‹** (91)

[44] So werden sie von Prudencia Cotes' Mutter auf ihre vermeintliche Verpflichtung hingewiesen: **›Ich kann mir's denken, Söhne‹, sagte sie, ›die Ehre wartet nicht.‹ (64)**

[45] Sie schafft es sogar, die Brüder Vicario zunächst von ihrer Mordtat abzubringen, als sie diese Absicht ihr gegenüber äußern: **›Um Gottes willen‹, murmelte Clotilde Armenta. ›Lassen Sie's doch für später, und wenn auch nur aus Achtung vor dem Bischof.‹ ›Es war ein Atemhauch des Heiligen Geistes‹, wiederholte sie oft. In der Tat war es ein Ereignis der Vorsehung gewesen, doch nur von vorübergehender Wirkung.** (19)

[46] García Márquez, Gabriel (1982): Das Thema ist das Schicksal, aber es ist keine Metapher für das Heute, aus: *IL MANIFESTO*; Nr. 148, Mailand, 11. 7. 1982, zitiert nach: Koenigs, Tom (Hrsg.) (1985): Mythos und Wirklichkeit. Materialien zum Werk von Gabriel García Márquez, Köln, S. 231–236, hier: S. 234 f. (Vgl. auch im Materialienteil: Material 4)

[47] Dill, Hans-Otto (1993): Ebd., S. 280

[48] Ebd., S. 283 f.

[49] Auf das Problem, wichtige Figuren ausschließlich als Opfer oder Täter zu bezeichnen und Handlungsstränge entsprechend zu benennen, verweist auch Klinker (1993), S. 255 f.

[50] Von den beiden Mördern heißt es, während sie Santiago Nasar abschlachten: **Sie hörten nicht die Schreie des über sein eigenes Verbechen entsetzten Dorfs.** (118)

[51] **›Hier‹, sagte sie zu ihm. ›Und hoffentlich töten sie dich!‹ Santiago Nasar war so verblüfft, daß ihm die Schatulle aus den Händen fiel und seine Briefe ohne Liebe sich auf den Fußboden ergossen.** (113)

[52] **Cristo Bedoya fragte sie, ob Santiago Nasar zu Hause sei, und sie antwortete mit gespielter Unschuld, er sei noch nicht zum Schlafen nach Hause gekommen. ›Die Sache ist ernst‹, sagte Cristo Bedoya zu ihr. ›Sie suchen ihn, um ihn zu töten.‹ Victoria Guzmán verging die Unschuld. ›Diese armen Burschen töten niemand‹, sagte sie. ›Sie trinken seit Samstag‹, sagte Cristo Bedoya. ›Egal‹, erwiderte sie. ›Kein Betrunkener frißt seine eigene Kacke.‹** (105)

[53] Dill, Hans-Otto (1993) Ebd., S. 283

[54] Todorov, Tzvetan (1972) Ebd., S. 279

[55] Dem engen Zusammenhang zwischen den Problemen der Zeit und der diskursiven Anordnung von Handlungssträngen geht intensiv die Studie von Carolyn S. Klinker mit dem von ihr weiterentwickelten Verfahren der MAZ (Modell zur Analyse von Zeitstrukturen in Erzähltexten) nach: Ebd., S. 245 ff.

[56] Hier heißt es: **Somit fehlte es Clotilde Armenta, als *sie sah, dass die Zwillinge nicht mehr so entschlossen waren wie vorher*, nicht an Gründen, [...] ihnen den Rest zu geben.** (65; Hervorhebung d. Verf.)

[57] Dieses Prinzip der Diskursanordnung hat Klinker minutiös auf- und nachgewiesen, vgl. Klinker, Carolyn (1993), S. 245 ff. Sie ermittelt insgesamt 164 Prolepsen für den Erzähldiskurs (S. 263).

[58] Nahezu gleiche Ergebnisse erzielt Klinker (1993): S. 282 ff.

[59] Schon im ersten Kapitel heißt es: **Niemand vermochte so viele verhängnisvolle Zufälle zu begreifen.** (15)

[60] Vgl. Márquez (2004), *Chronik*, 15, 17, 104, 115, 116

[61] Die Bedeutung dieses Briefes kann nicht hoch genug eingeschätzt werden, wenn der Ich-Erzähler erklärt: **Jemand, der nie identifiziert wurde, hatte in einem Umschlag ein Stück Papier unter der Tür durchgeschoben, auf dem Santiago Nasar mitgeteilt wurde, daß man auf ihn warte, um ihn zu töten; man enthüllte ihm überdies den Ort und die Beweggründe, sowie haargenaue andere Einzelheiten der Verschwörung.** (17)

[62] **Er trat ein, ohne das Papier auf dem Fußboden zu sehen, und durchschritt im Halbdunkel das Wohnzimmer [...].** (104)

[63] **Vor allem schien es ihm völlig unangemessen, daß das Leben sich so vieler, der Literatur verwehrter Zufälle bediente, damit ein so laut angekündigter Tod sich ohne Hindernisse erfülle.** (100 f.)

[64] Zitiert nach Dill, Hans-Otto (1993), S. 289

[65] Klinker, Carolyn S. (1993): Die Verfahren der Zeitbehandlung in literarischen Erzähltexten, S. 24

[66] Todorov, Tzvetan (1972): Die Kategorien der literarischen Erzählung, S. 282 f.

[67] Uspenskij, Boris A. (1975): Poetik der Komposition. Struktur des künstlerischen Textes und Typologie der Kompositionsform, Frankfurt am Main, S. 72

[68] Zu diesem Phänomen vgl.: ebd., S. 143 ff.

[69] Auf diese Absicht macht Márquez in seinen Gesprächen mit Plinio Apuleyo Mendoza eigens aufmerksam, wenn er bekennt, **daß am Ende des Buches die haarkleine Beschreibung des Verbrechens stehen mußte.** Mendoza, Plinio Apuleyo (2004): Der Geruch der Guayave. Gespräche mit Gabriel García Márquez, S. 34, Frankfurt am Main

[70] So bezeichnet der Ich-Erzähler die durchgeführte Autopsie als **Gemetzel**, den Bericht selbst als **korrekt** und gibt als dessen Verfasser – auch hier seiner Neigung zu korrekten Angaben folgend – den namenlosen Apotheker des Dorfes an (93).

[71] Vor allem in den Kapiteln eins, drei und fünf lässt sich eine Vielzahl dieser quasi leitmotivisch eingesetzten Bemerkungen durch den Erzähler nachweisen: Vgl. Klinker, Carolyn (1993): S. 266

[72] Wie bewusst die Doppelsignatur der Opferung Santiago Nasars eingesetzt wird, beweist auch die Bedeutung des spanischen Wortes ›sacrificar‹, das zugleich ›schlachten‹ und ›opfern‹ meint. Vgl. hierzu: Dill, Hans-Otto (1993), S. 292

[73] Ebd., S. 293

[74] Der von Stephen Hart vertretenen Position, dass die Anspielungen auf Jesus parodistisch zu verstehen seien, muss widersprochen werden, da er nicht darzulegen vermag, was mit dieser Allusion parodiert werden soll. Eine parodistische Intention ergäbe nur dann einen Sinn, wenn Santiago Nasar als Schuldiger die Wundmale des unschuldig Gekreuzigten trüge. Vgl. Hart, Stephen (1994): S. 32 f.

[75] Vergleiche zu diesem Motivkomplex die Ausführungen Dills (1993), S. 290 f. und Harts (1994), S. 53 f. Bemerkenswert ist auch die Rezension Anneliese Botonds (»Liebe nach Raubvogelart«) in der F. A. Z. vom 13. Oktober 1981 (Nr. 237), die das Motiv der Fal-

kenjagd und die sprechenden Namen vor allem der Vicarios als Schlüssel zum Romanverständnis bezeichnet.

[76] Diesem wenig überzeugenden Aspekt geht Stephan Hart nach, in: Hart, Stephan (1994): S. 54 ff.)

[77] Hart, Stephan (1994): S. 56

[78] Vgl. hierzu Penuel, Arnold M. (1994): Intertextuality in García Márquez, York, South Carolina, S. 57–87

[79] Vgl. Kap. 2.5.2

[80] Diese Márquez-Äußerung wird zitiert nach: Dill, Hans-Otto (1993): Ebenda, S. 289

[81] Vgl.: Ploetz, Dagmar (2000): Ebenda, S. 100

[82] Koenigs, Tom (Hrsg.) (1985): Mythos und Wirklichkeit. Materialien zum Werk von Gabriel García Márquez, Köln, S. 227–236; vgl. auch Mat. 3 und 4 dieses Buches

[83] Rossanda, Rossana: Das Thema ist die Verantwortung, und das ist ein Thema der 70er Jahre, in: Ebd., S. 227

[84] Rossanda, Rossana (1985): S. 228

[85] Ebd., S. 228

[86] Márquez, Gabriel García: Das Thema ist das Schicksal, aber es ist keine Metapher für das Heute, in: Koenigs, Tom (Hrsg.) (1985): Ebd., S. 232

[87] Ebd., S. 232

[88] Ebd., S. 233

[89] So etwa Lang, Gerhard (1991): Gabriel García Márquez. Cronica de una muerte anunciada, München, S. 75 ff.

[90] Vgl. etwa: Pfeiffer, Erna (1974): Literarische Struktur und Realitätsbezug im kolumbianischen Violencia-Roman, Frankfurt a. M., Bern, New York

[91] García Márquez, Gabriel: Zwei oder drei Dinge über den ›Roman der *violencia*‹, in: Koenigs, Tom (Hrsg.) (1985), S. 105–111, hier: S. 108

[92] García Márquez, Gabriel: Das Thema ist das Schicksal, aber es ist keine Metapher für das Heute, in: Ebd., S. 232

[93] Mendoza, Plinio Apuleyo (2004): S. 34

[94] Zitiert nach: Dill, Hans-Otto (1993): S. 290

[95] García Márquez, Gabriel (2004): Prolog. Warum Zwölf, warum fremd und warum Geschichten, in: Zwölf Geschichten aus der Fremde, Frankfurt/M. S. 10

[96] Um die Authentizität des Erzählten zu erhöhen und zugleich den Prozess des Schreibens hervorzuheben, schaltet sich der Autor zweimal in das Erzählkontinuum ein, sodass gleichermaßen der literarische Produktionsprozess wie die Wahrhaftigkeit des Erzählten apostrophiert werden: **Erst jetzt, da ich es aufschreibe, merke ich, daß ich nie gewußt habe, wie er wirklich hieß, weil wir ihn in Barcelona nur unter seinem Künstlernamen kannten: Saturno der Zauberer.** (101) Die zweite Stelle (104) soll die Begegnung zwischen Saturno, María und dem Schaufensterdekorateur in Cadaqués verbürgen.

[97] Auch wenn Todorov diese Unterkategorie ausschließlich auf der Ebene der Erzählung als Geschichte angewendet wissen will, ist sie auch für die Bestimmung der Erzählung als Diskurs sinnvoll zu verwenden um eine spezifische Kompositionsstruktur zu bezeichnen.

[98] Er spricht sie als **Königin** an und verabschiedet sich von ihr mit einem **bischöflichen Segen.** (100)

[99] **›Keine Sorge, Doktor‹, sagte Saturno in einem fröhlichen Ton. ›Das ist meine Spezialität.‹** (111)

[100] Dieser weist sie darauf hin, dass er nicht weit führe. **›Macht nichts‹, sagte María. ›Ich brauche nur ein Telefon.‹** (95)

[101] Hierauf macht der Erzähler eigens aufmerksam: **Später tröstete sie sich mit den Zigarren aus Zeitungspapier, die einige Insassinnen aus weggeworfenen Kippen fabrizierten; die Obsession zu rauchen war inzwischen so stark wie die zu telefonieren.** (106)

[102] **Saturno gab auf, hinterließ aber weiter beim Portier des Hospitals die Zigarettenrationen, ohne je zu wissen, ob María sie auch bekam, bis ihn die Realität besiegte.** (113) Und selbst nach seiner Abreise aus Spanien beauftragt er eine Freundin, María weiterhin mit Zigaretten zu versorgen.

[103] Den beginnenden Verfremdungsprozess signalisiert der Erzähler mehrfach durch das leitmotivisch verwendete Adjektiv **eisig.** Als María nach der Fahrt im Bus aufwacht, hat sich der Regenschauer **in einem eisig klaren Himmel aufgelöst** (96) und María sieht in der ersten Begegnung mit einer Wärterin **eisige Augen und einen unanfechtbaren Zeigefinger.** (97) Das Gebäude des Sanatoriums ist mit **gemauerten Wänden und [...] eisigen Treppen** (98) ausgestattet. Die mit diesen Epitheta gemeinte Kälte signalisiert einen scharfen Kontrast zur Wärme und Geborgenheit im Omnibus.

[104] En passant sei in diesem Zusammenhang erwähnt, dass auch Saturno letztlich durch eine Telefonobsession zu seinem Verhalten gegenüber María getrieben wird: Denn jeder Anruf bei seinen Bekannten **verschlimmerte sein Unglück, denn seine Eifersuchtsdelirien waren schon berühmt bei den reuelosen Nachtschwärmern der *gauche divine*, und sie antworteten ihm mit irgendeinem Scherz, der sein Leiden anfachte.** (105 f.)

[105] Auf den Zusammenhang zwischen ironisch zu begreifendem Schicksal, hellsichtiger Erkenntnis und Andersartigkeit der Welt, die sie im Sanatorium erlebt, verweist auch ihr Name. Denn mit dem Kompositum **de la Luz Cervantes** wird einerseits auf den Namen des

Begründers des spanischen Schelmenromans verwiesen, dessen Hauptfigur Don Quijote im gleichnamigen Roman nicht länger gegen Windmühlen kämpfen will. Mit nicht ausreichenden Kräften gibt auch María schließlich den Kampf gegen das Unabwendbare auf. Der Zusatz de la Luz weist andererseits auf die Klar- und Hellsichtigkeit des in und mit María sich vollziehenden Erkenntnisprozesses hin.

106 Auf ihre Besessenheit von Liebe wird in der Rückblende der zweiten Mikroerzählung mehrmals hingewiesen, liebten sie sich doch **zu jeder Zeit und an jedem Ort und versuchten dabei die Liebe jedes Mal neu zu erfinden.** (202) Und auch der damit einhergehende Entwicklungsprozess wird klar gekennzeichnet: **Nena Daconte lieferte sich der verstohlenen Liebe mit der gleichen besessenen Hingabe aus, die sie vorher auf das Saxophon verschwendet hatte, so sehr, daß ihr gezähmter Bandit schließlich begriff, was sie ihm hatte sagen wollen, als sie ihm sagte, bei ihr müsse er mindestens genausogut sein wie ein Neger.** (203)

107 Auf diesen fundamentalen Unterschied weist der Erzähler eigens hin, als Billy sich den chaotischen Pariser Verkehrsverhältnissen nicht gewachsen fühlt. **Das vergebliche Lärmen der Hupen machte Billy Sanchez so nervös, daß er mehrere Fahrer in der unflätigen Sprache der Kettengangs anbrüllte und sogar auszusteigen versuchte, um einen zu verprügeln, doch konnte ihn Nena Daconte überzeugen, daß die Franzosen zwar die ungeschliffensten Leute der Welt seien, sich jedoch niemals schlügen. Es war ein weiterer Beweis für ihre Vernunft, denn gleichzeitig mußte sie sich anstrengen, nicht in Ohnmacht zu fallen.** (209)

108 **Er erinnerte sich an seine Mutter, von der er niemals gewußt hatte, wo sie sich gerade aufhielt, an seine verführerische und geschwätzige Mutter in ihrem Sonntagskleid, die vom Nachmittag an eine Rose hinterm Ohr trug und mit ihrem wogenden herrlichen Busen vor Hitze umkam.** (214)

109 In der Einsamkeit und Tristesse des Pariser Hotels zerfließt er in Selbstmitleid **ohne jemanden, dem er sein Unglück hätte mitteilen können, und mit einer wilden Wut auf sich selber, weil er nicht ertragen konnte, daß es ihn verlangte zu weinen.** (215)

110 Dill, Hans-Otto (1993): S. 86–90, hier: S. 89; vgl. auch: Irnberger, Harald (2003): Gabriel García Márquez, S. 167–173, Ploetz, Dagmar (2000): S. 47–50

111 Dill, Hans-Otto (1993): S. 89

112 Ihr sprechender Name verweist auf diese Aufgabe. Die *flamines* im antiken Rom dienten als Eigenpriester ausschließlich einem Gott, der nicht mit den offiziellen, staatlichen Gottheiten identisch war. Der Vorname Fulvia verweist auf ihre rote Haarfarbe (lat. fulvus), die seit dem Altertum ein Symbol für Lebenskraft und Sieg darstellt.

113 Das Glücksgefühl der Kinder stellt sich schon ein, bevor (!) sie überhaupt wissen können, dass Frau Forbes – auf welche Weise auch immer – getötet worden ist.

114 Titzmann, Michael (1989): Strukturale Textanalyse, München, S. 173

115 Schmidt, Siegfried J. (1973), Texttheorie, München, S. 157

116 Vgl. hierzu: von Ranke-Graves, Robert (1965): Griechische Mythologie. Quellen und Deutung, Band 2, Reinbek b. Hamburg, S. 53–60, Homer, Odyssee: 11. Gesang, V 410 ff.

117 Hinzuweisen ist vor allem auf den zweiten Teil der Trilogie des Aischylos – Die *Totenspende* –, in dem die Ermordung der Mutter durch ihren Sohn Orestes dramatisch gestaltet wird. Nicht zuletzt sei darauf hingewiesen, dass auch die schwarz phosphoreszierende Muräne in einem tiefenstrukturellen Verweisungszusammenhang mit der *Orestie* gesehen werden kann. So wie dieser schlangenähnliche Fisch den sicheren Tod der Frau Forbes ankündigt, so ist auch der Traum Klytaimnestras, in dem sie einen schwarzen Drachen stillt, der mit der Muttermilch Blut aus ihren Brüsten saugt, eindeutig eine zukunftsgewisse Vorausdeutung auf ihren schrecklichen Tod. (Aischylos: *Die Totenspende*, V 523 ff.)

118 Einen ausführlichen Überblick zur weit verzweigten Diskussion über diesen Begriff bietet die Studie von Scheffel, Michael (1990): Magischer Realismus. Die Geschichte eines Begriffs und ein Versuch seiner Bestimmung, Tübingen. Ausgehend von einer begriffsgeschichtlichen Betrachtung will Scheffel zu einer Begriffskonstruktion mit dem Ziel gelangen, den magischen Realismus als **eine […] besondere […] Form der poetischen Darstellung von Welt** (ebd., S. 86) zu bestimmen. **Dies geschieht, indem eine Fülle von Einzelerscheinungen, die sich dem bereits vorsensibilisierten Auge in den jeweiligen Werken auftut, gegliedert und bestimmten Gesichtspunkten zugeordnet wird, die sich ihrerseits zu einem konsistenten Ganzen zusammenschließen lassen.** (S. 86) Im Sinne des hermeneutischen Zirkels des Verstehens von Texten wählt er hierzu ein eigens zusammengestelltes Textkorpus aus, in dem er Grundsignaturen des magischen Realismus aufweisen will, die er zugleich als Kennzeichnung für eine literarhistorische Epoche zwischen den zwanziger und fünfziger Jahren des 20. Jahrhunderts in der deutschsprachi-

gen Literatur verstanden wissen möchte. Zu diesem Zweck untersucht er einschlägige Passagen aus wenig bekannten Prosawerken, vor allem aus Horst Langes Erzählung *Der Sohn der Hauptmannswitwe*, um nach der Analyse resümieren zu können, dass **die ausgewählten Werke eine programmatische Forderung ihrer Autoren und eine wichtige Voraussetzung für die Rede von einem ›magischen Realismus‹ erfüllen: die Integration eines ›Geheimnisses‹ in eine erzählte Welt, die sich direkt auf die ›world of everyday experience‹ bezieht.** (Ebenda, S. 94) Ohne die dargelegten hispanoamerikanischen Bedeutungs-Varianten des etwa von Carpentier und Asturias (vgl. S. 48–57) gebrauchten Begriffs zu berücksichtigen, die im ›realismo mágico‹ eine besondere Form der **Darstellung in der Literatur**, aber auch eine spezifische **Wirklichkeit selbst** (ebd., S. 49) sehen, orientiert sich Scheffel an der Position des Kunsthistorikers Massimo Bontempelli und sieht in der dargestellten Wirklichkeit das Magische manifestiert. Diese Position weiter ausbauend, stellt er katalogartig (S. 110 ff.) konstitutive Merkmale des Erzählstils des magischen Realismus zusammen, dessen herausragendes – auf inhaltlicher (sic!) Ebene – die Integration eines ›Geheimnisses› sein soll, durch die ein ***realistische[s] System durchgehend gebrochen*** werde (ebd., S. 111). Der ungeklärte ontologische Status des mit dem Begriff Gemeinten, ob er nämlich eine spezifische Wirklichkeit oder eine besondere Darstellungsart eben dieser Welt bezeichnet, macht auch Scheffels Position im Verhältnis zu den lateinamerikanischen Theoretikern nicht klarer. Darüber hinaus erliegt er offenkundig dem methodischen Fehler, dass er das, was er gerade aufweisen will, bereits durch eine gezielte Textauswahl und die angewendeten Analysekriterien voraussetzt – eine nachgerade klassische Form der *petitio principii.* Seinem Versuch, mit dem infrage stehenden Begriff eine besondere Form des ›Realismus‹ zu kennzeichnen, kann nur insoweit zugestimmt werden, als mit ihm auf eine spezifische Darstellungsweise, ein künstlerisches Verfahren abgehoben wird.

119 Vgl. seinen Aufsatz: Zur Interpretation Karl Haiders. Eine Bemerkung auch zum Nachexpressionismus, in: Der Cicerone. 15, 1923, S. 598–602 und seine Monographie: Nachexpressionismus Magischer Realismus. Probleme der neuesten europäischen Malerei, Leipzig 1925

120 Auch wenn im Zusammenhang mit der Analyse der Erzählung *›Ich bin nur zum Telefonieren gekommen‹* hinsichtlich des Aufenthaltes der Protagonistin María im Sanatorium von einer Welt 2 die Rede ist, so meint diese Bezeichnung – aus heuristischen Gründen – ausschließlich die Veränderung des Ordnungsgefüges an einem speziellen Ort der Stadt Barcelona, ohne dass mit dieser Formulierung ein eigenständiger, von der Welt 1 völlig separierter Ort gemeint ist.

121 Vgl.: Chanady, Amaryll Beatrice (1985): Magical Realism and the Fantastic, New York, London, die jedoch ebenfalls von der Existenz zweier verschiedener Welten – dem Natürlichen und dem Übernatürlichen – ausgeht.

122 Todorov, Tzvetan (1972 b): Einführung in die fantastische Literatur, München

123 Ebd., S. 26

124 Ebd., S. 31

125 Zu diesem Verhältnis zwischen Erzähler (und auch Autor) und dem Leser vgl. Uspenskij, Boris (1975): S. 143 ff.

126 Uspenskij, Boris (1975), S. 72 f.

127 Jessen, Jens: Der schöne Schläger und Europas kalte Wunder, in: Frankfurter Allgemeine Zeitung Nr. 75 vom 30. März 1993

128 Ebd., s. Mat. 7

Primärliteratur

García Márquez, Gabriel: Chronik eines angekündigten Todes. Fischer-Taschenbuch (Nr. 16253). Frankfurt 2004

–: Zwölf Geschichten aus der Fremde. Fischer-Taschenbuch (Nr. 16262). Frankfurt 2004

–: Die böse Stunde. Fischer-Taschenbuch (Nr. 16260). Frankfurt 2004

–: Leben, um davon zu erzählen. Köln 2002

Sekundärliteratur

Chanady, Amaryll Beatrice (1985): Magical Realism and the Fantastic, New York, London

Collazos, Oscar (1987): Gabriel García Márquez. Sein Leben und sein Werk, Köln

Dill, Hans-Otto (1993): Gabriel García Márquez. Die Erfindung von Macondo, Hamburg

Eco, Umberto (1992): Die Grenzen der Interpretation, München

García Márquez, Gabriel: Das Thema ist das Schicksal, aber es ist keine Metapher für das Heute, in: Koenigs, Tom (Hrsg.) (1985): Mythos und Wirklichkeit, S. 231–236

García Márquez, Gabriel: Zwei oder drei Dinge über den ›Roman der *violencia*‹, in: Koenigs, Tom (Hrsg.) (1985): Mythos und Wirklichkeit, S. 105–112

Hart, Stephen (1994): Gabriel García Márquez. Crónica de una muerte anunciada, London

Haubrichs, Wolfgang (Hrsg.) (1978): Erzählforschung 3. Theorien, Modelle und Methoden der Narrativik, Göttingen

Ihwe, Jens (Hrsg.) (1972): Literaturwissenschaft und Linguistik, Bände 1 bis 3, Frankfurt am Main

Irnberger, Harald (2003): Gabriel García Márquez. Die Magie der Wirklichkeit, Düsseldorf und Zürich

Jessen, Jens: Der schöne Schläger und Europas kalte Wunder, in: Frankfurter Allgemeine Zeitung Nr. 75 vom 30. März 1993

Klinker, Carolyn S. (1993): Die Verfahren der Zeitbehandlung in literarischen Erzähltexten, Frankfurt am Main

Koenigs, Tom (Hrsg.) (1985): Mythos und Wirklichkeit, Materialien zum Werk von Gabriel García Márquez, Köln

Lang, Gerhard (1991): Gabriel García Márquez. Crónica de una muerte anunciada. Aschendorffs Vokabularien zu den fremdsprachigen Taschenbüchern, Münster

Link, Jürgen (1974): Literaturwissenschaftliche Grundbegriffe, München

Mendoza, Plinio Apuleyo (2004): Der Geruch der Guayave. Gespräche mit Gabriel García Márquez. Fischer-Taschenbuch

Parkinson Zamora, Lois (1985): Ends and Endings in García Márquez *CRÓNICA DE UNA MUERTE ANUNCIADA*, in: Latin American Literary Review 13

Penuel, Arnold M. (1994): Intertextuality in García Márquez, South Carolina

Pfeiffer, Erna (1974): Literarische Struktur und Realitätsbezug im kolumbianischen Violencia-Roman, Frankfurt am Main, Bern, New York

Ploetz, Dagmar (2000): Gabriel García Márquez. Mit Selbsterzeugnissen und Bilddokumenten, Reinbek

Ranke-Graves, Robert (1965): Griechische Mythologie. Quellen und Deutung, Band 2, Reinbek

Roh, Franz (1923): Zur Interpretation Karl Haiders. Eine Bemerkung auch zum Nachexpressionismus, in: Der Cicerone 15, S. 598–602

Rossanda, Rossana: Das Thema ist die Verantwortung, und das ist ein Thema der 70er Jahre, in: Koenigs, Tom (Hrsg.) (1985): Mythos und Wirklichkeit, S. 227–230

Scheffel, Michael (1990): Magischer Realismus. Die Geschichte eines Begriffs und ein Versuch seiner Bestimmung, Tübingen

Schmidt, Siegfried J. (1973): Texttheorie, München

Titzmann, Michael (1977): Strukturale Textanalyse, München

Todorov, Tzvetan (1972): Die Kategorien der literarischen Erzählung, Frankfurt am Main, in: Blumensath, Heinz (Hrsg.): Strukturalismus in der Literaturwissenschaft, S. 263–294

Todorov, Tzvetan (1972 a): Poetik der Prosa, Frankfurt am Main

Todorov, Tzvetan (1972 b): Einführung in die fantastische Literatur, München

Toro, Alfonso de (1986): Die Zeitstruktur im Gegenwartsroman, Tübingen

Toro, Alfonso de (1992): Los laberintos del tiempo. Temporalidad y narración como estrategia y lectoral en la novela contemporánea, Frankfurt am Main

Uspenskij, Boris A. (1975): Poetik der Komposition, Struktur des künstlerischen Textes und Typologie der Kompositionsform, Frankfurt am Main

Wahl, François (Hrsg.) (1973): Einführung in den Strukturalismus, Frankfurt am Main

Wellbery, David E. (Hrsg.) (1985): Positionen der Literaturwissenschaft. Acht Modellanalysen am Beispiel von Kleists *Das Erdbeben in Chili*, München

Zeittafel zu Leben und Werk

1927 6. März: Gabriel José García Márquez wird in Aracataca (Kolumbien/Provinz Magdalena) geboren. Andere Quellen geben als Geburtsjahr 1928 an. Er lebt bei seinen Großeltern.

1935 Besuch der Grundschule in Barranquilla. García Márquez lebt nun bei seinen Eltern

1940 Übersiedlung nach Sucre. García Márquez besucht die höhere Schule des Jesuiten-Kollegs San José in Barranquilla

1943 Eintritt in die Internatsschule von Zipaquirá (50 Kilometer von Bogotá)

1946 García Márquez besteht das Abitur

1947 Beginn des Jura-Studiums in Bogotá

1949 Abbruch des Studiums und Kolumnist für die Zeitung ***El Heraldo***

1954 Beginn seiner Redakteurstätigkeit für den ***El Espectador*** in Bogotá. Er schreibt brillante Reportagen und gewinnt einen Literaturwettbewerb

1955 Für den ***El Espectador*** auf Europa-Reise

1958 García Márquez heiratet Mercedes Barcha Pardo

1961 Nach dem Scheitern der Schweinebucht-Invasion auf Kuba zieht García Márquez nach Mexiko

1968 Übersiedlung nach Barcelona

1974 Rückkehr nach Mexiko. Mitbegründer der linken Wochenzeitschrift ***Alternativa***

1980 Regelmäßige Kolumnen für den ***El Espectador*** erscheinen auch in vielen großen Zeitungen der spanischsprachigen Welt

1981 Der französische Staatspräsident Mitterand nimmt García Márquez in die Ehrenlegion auf

1982 Verleihung des Nobelpreises für Literatur

1991 García Márquez redigiert die neue kolumbianische Verfassung

1999 Längerer Krankenhausaufenthalt wegen eines Lungenleidens

Romane und Erzählungen

1947 *Die dritte Entsagung* (erste Erzählung)

1954 *Ein Tag nach dem Samstag*

1958 *Der Oberst hat niemand, der ihm schreibt*

1962 *Die böse Stunde*

1967 *Hundert Jahre Einsamkeit*

1975 *Der Herbst des Patriarchen*

1981 *Chronik eines angekündigten Todes*

1985 *Die Liebe in den Zeiten der Cholera*; Verfilmung der *Chronik* durch F. Rosi (1987)

1992 *Zwölf Geschichten aus der Fremde*

1994 *Von der Liebe und anderen Dämonen*

1996 *Nachricht von einer Entführung* (Großreportage)

2000 *Schiffbrüchig auf dem Festland* (Reportage)

2002 *Leben, um davon zu erzählen* (1. Band seiner Memoiren)

2004 *Erinnerung an meine traurigen Huren*

Raum für Notizen